Converses amb

Teresa Forcades

Eulàlia Tort

Converses amb

Teresa Forcades

Col·lecció Retrats
Edicions DAU

1a edició: juny del 2012
8a reimpressió: novembre del 2012

Doctor Rizal, 5, baixos 08006 Barcelona
www.edicionsdau.com

Fotografia de coberta: © Jordi Mota
Tipografia i composició: Marc Ancochea
Correcció lingüística: Sara da Pena Gómez
Revisió: Neus Forcano
Impressió: Sagrafic

ISBN: 978-84-936625-9-2
Dipòsit legal: B. 17330-2012
IBIC: BG

Índex

1. Doctora Barcelona

Juliol de 2011. Primer dia que pujo al monestir de Sant Benet per entrevistar la Teresa Forcades. Ens vam conèixer el mes passat en un dinar ràpid a l'hostatgeria del monestir. La Teresa venia atrafegada perquè m'havia fet esperar i immediatament tenia un altre compromís. Venia d'acompanyar dues monges a fer-se proves a l'Hospital de Manresa. És la metgessa del monestir i s'ocupa de la salut de les trenta-set monges que hi ha a Sant Benet, algunes d'elles ja grans. No sé si és massa feina per a una sola dona que, a més de metgessa, està compromesa amb la societat. Durant aquests mesos que han durat les entrevistes, ha fet xerrades, ha participat en congressos tant a Europa com a Amèrica Llatina, ha sumat el seu nom a causes solidàries, ha publicat dos llibres, molts articles, entrevistes... El qui cregui que a un monestir no hi ha jornades de feina maratonianes s'equivoca. De fet, la Teresa contesta correus electrònics passada la mitjanit.

La majoria de cotxes que circulen per la carretera continuen amunt, cap al monestir dels monjos. Probablement aniran a escoltar l'escolania, a missa, a fer un petó a la Verge, a visitar algun monjo o, simplement, a comprar la coca de Montserrat. Sant Benet és un altre món, auster i senzill. El monestir es va construir ara fa seixanta anys i, segurament, el campanar és el seu tret més característic. Pocs cotxes aparcats, només els dels que passen el cap de setmana a l'hostatgeria o dels que vénen a fer una excursió a la muntanya.

Ens trobem a una de les petites sales de visites que hi ha a tocar de la recepció del monestir. És una habitació senzilla, amb tot just quatre cadires i una petita peça de ceràmica feta per les mateixes monges. Potser no cal més decoració perquè a través de la finestra veiem la muntanya de Montserrat en estat pur. La Teresa duu l'hàbit negre i el vel al cap. Quan s'asseu, ja té una tècnica per a que l'hàbit no la molesti: agafa la roba del davant i, amb molta elegància, la tira enrere per poder creuar les cames còmodament.

Va néixer el 1966 al barri de Gràcia de Barcelona i, entre altres coses, ha estudiat Medicina i Teologia, i ha viscut a Alemanya i als Estats Units. Però vull començar preguntant-li sobre la seva infantesa, potser descobrim que ja apuntava maneres.

Eulàlia Tort Teresa, eres una bona estudiant?

Teresa Forcades Pel que fa als continguts, sí, però de comportament m'acostumaven a posar un zero.

Tort Un zero en comportament? Déu n'hi do!

Forcades Avui segurament m'haurien diagnosticat d'hiperactiva: m'avorria a classe i els professors no sabien què fer amb mi. Menjava formigues i em barallava amb els nens que abusaven dels més febles. Era com si tingués un neguit a dintre que em fes buscar situacions perilloses. M'enfilava a un arbre i pensava que si anava més amunt, acabaria sent realment perillós. Aleshores seguia pujant, forçant el límit.

Tort I per què ho feies?

Forcades Vés a saber! Els pares es van divorciar quan jo tenia onze anys i no en parlàvem explícitament, el problema estava soterrat. Potser algunes coses les feia per cridar l'atenció, per dir-li al món: «Sóc aquí!», però sobretot ho feia per explorar en solitari qui era jo i quins eren els meus límits. Per això la majoria d'aquestes situacions, les més fortes que recordo, eren experiències en solitari a la natura, de les quals després no en parlava amb ningú. Només m'acompanyava la gossa de casa, la Xútia, o el seu fill Titus, que va ser el meu company d'aventures fins que el van matar uns caçadors. Vaig plorar molt. Va morir a causa d'una bala que no era ni per a ell! Avui d'això se'n diu «danys col·laterals».

Tort Et portaven a missa de petita?

Forcades De petita havia anat a batejos i comunions, però no recordo que la litúrgia m'hagués impactat mai. Arribàvem sempre tard a totes aquestes celebracions i ens quedàvem drets al final de l'església on, precisament, no hi havia gaire silenci per poder escoltar.

Tort Vas anar a una escola cristiana?

Forcades Fins a vuitè d'EGB vaig anar a l'Escola Pau Casals de Gràcia, una escola humanista que ens va formar molt a fons tant a mi com a les meves dues germanes. Després la mare va decidir portar-me a l'Escola del Sagrat Cor del carrer Diputació, i jo no volia: «No, a les monges no!». Malgrat tot, clar, hi vaig acabar anant. Ja des del principi, vam fer religió però tampoc recordo que m'impactés gaire. El que sí em va impactar va ser el vessant anticatalanista: la professora ensenyava en castellà, jo prenia els apunts en català i alguns companys em deien la *Roja separatista.* Va ser a segon de BUP que vaig llegir els Evangelis per primer cop. Llavors vaig començar el procés de conversió que em va portar a fer la confirmació a tercer de BUP i a col·laborar molt activament en una parròquia del Poble Sec, la comunitat de Sant Pere Claver.

Tort Com recordes aquella època?

Forcades Era una època de crítica, de resistència. La meva mare s'havia tornat a casar i la convivència no era fàcil. De fet, un dia, quan tenia setze anys, em vaig escapar de casa. Vaig fer-me la bossa i vaig anar a veure al Josep Maria Pañella, el rector de la parròquia del Poble Sec on col·laborava per donar-li abans de marxar uns diners que havíem recollit amb el grup de catequesi. Quan vaig anar a portar-li els diners, ens vam asseure, vam parlar i aquella mateixa nit vaig tornar a casa. Ningú se'n va assabentar.

Tort Conserves amics d'aquella època?

Forcades Tinc un grup d'amics de tercer de BUP amb els quals, encara avui, ens trobem. Ens vam conèixer a l'escola en un grup de reflexió sobre ecologisme i pau i ja no ens hem deixat; fins i tot teníem el projecte d'anar a viure junts en acabar la carrera.

Tort Vas arribar a viure amb ells?

Forcades No, perquè me'n vaig anar als Estats Units a fer l'especialitat. Quatre del grup sí que ho van fer: van anar a viure al barri de Roquetes i encara hi són.

Tort Així que de jove ja tenies aquesta idea de vida en comunitat.

Forcades Sí, però aquest no era un grup explícitament cristià. Encara avui són uns amics molt importants, amb els quals puc parlar amb total llibertat encara que no pensin el mateix que jo.

Tort Diries que sempre t'ha acompanyat una mena de tensió entre la solitud i el grup?

Forcades Ja des de ben petita he viscut la solitud, com li passa a moltes persones; sovint em trobaven sola llegint o badant. Però també ha estat molt important la dimensió comunitària, viscuda sobretot a la parròquia.

Tort Vas acabar l'escola i vas començar a estudiar Medicina a la Universitat de Barcelona.

Forcades Sí, i allà és on conec un professor que em parla per primer cop de la possibilitat d'anar a estudiar als Estats Units, a fer investigació. A quart de carrera prenc la decisió d'anar-hi i, per acabar abans, faig cinquè i sisè en un sol any. Després vaig passar dos anys preparant el Foreign, un examen d'accés per als graduats estrangers. Vaig haver d'estudiar tot el contingut de la carrera de nou en anglès i vaig començar a fer entrevistes a diferents hospitals buscant una plaça. Finalment, vaig aconseguir-la a Buffalo, una ciutat a l'oest de Nova York, molt propera a Canadà de la qual els americans diuen que hi fa el pitjor clima del país.

Tort Quant temps t'hi vas estar?

Forcades Vaig fer la residència de Medicina Interna que allà dura tres anys. Vaig començar el juliol de 1992, quan van celebrar-se els Jocs Olímpics a Barcelona. Ho recordo perquè a la unitat de psiquiatria una pacient em feia cridar per megafonia com a Doctora Barcelona.

Tort Com va ser el teu aterratge als Estats Units?

Forcades El primer any va ser especialment dur perquè entràvem cada dia a l'hospital a les sis del matí i fèiem guàrdies cada tres dies i acabava esgotada. Jo només m'havia llevat a les sis del matí per anar d'excursió al Pirineu! A més, a Buffalo tenia cotxe però no garatge; això volia dir: llevar-me, baixar al carrer, desfer la neu que hi havia al pany del vehicle amb aigua calenta, deixar encesa la calefacció del cotxe, tornar a esmorzar i en acabat, treia dels vidres el gel que la calefacció havia estovat i sortia corrents cap a l'hospital.

Tort I en aquella època ja tenies clar que també volies estudiar teologia?

Forcades No. El que va passar és que, al cap de pocs mesos de ser a Buffalo, vaig trobar un anunci d'una conferència d'Elisabeth Schüssler Fiorenza, la teòloga feminista de més renom en aquell moment, a qui havia pogut escoltar a Barcelona al maig de 1992, just abans de marxar als Estats Units. Al moment del diàleg d'aquella memorable conferència a Barcelona, Schüssler Fiorenza parlava dels pares de l'Església i la traductora va pensar que parlava dels seus propis pares. Es va trencar la comunicació i em vaig oferir per fer la traducció simultània. Així ens vam conèixer. Quan em vaig assabentar que venia a Buffalo, m'ho vaig organitzar per poder-hi anar, però estava tan cansada que vaig passar tota la conferència dormint. La vaig saludar al final i ella em va proposar d'acompanyar-la a un diàleg amb teòlegs i filòsofs. En aquella conversa em vaig adonar que em faltava alguna cosa. La formació mèdica era molt intensa, el vessant tècnic estava molt desenvolupat però, en canvi, l'intel·lectual no tant. Ja m'agradava introduir dispositus dins de la vena i competir amb els companys a veure qui ho feia més ràpid, però trobava a faltar una dimensió més teòrica i de reflexió crítica. En aquella conversa amb filòsofs i teòlegs em vaig emocionar.

Tort Hi havia alguna cosa en concret que no t'agradés de la feina a l'hospital?

Forcades Sí, la pressió de les companyies d'assegurances. Darrere meu tenia l'advocat de l'asseguradora, que revisava cada un dels informes que feia. De fet, t'ensenyaven a estructurar la història clínica en funció de possibles demandes legals. Pensaves el tractament del malalt per tal de cobrir-te les espatlles, tant les teves com les de l'hospital, davant eventuals demandes. Vaig trobar molts metges amables, molt competents i vaig aprendre molt, però hi havia una part que no m'agradava gens. Aquesta frustració que duia dins meu va accentuar la meva emoció en trobar-me amb un altre tipus de converses.

Tort I què vas fer?

Forcades Vaig traduir un llibre de Schüssler Fiorenza al català, i vaig haver de quedar amb ella a Boston per fer-li preguntes sobre la traducció. Va ser allà on em va proposar d'estudiar un doctorat de Teologia a Harvard. Ella va quedar impressionada de la manera com jo copsava les seves idees i em va animar molt.

Tort I vas començar Teologia sense haver acabat la residència de Medicina.

Forcades Sí, i en acabar la residència vaig haver de decidir: Medicina o Teologia. Amb el títol de Medicina Interna, el normal hagués estat fer una subespecialitat de dos anys. Ja havia fet les entrevistes corresponents a la subespecialitat de malalties infeccioses, però Schüssler Fiorenza em va fer una carta de recomanació per entrar a Harvard i em van oferir una beca que cobria totes les despeses. Em va costar molt decidir. Jo em considerava una persona alliberada de les qüestions de diners i de prestigi, però a l'hora de triar vaig adonar-me que no ho era tant. Als Estats Units, els metges estan molt ben considerats i molt ben pagats. Aturar temporalment la carrera mèdica per estudiar teologia equivalia a un suïcidi professional. La sensació era de pànic, temia que engegava a rodar un futur brillant i que després no podria reenganxar-me al tren.

Tort Com vas decidir-ho?

Forcades Quan explico la meva vocació religiosa, sempre dic que va haver-hi una iniciativa per part de Déu, que vaig sentir interiorment que Déu em deia alguna cosa. En el cas de l'elecció entre Medicina o Teologia, no hi va haver res d'això. Al final, vaig escollir estudiar a Harvard, però abans havia d'aprovar l'examen final de la residència, i així és com conec el monestir de Sant Benet.

Tort Per què?

Forcades La meva idea era aprofitar l'estiu a Barcelona per estudiar. Havia de trobar un lloc on preparar l'examen, tranquil·la i sense interrupcions. Algú em va parlar del monestir de Montserrat i de les seves cel·les. Vaig trucar però ho tenien ple i els mateixos monjos em van parlar del monestir de Sant Benet i de l'hostatgeria de les monges. La meva primera reacció va ser no voler-hi anar, em semblava que en un convent de monges trobaria un ambient poc estimulant. Però en adonar-me que queia en un estereotip masclista, vaig decidir trucar-les. I sí, tenien lloc...

Tort Qui t'ho hagués dit...

Forcades Tan bon punt vaig arribar, vaig sentir que hi estaria bé. De vegades, a la vida, perceps aquesta mena de *plus*, en una experiència aparentment anodina sents alguna cosa a la qual no pots donar nom, detectes que va més enllà. Com un anunci del que vindrà després.

Tort L'havies vist alguna vegada el monestir de Sant Benet, abans d'aquesta visita?

Forcades Quan Joan Pau II va venir a Barcelona i Montserrat l'any 1982, jo tenia setze anys i amb l'escola vam fer un pelegrinatge a Montserrat. Recordaràs els forts aiguats que van acompanyar la visita del papa, doncs bé, quan va començar a ploure nosaltres érem a Monistrol. Els organitzadors tenien previst fer-nos dormir a l'aire lliure però, amb aquella pluja, van decidir començar a pujar a Montserrat a peu a les tres de la matinada pel camí del cremallera. Mentre pujàvem, un llampec va il·luminar el campanar de Sant Benet. El vaig veure ben clar ... i vaig pensar que era un monestir abandonat! No tenia idea que a la muntanya hi haguessin monges! Que el campanar que havia vist als setze anys era el de Sant Benet no vaig entendre-ho fins que un dia, fent el trajecte de Monistrol a Sant Benet, va caure un altre llamp que va il·luminar el campanar i em va venir com un flash la imatge que havia vist als setze anys.

Tort Tornem a la teva primera visita al que després va esdevenir el teu monestir.

Forcades A més d'estudiar, jo seguia les pregàries de la comunitat. Quan tocaven les campanes, jo anava feliç cap a la pregària, a l'església. Cantava els salms amb les germanes i quan marxaven totes, jo em quedava una bona estona en actitud de contemplació. No recordo en què pensava. Hi havia una germana, la Maria Benedicta, que deia a les monges: «Aquella noia de l'hostatgeria serà per casa!». I la resta li deien que allò era impossible, que jo era una metgessa americana!

Tort Alguna cosa devia veure ...

Forcades La veritat és que per dintre m'estaven passant moltes coses. Sentia que Déu em cridava i no m'ho podia creure. Quan finalment vaig anar a parlar amb la mare abadessa per dir-li que volia entrar al monestir, ella em va advertir que al monestir de Montserrat, quan entra un monjo, el poden enviar a estudiar a qualsevol lloc del món, però que en el cas de les monges, les coses són diferents. I va afegir: «Jo crec que hauria de ser el mateix per a les monges, però per si de cas el bisbe no ho creu així, acaba primer els estudis de Teologia». Així que em va enviar de nou als Estats Units per acabar els estudis.

Tort De Montserrat a Boston, doncs ...

Forcades Sí, però primer vaig anar ... a fer la volta al món! Amb la Manisha, una companya metgessa de l'Índia que havia conegut a Buffalo, havíem acordat que durant el mes d'agost aniria a conèixer la seva família a Ahmedabad, la ciutat propera a Bombai, on Gandhi va començar la marxa coneguda com Marxa de la Sal. Des de l'Índia tenia previst anar fins al Japó a visitar un amic claretià, en Marcel·lí Fonts. La volta al món va començar, doncs, al mes de juny amb el trajecte Buffalo-Barcelona i va seguir a l'agost amb Barcelona-Bombai, Calcuta-Osaka via Singapur i, finalment Tòquio-Boston via San Francisco i Atlanta.

Tort I quin record tens de l'Índia?

Forcades Vaig estar a casa la Manisha sense la Manisha! Ella, finalment, no va poder venir per problemes amb el visat. Em vaig moure pel sud de l'Índia i recordo especialment Calcuta, on vaig visitar la casa central de la Mare Teresa. Em va impressionar molt la feina que feien amb els nens recollits de les escombraries...

Tort Alguna cosa que t'impressionés del Japó?

Forcades Recordo les gentades del metro de Tòquio, la sensació de marea humana. I una altra cosa extraordinària és el codi d'honor de la cultura japonesa. Resulta que quan un japonès viola alguna de les regles d'aquest codi tan estricte, no té perdó. El més digne seria treure's la vida perquè és l'única manera de restablir la pròpia dignitat i l'honor de la família. Avui dia, la gent no es suïcida fent-se l'harakiri sinó que viuen apartats en barris on tots els seus habitants, la majoria homes, són persones que han fallat, que han fet algunes de les coses considerades inacceptables per a la societat. És una cultura on no existeix la noció del perdó en el seu sentit fort. Nosaltres vivim en un entorn en què sentim a parlar tan del perdó i de la misericòrdia que, de vegades, ens pot arribar a embafar, però després de conèixer aquella realitat, m'ha quedat clar que no es pot donar res per suposat. Em vaig adonar que aquest és un dels llegats de la tradició cristiana que cal valorar més: que col·loca el perdó al centre de la vida. Tant és així que Pere, la mà dreta de Jesús, és un personatge que el trairà tres cops. El trairà tres cops i tres cops serà perdonat. Si tenim en compte que el número tres simbolitza el Tot en la cultura hebrea, cal dir que Pere la pifia del tot. Però aquest és el mateix Pere a qui Jesús pregunta tres vegades si l'estima, i totes tres Pere respon que sí. Pere s'equivoca del tot i l'estima del tot, així és la humanitat. I amb aquesta humanitat es poden fer meravelles.

Tort I abans de fer aquesta volta al món, quina és la sensació en marxar, en deixar Sant Benet?

Forcades Me'n vaig anar amb la sensació que m'havia enviat la meva comunitat. Quan pregava a Boston pensava en aquella germana de les ulleres quadrades, en aquella baixeta, en l'altra que té un gep a l'esquena ... No em sabia els seus noms però les recordava, em sentia connectada amb elles.

Tort Com és el Harvard que vas conèixer?

Forcades Era intel·lectualment emocionant, en especial per la categoria dels professors. Pel que fa als companys, vaig notar molta diferència respecte a Buffalo. A l'hospital érem molts estrangers i quan ens trobàvem algun vespre per xerrar, sortien unes converses en què es reflectia la diversitat: l'amiga hindú, els companys de Síria, els xinesos, els diferents menjars, els vestuaris diversos, altres maneres de viure, etc. En canvi, a Harvard vaig trobar que la diversitat estava tematitzada, en parlàvem com a tal però a l'hora de trobar-nos ens dividíem en guetos d'una manera molt acusada. La meva tesi de llicenciatura va tractar sobre la fal·làcia de la multiculturalitat en la Facultat de Teologia de Harvard. Aquest tema em va interessar i em va preocupar, una multiculturalitat entesa com «cadascú amb els seus».

Tort Harvard és una universitat protestant i tu ets catòlica.

Forcades En el moment de la seva fundació, Harvard era una universitat metodista i estava reservada només als barons. Als anys seixanta arriba l'obertura i la Facultat de Teologia es converteix en *non denominational*, és a dir, oberta a totes les confessions religioses cristianes. Anys després s'hi afegirà la interreligiositat.

Tort Et vas plantejar mai ser protestant?

Forcades Jo no vaig tenir cap crisi de fe, però allà en vaig veure moltes.

Tort Per què?

Forcades De vegades pensem que l'àmbit protestant és en general més progressista que el catòlic però, en realitat, en el món protestant domina un conservadorisme molt tancat. En el moment en què jo vaig estudiar als Estats Units hi havia 252 confessions protestants diferents. Recordo que alguns companys protestants em qüestionaven com podia ser catòlica tot recordant-me les croades.

Tort *Touché.*

Forcades Estaven convençuts que unes croades com les medievals només eren possibles en el món catòlic, que mai s'haguessin pogut produir en l'àmbit protestant. Aquesta consciència que nosaltres som els purs i els altres són els impurs no és realista. És una reflexió que m'aplico a mi mateixa perquè ho he viscut en primera persona, i també l'aplico a la meva família, a la meva comunitat. A tot arreu passen coses injustes, abusos, ens trepitgem ... el repte és saber demanar perdó. Aquesta constatació no hauria de servir per ofegar les crítiques sinó per fer-les més contundents i responsables.

Tort Sé que els darrers anys has estat vivint a Alemanya. Quan hi vas anar?

Forcades Va venir a Sant Benet una monja de pares alemanys, nascuda a Bilbao, per passar-hi unes setmanes. Quan va marxar, ens va obrir les portes del seu monestir, a Trèveris. L'alemany és necessari pels estudis de Teologia i vaig pensar que seria una bona opció fer-hi una estada per aprendre bé la llengua, de la qual tenia un nivell rudimentari. En aquells moments jo estava a punt d'acabar la tesi de Teologia i em plantejava fer un doctorat en filosofia sobre qüestions de gènere. Vaig trobar un programa molt interessant que portava la filòsofa Judith Butler a la Universitat de Berkeley, als Estats Units. Després de diverses entrevistes i exàmens, em van concedir la plaça però la beca no, ja que estaven destinades a estudiants que no tinguessin cap doctorat o, com a molt, un. Jo ja en tenia un i estava a punt d'acabar el segon, així que vaig haver de buscar un programa d'estudis de postdoctorat a Europa. El vaig trobar a la Universitat Humboldt de Berlín, on estudiaven les nocions de masculinitat i feminitat com a categories de coneixement. Vaig proposar a la comunitat un programa que consistia en passar quatre anys a Alemanya, del 2006 al 2008 per acabar d'escriure la tesi i aprendre l'alemany, i del 2008 al 2010 per fer aquest programa de la Universitat Humboldt.

Tort I t'ho van acceptar?

Forcades Sí, els dos primer anys vaig viure al monestir de les germanes benedictines de Trèveris, tocant a Luxemburg, redactant la tesi i aprenent la llengua, gairebé no sortia de la biblioteca. I després vaig anar a Berlín. A Berlín vaig viure a un monestir de monges carmelites, que em van llogar l'antic apartament del capellà del monestir, que ara estava buit. Vaig estar dos anys estudiant les categories de masculinitat i feminitat en relació amb la filosofia, la teologia i l'antropologia contemporànies.

Tort Durant aquests quatre anys, vas trobar a faltar la teva comunitat de Sant Benet?

Forcades No vaig estar desconnectada perquè venia sovint a Catalunya, però sí que trobava a faltar la vida comunitària. Compartir el dia a dia amb trenta-set dones fa que tinguis una gran densitat d'intercanvis, de reptes, de coses a tenir en compte. Cada dia és l'aniversari d'alguna, l'aniversari de la professió simple o de la solemne, de l'entrada al monestir, el sant, etc. Diàriament hi ha moltes coses a tenir en compte en l'àmbit de les relacions humanes, a més de la litúrgia de les hores o la bellesa del projecte comunitari.

Tort Què t'han aportat aquests estudis de gènere que vas dur a terme al llarg dels anys?

Forcades Partíem de l'anomenada teoria *queer*. Aquesta paraula apareix als anys noranta a Londres com un insult per designar les persones homosexuals. La seva traducció aproximada seria «creuat», «invertit» o «desviat». L'apropiació de l'insult en positiu serveix per qüestionar les categories de gènere habituals i per afirmar que cal pensar en la persona humana sense categories que discriminin, separin o etiquetin. És la radicalitat de la no etiqueta, no permetre que les categories siguin la manera de pensar la persona. I també podríem parlar de teologia *queer* com una antropologia que entén que cada persona és una peça única, una identitat personal que no s'ha d'ammotllar a uns estereotips de gènere ni a cap tipus d'estereotip. Ala facultat de teologia de la Universitat Humboldt em van oferir de donar classes. Al primer semestre vaig fer un seminari sobre la Trinitat (el tema de la meva tesi) i, al semestre següent, vam poder fer un seminari pioner de teologia *queer* conjuntament amb la professora Ulrike Auga.

2. Déu és amor

Tort El teu avi era metge i la mare infermera. Alguna avantpassada monja?

Forcades La meva àvia explicava que de petita havia volgut ser monja i que, com a mi, li agradava molt Santa Teresa. Malgrat tot, sempre recordava una dita del seu pare: «La gent va a missa per pensar el mal que farà». I això l'àvia ho deia tot i que era creient! En algun moment va anar a parlar amb el capellà per dir-li que es volia fer monja, però ell li va contestar: «*Buenas madres de familia hacen falta y no monjas*», així que finalment es va casar.

Tort He llegit que el teu pare deia «Gràcies a Déu, sóc ateu».

Forcades Sí, aquesta expressió és molt seva! Jo l'interpreto com que cal anar més enllà de les etiquetes. «Ateu» és el nom que donem aquí, a la terra, a les persones que no s'adscriuen a cap fe. Gràcies a Déu, diu l'ateu, que jo no m'he adscrit a cap grup perquè allò que Déu representa –si Déu existeix– ha d'estar més enllà de totes les religions. La dimensió atea la veig com a pròpia de totes les persones, també les religioses, i no ens ha de fer por posar-hi nom. Seria com un corrector o una teologia apofàtica, que ens recorda que potser val més callar que no pas parlar sobre Déu. La teologia apofàtica ens ensenya que podem afirmar el que Déu no és i, en canvi, costa molt afirmar el que Déu és. La teologia en general intenta formular una paraula sobre Déu, i crec que és bo fer-ho, sempre des de la consciència que és insuficient. I l'ateu és qui t'ho recorda, per si de cas te n'oblides.

Tort Amb aquests referents, la teva mare et planta a una escola religiosa als catorze anys, sense haver sentit mai a parlar ni de Déu ni de Jesús.

Forcades M'havien batejat i havia fet la primera comunió als nou anys, però no havia fet catequesi i ningú m'havia parlat de Déu ni de Jesús. A l'escola ens van proposar marxar un cap de setmana de convivències. Per a mi, aquesta paraula evocava dimensions cíviques, la companyonia que tan havíem treballat a l'Escola Pau Casals, al barri de Gràcia. Abans de marxar, ens van passar un llistat de preguntes. Jo a tot responia que sí, menys a la darrera pregunta on se'ns formulava: «T'agradaria pregar amb els teus companys?». Immediatament vaig anar a la professora per dir-li que jo volia anar a aquestes convivències, però que jo no pregava. La professora em va dir que no passava res, que pregar no era obligatori.

Tort I hi vas anar.

Forcades Les convivències van ser al Casal Borja de Sant Cugat. El primer dia ens va parlar un senyor amb texans i barba, que després vaig saber que era jesuïta. El sentia parlar i m'agradava; ens va plantejar les preguntes de qui sóc, d'on vinc, on vaig ... emmarcades dins de la proposta de formular el propi projecte de vida. L'endemà va començar la sessió dient que analitzaríem el projecte d'una persona que en va inspirar a moltes. Després de posar com a exemples a Gandhi o Luther King, ens va proposar que ens fixéssim en Jesús de Natzaret. Va escriure a la pissarra sigles com «Mt», «Mc», «Lc» i «Jn», i jo no entenia res. Són les abreviacions dels evangelistes Mateu, Marc, Lluc i Joan i tothom ho sabia menys jo. Els companys van treure l'Evangeli de la butxaca i tots a buscar les cites. I jo no sabia ni com fer-ho!

Tort Mai no t'havien ensenyat a buscar una cita bíblica?

Forcades No, així que vaig anar sota una pomera i vaig començar a llegir aquestes cites. En acabar em sentia indignada, tenia quinze anys i mai ningú fins aleshores m'havia explicat res sobre Jesús, els Evangelis o Déu. Abans de tornar a Barcelona ens van proposar apuntar-nos a un grup de reflexió els dimecres a la tarda, només aquells que ho volguessin. Jo vaig aixecar la mà i recordo que una de les meves companyes em va dir: «Ja saps que t'has apuntat a catequesi?» «A catequesi, jo? Ni boja!». No me'n vaig adonar on m'havia apuntat però un cop fet, vaig sentir que era ridícul esborrar-me només pel nom, així que vaig decidir provar-ho. Les trobades a Barcelona van continuar amb el mateix estil de les convivències i m'hi vaig quedar durant dos anys, fins a la confirmació. Aviat no en vaig tenir prou amb les trobades dels dimecres.

Tort I què vas fer?

Forcades Vaig començar a anar a la parròquia de Sant Pere Claver al barri del Poble Sec de Barcelona. El rector era el mateix jesuïta que durant les convivències ens havia parlat de Jesús, en Josep Maria Pañella. Durant aquella època, agafava la bicicleta i anava molts dies a la missa de les vuit del vespre. Anava a aquella parròquia i sovint em quedava parlant amb en Josep Maria o passejant pel barri.

Tort La fita central del calendari cristià és la Pasqua, quan se celebra la resurrecció de Jesucrist. Com vas viure la teva primera Pasqua?

Forcades Vaig demanar permís a la mare per passar la Pasqua a Planoles amb el grup de la parròquia, i la resposta va ser que havia de passar els dies de festa amb la família al Bosc de Valls, com sempre havíem fet. Així que, cap a Valls. Llegia la Bíblia i resava llargues estones sota una olivera que estimo especialment, divendres sant vaig improvisar un Via Crucis sui generis amb textos de Michael Quoist, i vaig anar a plantar una creu que m'havia fet amb dos troncs a dalt d'un turó proper. En un braç portava la creu i a l'altra l'aixada, per poder fer el clot. La família no ho veia gens clar. Vaig llegir el llibre *La missa de l'univers* de Teilhard de Chardin i dijous sant em vaig posar a dir missa com vaig poder sota l'olivera.

Tort Molt significatiu...

Forcades La meva germana Lali em va fer costat: va venir a aquesta missa tot i no compartir l'experiència de conversió, perquè sabés que no estava sola. També recordo un episodi amb la meva germana Cristina: mentre jo pregava, ella em va demanar que l'ajudés a fer alguna cosa i jo li vaig contestar que no podia perquè en aquells moments estava pregant per la fraternitat universal. En adonar-me de la contradicció vaig quedar aclaparada, em semblava que el que havia fet era tan greu que no tenia perdó!

Tort I què va passar?

Forcades Al cap d'unes hores vaig sentir la certesa que l'amor de Déu era absolutament gratuït, que no depenia del meu mèrit o del meu comportament, que era una oportunitat sempre oberta per estimar més. Vaig pujar corrents a les golfes i vaig estar una llarga estona gaudint de la descoberta de la misericòrdia de Déu.

Tort Què vas viure?

Forcades Vaig fer experiència del perdó de Déu, del seu amor.

Tort Qui t'ho hagués dit: d'aquella nena que celebrava la Pasqua sola sota una olivera, a una Teresa que anys després va a Montserrat per estudiar i descobreix que potser està cridada a ser monja.

Forcades Sí, recordo aquells dies a Sant Benet, participant a les pregàries amb la resta de les monges. Quan les monges marxaven, jo em quedava a l'església i m'hi estava llargues estones, però no tenia consciència de cap vocació: ni de sentir-la ni de buscar-la. A l'església m'hi quedava simplement perquè m'hi trobava bé. Però a la tercera setmana de ser-hi, per primer cop vaig sentir interiorment el que suposo que s'havia gestat durant aquelles estones. Vaig veure com les germanes sortien en processó de l'església i vaig pensar: «T'imagines poder viure així?» I automàticament vaig dir-me: «Què? Però de què parles? Però què dius? Viure com?» Sentia angoixa alhora que fascinació, no sabia com vivien encara que imaginava una vida centrada en Déu i pensar això em feia feliç. Em vaig comprar la regla de Sant Benet[1] i vaig començar a llegir-la. Semblava que aquest document del segle VI s'hagués escrit pensant en mi. Vaig acabar aquella lectura amb la convicció que allò era una meravella de vida, que aquell Sant Benet era un geni. Però alhora hi havia la part crítica que em deia que m'havia tornat boja, que era inviable; a més, tota aquella crisi existencial abans d'un examen... Sentia fascinació i terror al mateix temps.

Tort De què tenies por?

Forcades Sentia terror a perdre el seny. Estudiar teologia ja m'havia costat prou, no sabia si estava recuperada de les crítiques de tots aquells que no em comprenien i ara només faltava dir-los-hi que Déu m'havia

---

1. http://www.benedictinescat.com/Montserrat/indexceramcat.html

parlat. La meva part racional deia: «Què t'empatolles? Que Déu parla amb tu?». Una cosa és creure en Déu i l'altra pensar que Déu et crida a ser monja. Sentia terror a estar reaccionant a coses meves com pors, fantasmes, fantasies, la recerca d'un refugi.

Tort I amb tot aquest batibull interior, tu anaves estudiant com podies.

Forcades Em trobava en la meva darrera setmana d'estudi. I un dia, la germana de la porteria m'informa que la mare abadessa vol parlar amb mi. Jo pensava que ho duia escrit a la cara, que se n'havien adonat que em plantejava la vocació. Em reuneixo amb l'abadessa i simplement em demana si podria fer una xerrada sobre la sida a la comunitat. Vaig pensar que era la meva oportunitat per veure la vida monàstica portes endins, i se'm va acudir parar una trampa a les monges, per veure si el monestir de Sant Benet era un lloc on jo m'hi pogués trobar bé.

Tort Una trampa?

Forcades Parlar de la sida no implica parlar de l'homosexualitat, malgrat això m'ho vaig fer venir bé. Just abans de pujar a Montserrat, havia anat a sopar amb un amic meu, l'Enric Vilà, que em va parlar d'un grup de gais i lesbianes cristians que es trobava de forma clandestina pel Casc Antic de Barcelona. A les monges els vaig parlar d'aquell grup i del fet que, a més del dolor físic, algunes persones amb sida també patien dolor psíquic, pel rebuig social que pot generar l'homosexualitat, i també dolor espiritual perquè la comunitat de fe els exclou. Creia que davant d'això les monges podien reaccionar de tres maneres: que defensessin la postura dogmàtica d'un cert pensament catòlic sobre l'homosexualitat; que es convertissin en defensores dels gais i les lesbianes o que, simplement, dissimulessin i no s'atrevissin a tocar el tema de l'homosexualitat.

Tort I què va passar?

Forcades Primera pregunta d'una germana de noranta anys: «Escolta, això del teu amic, aquest grup, que en són gaires?». Jo no sabia quants eren, vaig dissimular com vaig poder. Segona pregunta: «Hi ha noies en aquest grup?». Jo, altre cop, ni idea. Tercera pregunta: «Aquests nois, com ho han dit als seus familiars?». Em vaig sentir caçador caçat: suposadament jo era la «progre», la de la mentalitat oberta que venia a passar revista a unes monges per veure si donaven la talla; i resulta que em trobo amb una comunitat de gairebé quaranta dones que no mostren cap interès per l'homosexualitat com a tema, com a abstracció, i es fixen en una gent que pateix. Elles només volien posar rostre a aquelles persones per poder pregar per elles.

Tort Quin testimoni tan potent.

Forcades Sí, vaig pensar que volia viure així: no anant de tema en tema sinó de persona en persona. Vaig sortir d'aquella xerrada convençuda que volia entrar al monestir i l'endemà, vaig demanar per veure la mare abadessa. Quan li vaig dir, es va posar a riure i em va explicar que de vegades puja gent a Montserrat que amb la boira i la bellesa de la muntanya tenen efluvis místics. Ella volia assegurar-se que la meva vocació era seriosa. Li vaig parlar de la beca a Harvard i que havia decidit deixar-la perquè veia clar el que Déu em demanava. L'abadessa em va acabar dient que la meva vocació podia ser una crida de Déu, però que de moment res de deixar la beca. Si era una cosa de Déu, encara que passés dos anys a l'estranger, no desapareixeria.

Tort Així que vas marxar a estudiar, però quan vas tornar va arribar el moment d'anunciar a la teva família que et feies monja.

Forcades Quan ho vaig comunicar a la mare, el primer que va fer va ser dir-me que em desheretava. No entenien res, els va semblar molt malament. El meu pare, com que és més poètic, deia que per algun lloc havia de sortir el seu gen espiritual. Les meves germanes també van tenir diferents reaccions. Els amics, fent-me costat, però sense entendre-ho. El més tens va ser dir-ho als companys de l'hospital on havia treballat. No sabien com reaccionar, no sabien si era una broma. Jo en aquell moment encara estava en contradicció, tot i haver pres la decisió. La part racional encara em deia que tot allò no tenia cap sentit. Els companys em preguntaven què faria al monestir i jo no sabia què contestar-los. Quan era a Sant Benet tot ho veia clar, però era una claredat intuïtiva, no argumental i això, com ho expliques als altres? Des que vaig prendre aquella decisió i durant tots aquests anys al monestir, que també n'hi ha hagut de durs, mai no he dubtat de la crida de Déu. El que sí he dubtat en molts moments és de si jo podria respondre a la seva crida.

Tort I quina és la crida que Déu et fa?

Forcades Mai no m'ha cridat a ser monja en genèric sinó a ser-ho aquí, a Montserrat. Déu em fa una crida en aquesta comunitat concreta, això no ho he dubtat mai. Del que sí dubto és de si jo sóc capaç de donar resposta, aguantar en els moments difícils, seguir aquí o dir-li que se'n busqui una altra.

Tort Però perquè Déu vol que unes dones es tanquin entre quatre parets?

Forcades No es tracta de «tancar-se entre quatre parets», sinó de viure en comunitat fiant-te de la promesa que en tens prou amb l'amor de Déu. Déu fa coses bones per a tu i, a través teu, també per als altres. Déu ens fa dinàmiques, som més felices com més interactuem amb els altres d'una manera oberta. Imagina que al món hi hagués unes persones que es diguessin cristianes i que anessin dient «*Solo Dios basta*» com fa Santa Teresa, però que totes elles tinguessin possessions, parella i fills, que tinguessin totes elles tot allò que de manera automàtica identifiquem amb la felicitat.

Tort Diria que no m'ho empasso ...

Forcades Sembla que socialment ens fan felices tres coses. En primer lloc, l'autonomia personal, entesa com la capacitat de poder disposar d'una mateixa. En contra d'això hi ha el vot d'obediència pel qual no puc prendre cap decisió important sense consultar-ho abans. En segon lloc, la parella, els fills, la sexualitat. Sembla que si no pots exercir o satisfer aquest desig d'unió íntima amb una altra persona, seràs infeliç. I, en tercer lloc, la riquesa. No és que vulguem ser milionaris, però sí tenir el necessari per viure i poder tenir una vida còmoda. Déu pregunta a algunes persones: Tu creus que si tens el meu amor sense aquestes tres coses pots ser feliç?

Tort I tu què hi dius?

Forcades Jo em refio de Déu i del testimoni de les persones que han viscut abans que jo aquesta vida.

Tort Ets feliç Teresa?

Forcades Sí. Durant els set anys de formació vaig passar períodes foscos. M'animava molt veure les germanes grans del monestir. En conjunt, no vaig veure que fossin un grup de dones frustrades, amargades o grisoses sinó que eren i són dones amb una alegria que interpel·la. Vaig pensar, deu ser veritat això de que es pot ser feliç sense possessions, parelles i fills!

Tort Així que finalment entres a Montserrat per ser monja.

Forcades Entro a Montserrat l'1 de setembre de 1997 per començar el postulantat. Vaig venir fins i tot amb el matalàs! Abans d'entrar et donen una llista amb les coses que has de dur i una d'elles era el matalàs, la meva mare no s'ho creia! Els sis primers mesos van ser com una lluna de mel: estava encantada de la vida, tot m'agradava molt.

Tort I així comença una vida de pregària?

Forcades Cada dia fem cinc estones de pregària: dues són en silenci, soles cadascuna a la seva cel·la. Les altres tres són al cor amb la resta de germanes. Les del cor a mi no em costen gens, al revés, són un regal perquè recites o cantes amb altres persones, escoltes lectures interessants, els salms... De vegades, surten frases contra les dones però les ubico en el seu context i el missatge que m'arriba sempre és una lluita que Déu inspira en positiu. L'estona del cor no m'ha resultat mai difícil, de vegades tens son però res més.

Tort Com és un dia a Sant Benet?

Forcades Ens llevem a les sis, i a dos quarts de set ja fem la pregària comunitària de matines. Després tens mitja hora de pregària individual, durant la qual jo acostumava a sortir al jardí per veure sortir el sol, donava les gràcies a Déu i a l'hivern feia una mica de gimnàstica per combatre el fred –vaig acabar fent un clot allà on saltava cada matí!–. Veia el cementiri de les monges i m'encomanava a les germanes que havien viscut aquí. Ara acostumo a quedar-me a la cel·la, preparant les lectures de la missa. A dos quarts de vuit fem la pregària de laudes i l'eucaristia. Després esmorzem i treballem fins a un quart de dues, quan hi ha la pregària del migdia. Dinem en silenci i treballem de nou fins a l'estona de la trobada de la comunitat –en diem «recreació» i és a les sis de la tarda. A continuació fem la pregària de vespres, una hora i mitja de pregària individual a la cel·la i acabem després de sopar amb la pregària de completes a dos quarts de deu.

Tort Teresa, entre les diferents ordes religioses, per què vas escollir ser benedictina?

Forcades En cap moment em vaig proposar comparar ordes religioses. De fet, la regla de Sant Benet és l'única que he llegit, perquè és a Montserrat on vaig sentir que Déu em cridava.

Tort Qui va ser Sant Benet?

Forcades Tot el que sabem de Benet és gràcies a Gregori, un benedictí que va acabar convertint-se en el papa Gregori I. Ell va escriure els *Diàlegs*, una obra on ens explica la vida del jove Benet, un noi amb inquietuds que va anar a Roma a estudiar lleis, tal i com s'estilava a l'època. Aviat es va desentendre de la universitat perquè creia que la formació que hi rebia era molt superficial. Va marxar-ne amb el desig d'aprofundir en la seva vida i es va instal·lar a una cova a la zona de Núrsia, a Itàlia. En aquella cova hi va viure tres anys, gràcies a un monjo que sabia que hi era i que, de tant en tant, li baixava pa en una cistella. Al cap d'un temps, altres persones que buscaven una vida amb més sentit i profunditat van anar a trobar-lo i junts van fundar un monestir. Gregori ens explica que en aquella comunitat van intentar enverinar Benet, motiu pel qual va haver de marxar i fundar una segona comunitat que anomenà Monte Casino.

Tort Diu la tradició que a la seva tomba hi ha ossos de dona. Com pot ser?

Forcades Segons els *Diàlegs* de Gregori, Benet tenia una germana anomenada Escolàstica que també era monja. En aquest llibre, Gregori ens presenta Benet com el nou Moisès, el nou Elies, li aplica miracles paral·lels als del gran profeta. Però és curiós el que passa quan aquest personatge, que ens presenta de manera tan exaltada, arriba al final de la seva vida i es troba amb la seva germana. Benet i Escolàstica tenien per costum trobar-se un cop l'any. Era ella qui es desplaçava fins el monestir de Benet, i la visita es duia a terme en unes dependències properes a la porta d'entrada del monestir. Està molt bé que fos Escolàstica la que anés a visitar el seu germà i no a l'inrevés. Doncs bé, els germans passen tot el dia junts conversant sobre coses santes. Abans de la posta de sol, Benet s'aixeca per acomiadar-se però Escolàstica li proposa passar tota la nit junts parlant de les coses de Déu. Benet ho rebutja perquè diu que ha de tornar al monestir, no li està permès de passar la nit fora. Quan Escolàstica posa el cap sobre la taula i esclata a plorar, de sobte comença una tempesta extraordinària. Benet li pregunta a la seva germana com ho ha fet, i ella contesta que li ha pregat a ell però que no li ha fet cas. Per tant, prega a Déu i Ell sí que li respon. El resultat va ser que Benet no va poder tornar al monestir i van passar tota la nit junts conversant.

Tort I com hem d'interpretar-ho?

Forcades «*Illa plus potuit, quae amplius amavit*», conclou Gregori. «Va poder més la qui més amplament va estimar». En les coses de Déu, sempre pot més qui estima més. I Escolàstica va guanyar Benet en estimació. Gregori ens explica que al cap de tres dies, Benet ja a la seva cel·la va veure l'ànima d'Escolàstica en forma de colom que marxava cap al cel. Aleshores va entendre que el desig de la seva germana de passar més temps junts estava justificat, perquè ja no es veurien mai més a la terra. I diu la tradició que a la tomba que tenien preparada per a Benet, ell hi fa portar els ossos d'Escolàstica. Per tant, una cosa són les ordes, les regles, les normes i l'altra l'amor. I, de vegades, l'amor fa que et saltis les regles.

Tort I quan escriu la regla?

Forcades Llegint-la, fa la sensació que s'ha escrit en dos moments diferents. Hi ha una primera part que escriuria de jove i que s'assembla molt a les regles de l'època, sobretot a la regla del Mestre, que va fer servir d'inspiració. Però després hi ha una segona part en què es tornen a tractar els temes que s'havien abordat a la primera però amb matisos diferents. Per exemple, ens parla de l'obediència dels monjos a l'abat. El títol d'aquest capítol és divertit, «De quan als monjos els demanen coses impossibles». Doncs bé, en la primera part Benet diu que quan a un monjo li demanen una cosa que té per impossible, l'ha de complir i punt. Però en la revisió de la segona part, dirà que si no veu possible allò que li manen, el monjo ha d'exposar, oportunament i amb humilitat, les raons de la seva objecció al superior. Evidentment, un cop exposades, si el superior estableix que el monjo ha de complir amb aquest impossible, no li quedarà més remei que encomanar-se a Déu i fer-ho, però és interessant que Benet introdueixi aquest matís. Per exemple, imagina que la comunitat et demana cantar els salms responsorials però que tu no ho has fet mai. Tot i parlar amb l'abadessa exposant-li les teves discrepàncies, et fan cantar. Doncs bé, complir amb aquest «impossible» pot ser una oportunitat per descobrir els teus talents ocults. Per tant, Benet no anul·la la persona, vol que passi les demandes comunitàries pel seu filtre crític i que sigui sincera. L'abadessa no es pot queixar quan una monja amb sinceritat mira al seu cor i planteja alguna objecció, això és al que ens diu Benet!

Tort Quin és el teu capítol preferit de la regla?

Forcades M'agrada especialment el capítol 72, on Benet explica què han vingut a fer els monjos al monestir. Per a ell, l'objectiu de la vida monàstica és, literalment, suportar-nos els uns als altres amb una gran paciència, tant les nostres xacres físiques com morals. Després de llegir això potser algú pensa que s'entén que no hi hagi vocacions!

Tort L'objectiu de la vida religiosa és suportar-se les unes a les altres?

Forcades Benet diu que no només has entrat al monestir per aguantar les altres sinó que a tu també t'aguanten i que aquest és el senyal del veritable amor: es tracta d'una relació de reciprocitat real que mai pot ser a nivell de façana. Imagina que estàs a la teva cel·la i durant tota la nit sents una monja que no para de roncar i que no et deixa dormir. Doncs això és aguantar una xacra física. O imagina una monja que té tendència a ser suspicaç, doncs també s'ha d'aguantar aquesta xacra perquè generarà una conflictivitat que altrament no hi seria. El test de la veritable llibertat interior i de la veritable alegria passa per com s'encaixen aquestes realitats de convivència. I això no és vàlid només per la vida monàstica, sinó per a tothom!

Tort Teresa, va ser difícil acostumar-te a aquesta vida?

Forcades El que em va costar més va ser l'estona de silenci després de vespres. Arribes a la teva cel·la després d'haver fet pregària al cor, t'asseus i es fa el silenci. No em sortia res, imagina així durant una hora i mitja! A més, creia que no podia agafar un llibre i posar-me a llegir, perquè se suposava que aquella hora i mitja havies d'estar pregant, tu sola, centrada, oberta a Déu, sense dispersions. Per a mi, aquella estona era una font de tensió.

Tort En quin sentit?

Forcades Era quan sortien els fantasmes interiors, els sentiments, l'agressivitat, les tristors. En el dia a dia vas fent i no t'adones de tot el que portes dins fins que t'atures.

Tort Quines coses sortien?

Forcades Jo notava que trobava a faltar l'agraïment, el reconeixement de la gent. Com a metgessa cada dia atenia pacients que em donaven les gràcies en les visites. Quan això va faltar, em vaig adonar que la meva autoestima depenia d'aquell reconeixement exterior. També van començar a sorgir conflictes amb algunes monges després de mesos de conviure juntes.

Tort Com vas resoldre-ho?

Forcades Vaig començar un diàleg amb el propi cos. Agafava paper i llapis i escrivia a Jesús. Sempre començava preguntant-me: Com estic? Aquesta és una pregunta que acostumes a adreçar als altres, però que normalment no et formules a tu mateixa. Aquella va ser la gran descoberta, saber que no tenia ni idea de com estava, d'on estava. Així que tancava els ulls, em preguntava com estava i començava la carta a Jesús. Escoltant el cos, m'adonava per exemple que tenia una pressió a la boca de l'estómac. I aquesta pressió –em preguntava– de quin color és? Una mica fosca, calenta ... I de sobte esclatava a plorar! Com veus, t'estic explicant un nivell d'experiència que és molt psicològic, però crec que des de sempre la tradició monàstica ha dit que la base de tot és coneixe't a tu mateixa. Aquest va ser el meu camí vers l'autoconeixement, un camí desconcertant.

Tort T'entenc, és la descoberta del propi ser.

Forcades Tenia oblidada la part inconscient, vaig començar a escoltar la informació de la part somàtica i entendre les seves lleis, així m'era possible dialogar amb el cos. Em sentia alliberada, de sobte sentia que tenia menys pesantor, millor humor, etc. Aquell va ser el camí que vaig descobrir per apropar-me a Déu. Això ja apareix a l'Evangeli de Lluc, al capítol 19 (1)[2], quan trobem a Zaqueu enfilat dalt una figuera per veure passar Jesús. Ell li demana que baixi i que vagi corrents cap a casa per preparar-ho tot per a quan arribi. La interpretació que en faig és que tro-

---

2. Vegeu antologia al final del llibre per a totes les cites de la Bíblia. Font: *Bíblia Catalana Interconfessional*. Associació Bíblica de Catalunya, Editorial Claret i Societats Bíbliques Unides, Barcelona, 1993.

baré Déu quan estigui a casa meva, no enfilada dalt d'una figuera. Abans d'entrar al monestir vaig llegir les *Confessions* de Sant Agustí que em van impactar molt. El llibre comença dient alguna cosa com «Oh bellesa, tan antiga i tan nova, tard t'he trobat perquè et buscava fora de mi però tu eres en mi, però en canvi jo no era en mi». Sant Agustí al segle IV descobreix que tu pots estar fora de tu mateixa. No només som fets a imatge de Déu sinó que Déu ens habita amb l'Esperit Sant. Per tant, quan realment t'apropes a tu mateixa, trobes Déu en el quotidià.

Tort Déu n'hi do!

Forcades Has de canviar de nivell, has d'arribar a un punt en què la felicitat no depengui de l'entorn ni de l'aplaudiment de fora. T'has de dirigir cap a aquesta recerca de Déu que és real i encarnada. Cada dia has d'anar treballant, crear la teva ruta per buscar-lo. Pel camí de les idees no es pot arribar a Déu, com a molt pots dir que et sona magnífic, però s'ha de convertir en una vivència. Aquest és el símbol de l'hàbit: et treus allò que portes i et poses un vestit que no et distingeix de les altres perquè no vols posar l'atenció en res extern. Entens que el que anomenem «nom» és un reflex d'una altra dimensió molt més fonda, i veient aquesta dimensió entens i estimes el món. Aquella etapa va ser un drama, vaig empal·lidir, perdre pes, cada dia em sentia pitjor. Ho vaig dir a la mestra de novícies i ella, en comptes de lamentar-se amb mi, em va felicitar. Jo li explicava que estava molt malament i ella em contestava: «Molt bé, molt bé, anem pel bon camí».

Tort Sona contradictori.

Forcades Cal experimentar la crisi durant el noviciat i fer-ho sola, sense excuses, sense suport. O canvies de nivell o no resisteixes. Entre mi pensava: Teresa, tu no t'esveris. Si quan arriba el moment de fer els vots definitius, segueixes així, doncs no els fas i te'n vas. Hauràs perdut uns quants anys però res més. A més, abans dels primers vots també em vaig enamorar.

Tort Havies tingut parella anteriorment?

Forcades Sí.

Tort I quan t'estaves fent monja dius que t'enamores?

Forcades Vaig enamorar-me quan era al monestir, sí. De vegades, t'enamores tot i saber que la relació serà inviable. En aquell cas hauria estat factible si deixava de ser monja. Era una opció, ho estava passant malament, ara ja no tenia tan clara la idea de seguir la crida. En aquella època no era precisament feliç, però com que no he dubtat mai que la crida venia de Déu, vaig decidir confiar-hi i em vaig quedar al monestir.

Tort Renunciar a la parella és també renunciar a la família.

Forcades Quan era adolescent, pensava que quan em casés tindria nou fills! Realment em veia com a mare de família nombrosa, però al monestir la batalla per mi va ser enyorar la parella, no els fills. Sant Benet ens aconsella comentar-ho amb la mestra de novícies, obrir el cor, i com més ho fas, més funciona. També ho vaig parlar amb la mare abadessa. Ella estava molt contenta que m'hagués enamorat abans de fer els vots, perquè així la cosa quedava clara. La qüestió era: has sentit la crida, sí o no? Vols ser-hi fidel? Doncs estigues a punt per a la renúncia, però, sobretot, estigues a punt per a la confiança. «Sé de qui m'he fiat», diu Sant Pau. El profeta Osees (2), al capítol 2, diu: «La portaré al desert, li parlaré al cor i la seduiré». Déu parla un llenguatge d'enamorat, d'intentar seduir en el millor sentit de la paraula. Perquè Déu és amor.

Tort Has dubtat mai de que el teu lloc sigui Sant Benet?

Forcades Quan he estat a Amèrica Llatina, m'ho he replantejat perquè la realitat social amb els seus reptes immediats interpel·la molt. Però torno a Montserrat i trobo Déu en aquest compromís que he fet amb la comunitat de Sant Benet. El discerniment em porta a pensar que marxar seria escapar-me de la realitat. Però sí que hi he pensat més d'un cop, sobretot quan he estat a Veneçuela o quan m'he enamorat. Sabia que em podia passar però quan realment succeeix, t'ho replanteges tot. O quan a la teva família passa alguna cosa important, es fa difícil estar-ne lluny.

Tort Diries que són crisis?

Forcades És cert que a Veneçuela em va passar pel cap deixar el monestir però jo no parlaria de crisi. Ja li va passar a Sant Benet, que per continuar la seva obra va haver de marxar. I molts sants i santes també ho han fet, com la mateixa Teresa de Calcuta que va començar en el món de l'ensenyament i, de sobte, va sentir la crida a treballar pels pobres. O sigui que les sorpreses t'esperen a la cantonada però fins ara, els moments en què he dubtat, els he resolt continuant amb la meva primera opció, aquí, al monestir.

Tort Quin sentit té per a tu portar hàbit?

Forcades Ho podem interpretar com un signe per mostrar que no et diferencies de les altres en la part externa. La vida monàstica situa en primer pla la part interna.

Tort I en la intimitat de la cel·la portes hàbit?

Forcades Jo el porto gairebé sempre. A Alemanya el portava sempre per fora, sobretot perquè feia fred i allà és costum que les monges surtin al carrer amb l'hàbit i ningú les mira amb estranyesa. Aquí fa més calor i la gent tampoc n'està acostumada. Per això surto amb els pantalons i el vel, però a casa hi ha la llibertat de dur o no dur l'hàbit.

Tort Creus que s'assemblen en alguna cosa l'hàbit i el burca?

Forcades Tant l'hàbit com el burca, si me l'imposessin des de fora, seria la primera a treure-me'l. Tot i que només són signes externs, és la persona qui ha de decidir què vol portar i què no vol portar. En aquest sentit sí que es pot fer un paral·lelisme entre l'hàbit i el burca perquè sempre han estat instàncies externes les que han decidit si s'havia de dur o no. Jo crec que tant des de l'àmbit de l'església catòlica com de l'Islam, aquestes instàncies externes s'han de deslegitimar. Jo no sóc musulmana i no puc parlar d'Al·là com a interlocutor meu, però el Déu cristià no m'imposa cap vestit. Tampoc crec que Al·là es dediqui a això. Tinc amigues musulmanes i em consta que per moltes d'elles portar el vel és un acte de llibertat. Potser no està de moda, però així afirmen una cosa que és important per a elles i la fan visible, és el mateix que quan portem un mocador palestí. A més, el tema del burca està sent manipulat políticament i això de seguida em remet a altres contextos on el vestit de les dones fa de pantalla o es converteix en una excusa per no tractar les causes reals dels conflictes. Per tant, s'ho carreguen les dones, quan en realitat el problema és econòmic o polític, de com organitzem la comunitat humana.

Tort I com és la vida al monestir? Et sents aïllada del món?

Forcades Aquí el món és de quaranta persones tot i que seguim estant en contacte amb les famílies. Pel que fa a les notícies, crec que estan més ben informades les monges que altres persones a fora. No he tingut mai la sensació d'estar aïllada del món, encara que al principi sí que trobava a faltar l'ambient de la universitat o els malalts. Al monestir hi ha la tradició de la ceràmica, així que jo em dedicava a pintar encara que no m'agradés, aprenia una mica de piano, feia neteja…

Tort Eres feliç amb aquella vida?

Forcades Quan em preguntaven si m'imaginava fent aquesta vida durant deu anys, jo pensava que no, impossible. Puc estar deu hores davant l'ordinador treballant sense que em faci mal l'esquena però amb només una hora de ceràmica, ja em feia mal tot!

Tort I què vas fer?

Forcades El primer que vaig fer va ser traduir un llibre durant el noviciat, la vida de Madeleine Hutin, fundadora de les germanetes de Jesús. Em va impressionar molt la seva vida i la seva persona. També vaig anar amb els monjos a fer classes de teologia però ja tenia el nivell. Aleshores vaig plantejar a la mare abadessa la possibilitat de fer el doctorat en Teologia i em va animar a anar a la Facultat de Teologia de Catalunya. Allà em van dir que no em podien convalidar cap dels meus estudis a Harvard, perquè aquella era una facultat protestant, mentre que la Facultat de Teologia de Catalunya és una facultat catòlica. Em va agradar que no caiguessin de genolls davant el títol de Harvard, però una altra cosa era que no em deixessin demostrar si tenia o no els coneixements que ells consideraven necessaris

Tort Ningú és profeta a la seva terra.

Forcades Em van dir que des de l'àmbit catòlic s'intentava que no hi hagués massa dones doctorades en Teologia. Aquella situació em va fer patir, la vaig dur a la pregària, al diàleg amb Jesús a la creu, i em va respondre. No he sentit mai paraules però sí respostes. En aquell diàleg em va dir que no patís, que si no era possible fer el doctorat en Teologia podria fer-lo en Medicina. Ho vaig dir a l'abadessa i li va semblar molt bé. Em va donar llum verda, vaig anar a l'Hospital Clínic de Barcelona i vaig començar una tesi sobre medicines alternatives. I quan estava a la meitat del doctorat de Medicina, van canviar el rector de la Facultat de Teologia i van posar un jesuïta. Com que Harvard tenia un conveni amb la Facultat de Teologia dels jesuïtes dels Estats Units i aquests em reconeixien el títol, van escriure una carta al nou rector. Així que al final vaig poder fer l'examen que acreditava el meu nivell teològic, i vaig accedir a la llicenciatura especialitzada i després al doctorat en Teologia. Per això en poc temps vaig fer dos doctorats, l'any 2004 el de Medicina i el 2007 el de Teologia.

3. Guarir el cos i l'ànima

Setembre del 2011. Pujo de nou al monestir de Sant Benet i a la recepció m'acull una monja, l'Assumpta. Arribo una estona abans, així que puc parlar amb ella mentre faig temps. És una monja gran trempada i divertida. Parlem sobre la crisi i s'interessa molt per saber què en pensem els joves. M'explica que durant molts anys va ser la responsable del taller de ceràmica i que, també, va estar fent de número dos a la cuina, quan eren moltes més al monestir. En recordar aquelles olles immenses i el contacte amb els proveïdors, sembla que li agafa una mica de por. Ara s'encarrega de la porteria, atenent els visitants i crec que s'ho passa d'allò més bé. Mentre anem xerrant, s'apropa un noi jove que sembla de l'Àfrica subsahariana. Ha vingut al monestir per comprar un llibre de la Teresa. Ens diu que ell és musulmà però que vol conèixer la teologia cristiana. Tot i que l'Assumpta li ofereix el llibre en castellà, ell insisteix que el prefereix en català per aprendre la nostra llengua. L'Assumpta està cofoia i el felicita: «¡Endavant noi, molt bé!».

Explico a l'Assumpta que estem fent un llibre d'entrevistes amb la Teresa, i que ja hem parlat sobre la seva vida i la seva vocació religiosa. Quan l'Assumpta va entrar al monestir les coses eren molt diferents. M'explica que avui totes les monges han d'estudiar teologia a un nivell alt i s'aprofita la seva formació per a la feina al monestir, però que abans, res de tot això, poca teologia i poca formació. Ara veiem passar de llarg una monja jove, la Maria del Mar. L'Assumpta em fa una confidència, diu que la Maria del Mar és una dona excepcional, que s'encarrega dels números del monestir perquè és economista.

Tornem a la Teresa. L'Assumpta està una mica preocupada perquè la veu molt enfeinada. Les trucades al monestir per la Teresa no paren: gent que la vol conèixer, altres que la volen convidar a alguna conferència, n'hi ha de tots colors. Però crec que l'Assumpta prescindeix de tot plegat, ella simplement veu que la Teresa està una mica cansada i pateix per ella. Tot i això, em diu que és una dona molt forta, valenta i extremadament intel·ligent. Li encanten les xerrades sobre temes mèdics que els fa a la comunitat. Segons em diu, quan la Teresa ho explica, ho entén tot, per més complicat que pugui semblar.

A veure si és veritat, que quan parlem de medicina també els més neòfits ho podem entendre.

Tort Comencem pel principi, Teresa, perquè decideixes ser metgessa?

Forcades Sobretot té a veure amb la tradició familiar. La mare és infermera, l'avi matern era metge de poble i després el germà gran de la meva mare era traumatòleg. Aquelles van ser unes influències clares en la meva infantesa. Quan tenia deu anys, a l'Escola Pau Casals, un professor ens va preguntar què volíem ser de grans i jo vaig dir que infermera com la mare. El professor em va preguntar si no havia pensat mai a ser metgessa, i aquell va ser el primer cop que m'ho vaig plantejar. Després, durant els estudis secundaris, vaig descobrir que m'agradaven molt les matemàtiques. Vaig pensar a estudiar ciències exactes perquè sentia fascinació per la seva consistència teòrica, però vaig fer un discerniment: les matemàtiques m'aportarien la satisfacció intel·lectual més pura, però després calia trobar la professió i no hi havia massa més opció que ensenyar o continuar investigant tancada en un despatx. En canvi, la carrera de Medicina potser no em semblava tan estimulant perquè era més de memoritzar que de deduir, però tindria un vessant assistencial pel qual creia que tenia vocació.

Tort Vas determinar especialitzar-te en Medicina Interna. Per què?

Forcades No sóc especialment manetes i no m'atreia la idea d'operar un cos. El que més m'interessava era que algú vingués a la consulta amb una preocupació i jo pogués resoldre-la identificant-ne la causa. És una feina que el primer que demana és escoltar el pacient, distingir el gra de la palla, quedar-te amb la informació essencial i després interpretar-ho tot, de manera que puguis oferir una solució que alleugi el patiment. Per mi la Medicina Interna és la que encara no atomitza el cos en especialitats mèdiques. No només et fixes en el pulmó, el ronyó, l'estómac, etc., sinó que mires la persona en la seva totalitat, deixant-te ajudar per l'especialista de cada òrgan quan ho necessites, però sempre amb una visió de conjunt.

Tort I després van venir les malalties infeccioses.

Forcades Jo les entenc com a una subespecialitat de la Medicina Interna. Sentia fascinació pel sistema immunitari, per aquest conjunt de mecanismes que protegeixen el nostre cos contra les malalties. El sistema immunitari dialoga amb el món exterior, s'encarrega de posar en contacte el cos i els seus processos interns amb la informació que li ve de fora, els agents externs. El cos reacciona davant els virus i els bacteris, hi parla. Em va fascinar aquella possibilitat d'interactuar amb l'entorn de manera que es restableixi la salut.

Tort Ara que parles de diàleg amb l'exterior del propi cos, i de visió global, sembla que la medicina occidental estaria parcel·lada, mentre que la medicina oriental, com la xinesa, sí que tindria una visió més global de la persona.

Forcades Això de distingir entre medicina oriental i occidental és una simplificació, no té sentit oposar-les en termes de millor/pitjor. Durant la carrera no estudiàvem res que tingués relació amb la medicina oriental. Jo ho vaig fer més tard, en el doctorat en medicines alternatives. El que m'ha fascinat més de la medicina tradicional xinesa és precisament la unitat psicosomàtica, és a dir, l'associació de les emocions a cadascun dels òrgans del cos. Per exemple, els xinesos associen la ira al fetge. També en la nostra llengua hi ha expressions, com «aquest no farà pedres al fetge» o «treu el fetge per la boca», que demostren que la saviesa popular vincula el fetge amb la ira. I així mateix per la resta d'òrgans. Els xinesos associen els pulmons amb la tristesa i resulta que en la nostra tradició, l'època romàntica és caracteritzada per uns personatges de novel·la en què tots són tuberculosos i lànguids. A la Xina, vinculen el cor amb l'eufòria. Per a nosaltres, l'eufòria no és cap patologia, no és res negatiu, però en la consciència oriental la persona eufòrica és aquella que no té pau interior, la que va disparada. Sovint, entre els pacients tributaris d'infarts de miocardi hi ha els que anomenem personalitat de tipus A, els executius agressius, persones que van accelerades i que acostumen a patir del cor. Si pensem en l'estómac, els xinesos el vinculen a la preocupació, de la mateixa manera que nosaltres ho fem quan pensem en les llagues estomacals. I, per acabar, els ronyons, que a Orient associen amb la por, nosaltres tenim l'expressió «cobrir-se els ronyons» que vol dir precaució, protecció.

Tort Doncs sí que ens assemblem als xinesos! Per tant diríem que les emocions provoquen malalties?

Forcades No hem de ser reduccionistes: no crec que les emocions siguin la causa de totes les patologies, però és obvi que totes les patologies tenen un component emocional. És com aquell acudit que diu: «Quin és l'animal que menja amb la cua? Tots! Perquè no n'hi ha cap que se la tregui per menjar». Cal atendre sempre les emocions del pacient, i saber que existeix una associació entre determinats òrgans i determinades emocions pot ajudar a fer-ho.

Tort Per tant, els metges sou guaridors del cos i de l'ànima?

Forcades A mi em satisfà més pensar en una antropologia tripartida. No només hi ha l'ànima i el cos, hi hem d'afegir l'esperit. El cos és indissociable, és la part física que podem identificar amb les molècules i els àtoms. El vessant psíquic és el que associem al món emocional. I l'esperit apel·la al vessant espiritual en què també hi tenen cabuda les parts físiques i psíquiques de la persona. En el cristianisme és molt important la noció d'encarnació, la matèria té una dimensió sagrada. La part espiritual és la que vinculem amb la capacitat d'estimar des de la pròpia llibertat, amb la capacitat de responsabilitzar-se per la pròpia vida, i això només és possible amb una disposició del cos.

Tort I com canvia l'exercici de la medicina si tenim present les emocions?

Forcades Una de les conseqüències d'aquesta manera d'enfocar la medicina és adonar-se que la persona és protagonista tant del seu procés de malaltia com de guarició. Ens podem limitar a dir-li a la pacient què ha de fer, i esperar-nos a que compleixi, però, a llarg termini, el veritable paper de la metgessa i del conjunt de l'equip sanitari sempre serà de suport, mai de protagonisme. Això ho sap qualsevol metgessa en exercici. Una cirurgiana pot operar i pensar que no li cal per a res la subjectivitat de la pacient. Però a una cirurgiana així, les pacients se li complicaran més que a una cirurgiana que tècnicament sigui igual de bona que ella, però a més tingui en compte que la pacient, abans que pacient, és persona. La metgessa ha d'estimular l'organisme des de fora i si ho fa comptant amb la pacient, està respectant la dignitat de l'altra, la reconeix com a persona amb capacitat de ser subjecte també en la malaltia.

Tort Però aquesta manera de plantejar-ho, ens podria portar a pensar que d'alguna manera les malalties ens les busquem, que som responsables de tenir-les.

Forcades Quan la vida enfila per aquestes línies difícils és quan adquireix més sentit. Crec que primer de tot s'ha d'evitar la culpabilització, no és veritat que la malaltia sigui culpa de la pacient tot i que ho preconitzin certes espiritualitats contemporànies. Això ja ho trobem al capítol 9 de l'Evangeli de Joan, quan Jesús i els deixebles es troben un cec de naixement (3). Els deixebles pregunten a Jesús: «Mestre, aquest home és cec de naixement. De qui és culpa? Qui ha pecat, ell o els seus pares?». I Jesús els contesta que cap dels dos. Això encara avui s'ha d'anar dient perquè si no hi ha una estigmatització de la persona malalta. Protagonisme sí, culpabilització no.

Tort Creus que reprimir els nostres talents, les nostres habilitats, allò que nosaltres som, ens pot fer patir malalties?

Forcades La medicina actual parla de psico-immuno-neurofisiologia. S'ha demostrat que el sistema immunitari s'inhibeix si tens una sèrie de dons o talents que no pots expressar. Per exemple, si tens una emoció negativa durant molt temps, com la frustració, estimules l'eix de l'estrès. El procés començaria amb un estímul a l'hipotàlem que va directe a les glàndules suprarenals. S'incrementa la secreció d'adrenalina i aquesta actua sobre el metabolisme del cortisol, que si es troba a uns nivells alts, inhibeix una sèrie de funcions com la immunitària. Per tant, si pel teu voltant corre algun virus, segur que el pescaràs i en canvi pot ser que la persona que tens al costat, no ho faci. Ja veus que la causa de la malaltia és un virus, però amb això no n'hi ha prou. Avui la medicina contempla l'etiologia multicausal, és a dir, que hi ha una multitud de factors que convergeixen en la malaltia. Entre aquests factors moltes vegades hi trobem les emocions, i entenc la repressió dels dons d'una persona com a generadora de frustració. És diferent quan tu voluntàriament renuncies a coses, per exemple una mare o un pare que renuncien a certs aspectes de la pròpia projecció personal mentre creixen els fills. Però quan et tallen les ales es genera una tensió interior que pot provocar la disminució de la immunitat, més vulnerabilitat a les infeccions, la cronificació d'una contractura o dolors que tenen a veure amb la rigidesa musculoesquelètica.

Tort I tu has passat mai per un procés així?

Forcades Sí, parlo per experiència. Crec que és responsabilitat de cadascú prendre consciència de les pròpies necessitats profundes i procurar satisfer-les, sense esperar passivament que ho facin els altres. No estic parlant de capricis sinó de necessitats d'expansió intel·lectual, afectiva o espiritual. En relació amb aquestes necessitats profundes no s'hi val el victimisme: has de prendre'n responsabilitat i estar disposada a pagar el preu que faci falta. Conèixer la vida d'alguns sants com Francesc d'Assís ens ensenya que una persona tan lluminosa com ell pot acabar cega. És absurd afirmar que els cecs són cecs perquè no hi veuen bé en el sentit espiritual o profund.

Tort Ajudes les persones a alliberar tensions interiors?

Forcades Faig cursos d'una tècnica que s'anomena Tècnica d'Alliberament Emocional (EFT). Sovint intentem processar, des de la dimensió espiritual, coses que tenen a veure amb la dimensió afectiva. Per exemple, podem intentar pal·liar la manca de relacions a nivell humà amb una concentració en l'amor de Déu, que en aquest cas no seria bona. Ja ens diu Sant Joan que «qui no estima els altres als quals veu, no pot estimar Déu a qui no veu». En una comunitat religiosa es poden guarir les ferides psicològiques però està bé poder-ho separar, adonar-se que són dimensions diferents.

Tort I com s'aprèn a fer això?

Forcades De tècniques i recursos de creixement personal n'hi ha molts, el que és decisiu és que la persona s'adoni que té responsabilitat plena sobre la pròpia vida i el propi benestar. I que no té temps a perdre. Que confiï en els propis recursos, entre els quals també hi ha el de saber quan es necessita ajuda externa. Que no es deixi enredar. Que si la pròpia vida li sembla mediocre o poc interessant, no es conformi. Que corri a buscar allà on sigui, amb el risc d'equivocar-se, la font d'una felicitat més plena. Jo vaig aprendre al monestir alguns d'aquells recursos, com ara el mètode Tomatis o l'enneagrama. La Tècnica d'Alliberament Emocional me la va ensenyar una monja missionera, que va venir a passar uns dies a Sant Benet. Vaig fer la formació pertinent, combinant l'autopercussió de certs punts d'acupuntura amb una part més verbal, i vaig poder constatar que funcionava. Per exemple, suposem que tens una contractura que no s'acaba de guarir. Pot ser que el que hi hagi al darrere sigui un bloqueig energètic per qüestions emocionals. Cadascuna de nosaltres és una concreció única i insubstituïble de l'amor i la llibertat de Déu, i l'alliberament emocional és un procés que ens porta a deixar oberta la pròpia vida des de la confiança.

Tort Confiar en nosaltres mateixes?

Forcades A les cultures antigues entenien que la persona que volia viure en plenitud necessitava algun tipus d'aprenentatge seriós amb una mestra espiritual. Avui, en canvi, tendim a viure en un nivell molt superficial, com si tenir una vida plena ens hagués de sortir de natural, sense haver de fer cap esforç. Aquest treball personal que proposen les antigues mestres només el farien avui les persones que tenen problemes i van a la psicòloga. Aquesta concepció és molt negativa. Allò propi de la persona humana és construir-se a si mateixa, sabent que pot viure la vida a un nivell superficial o més a fons, fent un viatge que no només mira endins amb la introspecció sinó que també busca expandir-se cap enfora. Però per fer-ho se'ns demana una actitud conscient d'aprofundiment. En la nostra societat benestant s'ha perdut la noció de treballar la vida activament; és impossible restar passiu davant del món i pretendre al mateix temps aconseguir una vida plena. Una persona pobra que no té un plat a taula cada dia, activa el dinamisme de l'autoconsciència perquè si no vigila, es quedarà sense menjar. En canvi, els que –almenys fins ara– hem trobat normal menjar tres cops al dia ens podem arribar a creure que hauríem de poder ser feliços sense esforç, però jo no conec a ningú que sigui feliç sense lluita, una lluita en què et planteges objectius que t'activen a nivell més profund. Una lluita que en el fons és per adonar-te'n que l'essencial ja ho tens. Una lluita per deixar anar, per desprendre't.

Tort L'alliberament emocional pot fer-nos conscients dels nostres objectius vitals?

Forcades Sí, però l'alliberament emocional en cap cas seria una mena de superació del dolor, com si assolíssim el nirvana. Per mi l'alliberament emocional suposa plorar quan sigui hora de plorar i riure quan sigui hora de riure, deixar que les emocions flueixin, que la vida en tu flueixi, que no trobis ancoratges que et retinguin. Deixar anar les pors davant de tot el que no controlem. Quan les deixes, experimentes els impactes negatius de la vida i et fan mal, clar que sí. Però és que l'alliberament emocional passa per la vulnerabilitat, en cap cas es tracta de blindar-se. Jesús a l'hort de Getsemaní sua sang, plora i té angoixa. Això vol dir que la plenitud personal és compatible amb l'angoixa. Quan és moment de plorar, plores però sense retenir l'emoció en ancoratges antics no processats. L'alliberament emocional suposa prendre consciència que al llarg de la vida has viscut impactes emocionals que no has paït i que són com curtcircuits que romanen potencialment al sistema nerviós central: quan s'estimula una neurona se n'activen d'altres sense que tu ho vulguis, i no te'n surts. Es tracta d'anar obrint aquests curtcircuits per tal que davant un impuls determinat no tinguis una resposta automàtica en funció d'esquemes anteriors.

Tort Quan parles de curtcircuits, a què et refereixes exactament?

Forcades Imaginem per exemple una noia de vint anys que quan veu un senyor amb bigoti, li entra mal de panxa. Aquesta seria una reacció que podria resultar invalidant a la vida perquè segur que es trobarà amb moltes persones que porten bigoti. L'alliberament emocional es basa en la premissa que totes les emociones negatives tenen una causa raonable, encara que pugui semblar el contrari. I aquesta causa és sempre biogràfica. Les persones no som estúpides ni estem mal fetes, ens ha fet Déu i ens ha fet bé. Si quan veus un home amb bigoti, et fa mal la panxa és que alguna cosa ha passat. Imaginem per exemple que aquesta noia quan tenia dos anys va passar un dia molta estona asseguda davant la televisió mentre els seus pares estaven en plena discussió matrimonial. Per no fer-li mal, els pares van decidir aïllar-la de la discussió posant-li una pel·lícula. Van a la cuina per discutir però com que els pisos no són gaire grans, la criatura ho sent tot. Comencen parlant fluix però la cosa puja de to. La criatura de dos anys no entén el que diuen però sent coses com «La nena qui se la quedarà?». Els nens copsen la tensió emocional dels pares. Porten una hora discutint i la pel·lícula ja ha acabat. Ara estan fent el telenotícies presentat per un home amb bigoti. La criatura hauria produït una associació pavloviana entre la imatge que està veient –l'home amb bigoti– i la tensió emocional –la discussió dels pares–. Des de la neuropsicolingüística d'això se'n diu àncora mental. És d'allò més lògic que tinguis mal de panxa si els pares criden. Has fet una associació lògica que difícilment recordaràs conscientment perquè només tenies dos anys, però el cos sí que la recorda i respon amb uns determinats símptomes físics a estímuls que en principi haurien de ser neutres i no haurien de provocar cap resposta. La Tècnica de l'Alliberament Emocional treballa amb l'impuls somàtic, toca una sèrie de punts d'acupuntura i aconsegueix obrir aquesta associació, tot i que mai descobreixis d'on prové. De vegades, sí que recuperes el record però aquest no és l'objectiu, l'objectiu és obrir la persona cap a aquest espai on realment la seva part lògica i la seva part emocional puguin dialogar sense que una domini per sobre de l'altra.

Tort T'has aplicat a tu mateixa aquesta tècnica?

Forcades Sí, es tracta de recordar, fer una llista de vivències que has tingut i que et sembla que no les tens païdes del tot. Poden ser coses molt simples, com que a tercer de bàsica la Mariona et robés la goma. Això pot ser molt important perquè podria haver estat la teva primera experiència de traïció, i una traïció no és cap broma. Els nens quan juguen es formen, estableixen les bases de la seva estructura psíquica. Tots els actes de traïció que hauries viscut al llarg de la vida, d'alguna manera, reboten en aquest.

Tort Resulta sorprenent que una monja teòloga com tu em parli d'energies.

Forcades La regla de Sant Benet diu que «quan el monjo prega ha de mirar que el pensament estigui d'acord amb la veu» (cap. XIX). Podem fer coses amb la veu o amb el cos que afectin la nostra manera de pensar. No som només pensament. Som també cos. Realment l'espiritualitat cristiana és una gran desconeguda per a la mateixa societat cristiana, em fascina descobrir que es pot expressar tota la tradició amb paraules d'avui. És quan tens aquella sensació de pensar: «Però si això ja ho deien al segle XII!»

Tort Tu medites com ho fan els budistes?

Forcades Meditació formal no n'he feta mai perquè crec que meditar requereix deixar el cervell en blanc i a mi això no m'ha passat mai. Algunes estones sí que m'he quedat com submergida en Déu, sense poder pensar res, però ser conscient de deixar el cervell en blanc, mai.

Tort No medites però pregues. Què és la pregària?

Forcades Santa Teresa diu que si el que vols és pregar, només t'has d'imaginar que tens Jesús assegut al teu costat i que pots estar-te amb ell com estaries amb un amic. Així ho diu i a mi em va bé. També diu que al principi no t'espantis si et sembla una cosa forçada, si no saps què dir-li. Jesús sempre és al nostre costat, buscant vies de comunicació i per tant, segur que hi haurà una comunicació real. Això és la pregària cristiana, un diàleg.

Tort Cal pregar sempre? La pregària és guaridora?

Forcades Jo diria que sí, de la mateixa manera que necessitem menjar cada dia. Si no ho fem, hi ha processos que defalleixen. La millor comparació que puc fer és amb la relació amorosa: jo et puc dir que t'estimo molt, però si mai tinc temps per dedicar-te, és probable que no t'ho acabis de creure. Doncs amb la pregària passa el mateix: si te la saltes seria com no veure's, no alimentar-se. Per pregar t'asseus tranquil·lament, t'imagines Jesús al teu costat i no cal patir si el primer dia no tens gaire coses a dir-li, perquè la relació anirà prenent cos mica en mica. Amb el temps t'adones que es tracta d'una relació real, que no són només conceptes. És una relació i per tant cal dedicar-li temps, encara que al principi siguin només cinc minuts al dia.

Tort La vida és pregària?

Forcades Déu és amor i tot acte d'amor participa de la vida de Déu. Però precisament per la dignitat de la llibertat humana, cal reconèixer la pregària com un acte conscient.

Tort I què demanes a Déu?

Forcades Vaig descobrir, per sorpresa meva, que Déu ens ha fet en la coresponsabilitat, és a dir, som coredemptors, és com si Jesús ens digués que sense nosaltres no pot. Aquesta és l'expressió de la vocació màxima de la humanitat: ser *copartners* de la creació, donar a llum (en el sentit de «parir en el món») Jesús, donar a llum Déu, donar sentit al món. Quan jo li demano una cosa bona a Déu, li permeto actuar en mi i en el món a través meu, d'acord amb els seus principis d'amor, de respecte i de no-violència. Déu ens ha promès que no ens envairà mai. Per això cal que li preguem, que li demanem allò que ell vol donar-nos des de sempre, perquè si nosaltres no ho volem no ens ho pot donar. En el fons vol donar-nos el seu Esperit, es vol lliurar ell mateix i només ho farà si el desitgem, si li demanem que vingui. És com una amant delicada. No es vol imposar. Déu ens dóna la llibertat humana, la capacitat d'actuar conscientment i encara que no puguem arribar a tothom per les limitacions d'espai i temps, sí que podem intentar arribar a les persones que tenim a l'entorn.

Tort Té sentit que algú demani a Déu que el guareixi d'una malaltia?

Forcades Abans de ser detingut pels soldats romans, Jesús ens diu que tota pregària serà escoltada si està feta en el seu nom (4). «Feta en el meu nom» vol dir feta en la voluntat de l'Esperit, des de la voluntat de l'amor, des de l'obertura. Per tant, el malalt pot demanar la guarició si alhora afirma que el fonament de la seva vida és Déu. Sant Agustí deia que el cor està fet per al Senyor i que no descansarà fins que es trobi amb Ell. Quan t'adones d'això, segueixes volent curar-te de la malaltia però deixes l'última paraula en unes altres mans. El cristianisme, com l'ateisme, pren la responsabilitat total sobre el succeir del món, els cristians no som immobilistes que esperen que Déu ho faci tot. Al contrari, el mite del paradís o el jardí de l'Edèn ens mostra que al món hi ha la possibilitat radical que hi passin coses que Déu no vol.

Tort I per què les tolera?

Forcades Perquè el misteri de la llibertat implica això. Quan tens fills creus que hi ha coses que ells no faran mai, però t'esgarrifes quan veus que les estan fent. Constantment, al món i a la vida, passen coses que no haurien d'haver succeït però un cop fetes, el següent pas és l'acceptació. Malgrat ha passat alguna cosa, el sentit de la vida continua, Déu és provident.

Tort Què vol dir això?

Forcades Que en cada circumstància de la teva vida, per terrible o contrària a la seva voluntat que sigui, et dóna la possibilitat que facis un acte lliure d'amor. Això és el que la providència de Déu t'assegura. La seva omnipotència es mostra en això. No es tracta que Déu sigui tapaforats sinó que com més descobreixes Jesús, més descobreixes la teva llibertat i la seva fidelitat.

Tort I què demana Déu a la Teresa?

Forcades Jo ara percebo més les pròpies contradiccions, crec que en la meva relació amb Déu hi ha una familiaritat més gran, molt més gran, i més llibertat. La fe és confiança, obertura que permet adonar-se de les pròpies incoherències. Jo entenc que Déu em demana que estigui disponible en la mesura que pugui tant al monestir com de cara a les demandes que arriben de fora, i que sigui sincera... De moment és suficient.

Tort Parlaves del mite del paradís, Adam i Eva, el pecat original. No entenc com pot existir la noció de pecat, si Déu és amor.

Forcades Hi ha molta diversitat en el concepte de pecat. Per exemple, alguns companys de Harvard m'explicaven coses que em causaven una gran sorpresa. Eren gent educada en grups cristians fonamentalistes que prenen la noció de l'infern en el seu sentit més literal: si no compleixes amb les normes, destrueixes la imatge de Déu en tu i vas directe a cremar-te en una mena de venjança divina terrible. Aquesta és una concepció que xoca amb l'antropologia positiva que a mi em van ensenyar: les persones humanes som, des de la nostra creació, una meravella, aquesta meravella no desapareix mai per més pecat que hi hagi, l'infern és la possibilitat real de dir «no» a Déu, és una noció necessària si volem prendre'ns seriosament la llibertat, però de cap manera és una venjança divina.

Tort Però segueixo sense poder creure que jo, només pel fet de néixer, sóc pecadora... Si no m'ha donat temps ni d'obrir la boca!

Forcades No és que Déu ens faci pecadors. Una cosa és dir que naixem pecadors i l'altra que abans de néixer, ja haguem fet alguna cosa dolenta. El que està clar és que quan Déu crea no hi ha res de dolent, la creació és bona i nosaltres també. Ara bé, nosaltres abans de néixer ens passem nou mesos al si matern, que és tot menys manca de comunicació. Entre moltes altres coses, amb la mare comparteixes les hormones a través de la placenta. Si hi ha un bombardeig i la mare té por, segrega adrenalina i aquesta afecta també el teu sistema cardíac i muscular. Pot ser que si això es repeteix durant l'embaràs o bé és una experiència molt forta per la mare, tu de gran siguis una persona poruga. El teu excés de por en aquest cas no seria cap pecat personal, però sí un pecat original, que vol dir una cosa contrària a la voluntat de Déu (Déu no vol que tinguis por) que tens des de l'origen. La noció de «pecat original» és bona per tal de no atribuir a la voluntat de Déu res de dolent. Déu no t'ha fet amb por ni vol que en tinguis. El Déu cristià és només bo, no envia, ni desitja, ni vol, ni provoca mai res contrari a l'amor i a la confiança. Quan apareix en la pròpia vida quelcom contrari a l'amor i a la confiança, o bé és responsabilitat meva (pecat personal), o bé em ve de l'entorn (pecat estructural) o bé ho he après al si matern (pecat original).

Tort És a dir, la nostra manera de ser es gesta en gran mesura a la matriu?

Forcades Des del primer dia de la concepció, interacciones amb la mare i ella interacciona amb el món, comences a rebre tot el que hi ha de bo però també el que hi ha de dolent. Un otorinolaringòleg francès anomenat Alfred Tomatis és qui va descobrir les condicions de l'escolta intrauterina. Quan la mare escolta, vibra la seva membrana timpànica; quan la mare parla, vibren les seves cordes vocals; en ambdós casos, la vibració es transmet a les cervicals de la mare, baixa per la columna, arriba a la pelvis i es transmet per contigüitat anatòmica al líquid amniòtic, i des d'allí fins a la membrana que embolcalla l'embrió o la pell del fetus. El fetus, si vol, pot apropar el cap als ossos pelvians de la mare i aleshores sent millor la seva veu perquè la vibració es transmet a través dels ossos del cap (com en el cas del diapasó). El nadó només pot sentir els sons aguts perquè, fixa't, que si captés els sons greus acabaria boig entre el batec del cor de la mare, els moviments intestinals, la manxa pulmonar... Per tant, ja des de l'úter s'estableix una comunicació amb els sons aguts, que arriben a través de la mare. Estem fets a imatge de Déu, i el Déu cristià és una comunitat de tres que s'interrelacionen; el nadó ja des del principi és un ésser en relació amb la mare i amb el món que li arriba a través d'ella.

Tort I on queda el pecat original que parlàvem? El nadó de moment només percep les vibracions de la mare.

Forcades Imagina que el nadó, a través de les vibracions de la membrana timpànica de la mare, escolta la veu del pare. Si hi ha bona relació en la parella, el fetus sentirà benestar perquè junt amb la veu del pare, li arriben les endorfines que la mare segrega quan el pare li diu coses. En canvi, si la veu del pare fa que la mare tingui por, el cos de la mare segregarà adrenalina que a través del torrent sanguini arribarà fins el fetus i li provocarà por associada a aquella veu. Quan la criatura neixi sentirà la veu del pare i tindrà por sense saber per què. En aquest sentit direm que el nen té pecat original, entès com que no és neutre, no està obert a la vida del tot, no hi pot estar perquè ja des d'abans de néixer ha estat engendrat en comunicació amb un món que té els seus problemes.

Tort Aquest és un concepte de pecat original ben diferent al d'Adam i Eva, la poma i la serp temptadora.

Forcades El pecat original és una constant de la teologia cristiana. Sempre hi ha hagut gent que ho ha qüestionat, però l'ortodòxia no ho ha fet en cap moment, sempre ho ha associat al sexe i crec que sense fonament de cap mena. El sexe es pot entendre com a relació de plaer o de comunicació interpersonal. Podríem néixer d'una altra manera, la biologia és molt original, però en canvi naixem de dues persones que s'han trobat. D'acord que aquest trobar-se es podria realitzar en condicions ideals i que no sempre es fa així.

Tort Una creació que és de fang...

Forcades No cal que ens ho imaginem així sinó com una posada en marxa del dinamisme que dóna lloc a les persones en l'evolució. Aquí Ell s'ho juga tot: Déu es refia de nosaltres més que nosaltres mateixes.

Tort Tot i que la creació no sigui de fang, arriba un moment en què els nostres cossos diuen prou. Has vist morir moltes monges al monestir?

Forcades Exactament disset. Viure la mort al monestir és una de les coses que m'ha impressionat més, perquè és totalment diferent al que havia viscut com a metgessa o quan moria algú a la família. A l'hospital domina la qüestió professional, pensar si has d'iniciar una reanimació, si has fet tot el que podies i assumir que no cal insistir més, pensar si hi ha una part de responsabilitat mèdica teva o dels companys. És veritat que a l'hospital podia resar un parenostre, quan la persona moria però dominava la dimensió mèdica. La sorpresa va ser al monestir, quan vaig descobrir el ritual que acompanya la mort i que també feien antigament en algunes cases. Quan la germana està malalta i sembla que ja entra en agonia, la resta de monges anem a la seva cel·la encara que gairebé no hi cabem. Li cantem els seus salms preferits i després fem una estona de silenci, que acaba amb unes paraules de l'abadessa. Recordo l'Encarnació Lloveres que, abans de morir, va començar a distribuir les seves possessions, res, tres o quatre llibres. La mort viscuda al monestir té un context que li dóna sentit, no evoca l'absurditat de la vida sinó que és una experiència amb sentit. La vida és un preparar-se per a la mort entesa com el pas a la pròpia plenitud, la trobada amb l'abraçada sense límits de Déu. La mateixa abraçada que t'ha donat força al llarg de la vida.

Tort Totes les germanes han mort al monestir? T'ho pregunto perquè sembla que avui tots haguem de morir a l'hospital.

Forcades De vegades, hem hagut de lluitar per endur-nos a la germana de l'hospital, quan semblava que ja havia de morir. El més freqüent és morir a l'hospital i aquesta és una bona opció per a molta gent. El problema és que a l'hospital sovint no hi ha espai per fer pregària junts, posar música o fer silenci. L'acarnissament terapèutic és especialment dur perquè, de vegades, perllonga la vida innecessàriament. La pràctica de cures pal·liatives és essencial, però de vegades cal anar amb compte per exemple en administrar oxigen perquè pot allargar la vida i comportar molt sofriment. Una de les maneres més naturals de morir és quan el cos ja no pot respirar, l'agonia és penosa però curta. En canvi, si introdueixes l'oxigen estimules artificialment el centre de la respiració i el malalt, si està alimentat, pot viure durant mesos, encara que no hi hagi possibilitat de cura. Evidentment, el confort i el tractament del dolor són essencials en les cures pal·liatives, i ho han de ser fins a l'últim moment, però l'ús de l'oxigen té aquesta doble cara. Als Estats Units vaig veure com una persona ingressada a cures pal·liatives es convertia en una font d'ingressos per a l'hospital, a través de la mútua. Això és així de cru: teníem persones a qui no interessava desconnectar de la màquina perquè la mútua guanyava diners cada dia mentre els malalts fossin vius, ni que fos en un estat vegetatiu irreversible.

Tort Una persona en estat vegetatiu, sense possibilitat de cura, això és vida?

Forcades Jo crec que sí, és una vida. Des de l'antropologia cristiana no avaluem la vida en termes morals, establint si és bona o no. Si hi ha persona, hi ha vida i això significa que Déu s'està comunicant amb aquella vida de maneres que potser ni intueixes ni captes. Pensa en una nena amb una deficiència psíquica, o amb una persona que ha estat en coma vint anys i que després s'ha recuperat. On era Déu durant aquells anys? No ho sabem però això no vol dir que Déu no tingui recursos. Hem de tractar aquella persona fins a l'últim moment com si fos una filla estimada de Déu, una germana amb possibilitat de recuperar-se, perquè també hi ha hagut sorpreses. Això és diferent a l'acarnissament terapèutic, no estem obligats a usar tots els mitjans tècnics sempre, cal valorar-ho cas a cas. Des del punt de vista cristià, no hi ha l'obligació d'usar cap mitjà extraordinari, tu pots perfectament acceptar que un organisme digui prou i si té ja una certa edat i una patologia no curables, pots tranquil·lament acompanyar aquella persona a la mort sense acarnissament terapèutic.

Tort Has desconnectat mai una persona d'una màquina que la lligava a la vida?

Forcades Quan era interna als Estats Units, una família em va demanar desconnectar una pacient. Feia mesos que la senyora estava intubada a una màquina, el seu quadre clínic s'havia complicat, tenia un emfisema subcutani, l'aire li dissecava els teixits. La senyora tenia tots els papers on hi posava com volia acabar els seus dies. I a més, tot el seu procés mèdic va començar per un descuit, hi va haver una dosi excessiva de sedació, un drama. La família estava desesperada, la senyora ja havia tingut un infart de miocardi mentre estava a la màquina, una embòlia arterial, complicació rere complicació i ara estava inflada. Va venir la família, jo m'havia informat de tots els requisits legals, vam resar un parenostre i vam desendollar-la.

Tort Com ho vas viure?

Forcades Va ser intens emocionalment, però alhora ho vaig viure amb molta tranquil·litat perquè no tenia la sensació d'estar decidint sobre la vida o la mort d'una persona. Desendollar-la és posar-la en mans de Déu. Al cap d'uns minuts va morir.

Tort Què en penses de l'eutanàsia?

Forcades L'eutanàsia és fer alguna cosa per accelerar la mort d'algú. Pots provocar o accelerar la mort d'una persona donant-li una substància que estigui destinada a això. Per a mi és inacceptable des d'un punt de vista cristià perquè la vida és sempre un do de Déu del qual no disposes a voluntat. El suïcidi o l'eutanàsia serien, des del punt de vista cristià, un no refiar-te de Déu.

Tort Teresa, el tema de l'eutanàsia entra a l'esfera pública amb la pel·lícula *Mar Adentro*. Se'ns ensenya el patiment d'aquell home i com una amiga seva li apropa el verí per a que pugui morir. El director dóna a entendre que l'ajuda a morir perquè l'estima.

Forcades Davant una persona que es vol suïcidar, és important donar-li tot el suport per evitar que ho faci, perquè tothom té segones oportunitats i la vida està plena de sorpreses i de coses que no pots preveure. Dit això, crec que, com diu el codi penal, el suïcidi no ha de ser delicte. El problema de l'eutanàsia depèn de com es plantegi. En coherència amb el principi de llibertat, la persona s'ha de poder suïcidar però una altra cosa és exigir que l'ajudin a eliminar la seva vida (eutanàsia). Aquí hi ha un límit que ens portaria a una societat amb rituals de mort, on les persones tinguessin dret a demanar a les altres que les assistissin en el seu suïcidi.

Tort Perdona que insisteixi però aquella dona, li dóna el verí perquè l'estima. Això no és amor?

Forcades És clar que provocar-se una mateixa la mort o provocar-la a una altra persona pot ser viscut com un acte d'amor. Però la situació és més complexa. A Holanda hi ha una llei de despenalització de l'eutanàsia que algunes persones voldrien que tinguéssim també al nostre país, però en el món en què vivim, amb les diferències socioeconòmiques que hi ha, aquesta llei suposa una pressió sobre les persones més vulnerables. Posem com a exemple el cas d'un avi que visqui amb els fills, i pateixin una mala situació econòmica a casa. Aquest home veu que la seva néta de divuit anys no pot anar a la universitat per manca de recursos, i demana l'eutanàsia per no ser una despesa més en l'economia familiar. Això no és teòric, és un cas real i no és el primer ni l'últim. I la família mateixa ho acaba acceptant i agraint, que l'avi es sacrifiqui, perquè si has d'escollir entre un o l'altre, si has de decidir entre els estudis de la nena que li obriran camí a la vida i l'avi que ens fa gastar la meitat del pressupost familiar perquè necessita cures, què faries? Aquest avi copsa que és una càrrega per a la família, potser fins i tot pensa que és responsable de la desgràcia familiar. Quan hi ha diners, cap problema, però si anem justos, els primers que pateixen són els febles.

Tort Existeix el testament vital, un document on expressar les darreres voluntats. Tu l'has fet?

Forcades No l'he fet, però crec que és un document molt important i a tots els meus pacients als Estats Units els proposava de signar-lo. Al monestir em sento poc motivada a escriure'l perquè el criteri que fem servir per a totes les germanes és el que voldria per a mi; en cap cas, passar-se amb els mitjans extraordinaris sinó fer tot el que calgui per alleujar el dolor i si no és una malaltia curable, no allargar la vida sinó acceptar la mort. A més del testament vital, hi ha la possibilitat de designar una persona de confiança per als casos en què tu no pots decidir per tu mateixa. Aquesta és una opció molt bona perquè aquesta persona de confiança no sempre ha de coincidir amb l'esposa o l'espòs, els pares o els fills. Crec que el testament vital i aquesta figura de la persona de confiança, que designes perquè pugui decidir en nom teu quan tu no ho puguis fer, són molt importants i amb això salvaríem moltes situacions en què els metges no sabem com actuar.

Tort No són poques les famílies que s'enfronten al naixement de fills malalts. Hi hauria alguna explicació possible a aquest patiment?

Forcades De vegades neixen nens malalts per unes causes clares. La bomba de Nagasaki, o l'urani empobrit que han llançat les tropes americanes i europees a l'Iraq són un clar exemple del naixement de nens amb deformitats a causa del mal estructural del món, a causa del pecat del món que Déu de cap manera desitja. Però és veritat que també neixen criatures malaltes, sense que puguem atribuir la culpa a la llibertat humana. Si entenem la vida com un aprendre a estimar, el nen malalt no és un forat negre. Ni pel nen ni pels pares.

Tort Quin sentit pot tenir el naixement d'un fill malalt?

Forcades No sé perquè ha aparegut la malaltia però sí sé que Déu té l'última paraula i que des d'aquí la vida té sentit. Hi ha pares i mares que t'expliquen que han canviat cap a millor. Tenien la vida orientada vers el que la societat ens diu que val la pena, però amb una experiència així, la seva vida s'ha reorientat i ha trobat una plenitud inimaginable abans. També conec casos de persones que no ho arriben a acceptar mai, que amaguen la criatura i viuen en un infern. El factor determinant és com et col·loques davant aquesta realitat que és tenir un fill o un familiar dependent.

Tort Jesús escull els infants i els febles.

Forcades No s'han de donar lliçons a algú que pateix. Jo no puc dir quin do de Déu pot ser un fill malalt perquè no en tinc cap, però els pares d'un fill malalt sí que ens ho poden dir i, de fet, ja ho fan. En una situació de patiment no pots predicar-li a ningú que ho ha d'assumir des de l'alegria, però qui ho està vivint ens pot dir que és font de plenitud. Això ha passat en la història i segueix passant avui. Les situacions que la nostra societat considera penoses poden ser les més joioses. I a la inversa, darrere una persona amb fama, riquesa i èxit pot haver-hi un drama vital de dimensions insospitades.

4. Farmacèutiques: el fi mai no justifica els mitjans

Tort Les companyies farmacèutiques cometen crims?

Forcades Aquest és el títol d'un treball[3] que vaig publicar l'any 2006 amb el Centre d'estudis Cristianisme i Justícia. El títol que vaig escollir no és metafòric sinó literal: gairebé la totalitat de les grans companyies farmacèutiques van ser processades i condemnades pels tribunals dels Estats Units durant el breu període que va de l'any 2000 fins al 2003. Per tant, són criminals d'acord amb les sentències dels jutges.

Tort De quins crims estem parlant?

Forcades No hem d'imaginar-nos que van pel carrer assassinant la gent. Em refereixo a l'ocultació interessada d'informació vital.

Tort Què vols dir?

Forcades Imaginem una empresa farmacèutica que està fent un estudi sobre la seguretat d'un medicament concret. El que et diré ara és un cas real: els laboratoris Merck van llançar al mercat un antiinflamatori anomenat Vioxx. Fent un estudi de seguretat, van constatar un excés d'infarts de miocardi entre els pacients que prenien aquest medicament. Quan parlo d'ocultació d'informació vital, em refereixo a un cas com aquest, en què hi ha una relació directa entre l'ús d'un medicament i l'aparició d'efectes secundaris, fins i tot mortals. La manipulació de la informació arriba quan redissenyen l'estudi per ocultar aquesta informació. Assumir els resultats de l'estudi hagués implicat

---

3. http://www.fespinal.com/espinal/llib/ct141.pdf

que Merck hauria d'haver retirat el medicament del mercat amb la conseqüent pèrdua d'ingressos.

Tort Increïble.

Forcades El judici va demostrar que Merck ocultava les dades descaradament. La investigació del cas va concloure que Vioxx podia haver estat responsable de més de 27.000 morts per atac de cor entre 1999 i 2003. Per tant, queda clar que quan em refereixo als crims de les companyies farmacèutiques, ho faig en un sentit literal i és evident que l'administració pública també n'és responsable. Fixa't que aquest medicament va arribar al mercat perquè va comptar amb el vistiplau de l'agència nord-americana reguladora del medicament, la Food and Drug Administration (FDA).

Tort I quina va ser la condemna als laboratoris Merck? Suposo que no massa forta perquè encara avui és una de les farmacèutiques més potents arreu del món.

Forcades Van haver de pagar una suma de diners important però, és clar, res comparat amb què van guanyar comercialitzant Vioxx. Si ens posem cíniques diríem que a l'empresa li han sortit a compte les gairebé 30.000 morts que han provocat. I si seguim amb aquest exercici de cinisme, afegiré que Merck es va resistir a retirar el producte del mercat, mentre va durar el judici fent ús d'estratègies legals. Des que va arribar el primer requeriment fins que va acabar el procés van passar nou mesos. Durant tot aquest temps, els advocats de la companyia farmacèutica van estar fent malabarismes legals perquè el producte es pogués continuar venent, tot i el nombre de morts. Com veus, som en un nivell en què la vida humana no té cap valor.

Tort Em sembla impossible que el nostre sistema de salut no tingui maneres de comprovar que els medicaments que prenem no ens mataran. No existeixen aquests filtres? Com arriba un medicament fins a la farmàcia del costat de casa?

Forcades T'explicaré el camí que recorre un medicament en quatre etapes, veuràs que en totes elles hi ha motius per ser crític. El problema comença amb la formulació de la hipòtesi d'investigació, és a dir, la idea primera. Quan et planteges una hipòtesi, pot ser que aquesta parteixi de les necessitats reals de les persones malaltes, o bé de les necessitats d'una empresa per lucrar-se. La formulació de la hipòtesi de treball l'han de desenvolupar científics que poden ser dependents o independents. Com pots imaginar, la majoria de científics són dependents perquè treballen per a les mateixes companyies farmacèutiques que els fan investigar exclusivament sobre hipòtesis favorables als seus interessos econòmics. I això no és tot: s'han donat casos en què han inventat malalties.

Tort Malalties inventades?

Forcades L'any 1998, Pfizer, la principal companyia farmacèutica dels Estats Units, va comercialitzar la Viagra per al tractament de la disfunció sexual masculina. Doncs bé, després de l'èxit aclaparador en les vendes d'aquest medicament, van plantejar-se que potser caldria desenvolupar un producte similar per a les dones. El problema era que així com suposadament existia un criteri clar per parlar de disfunció sexual masculina –dificultats en l'erecció– en el cas de les dones, era molt més difícil de definir. Aquest és un exemple clar de creació d'una nova patologia en funció dels interessos de la indústria farmacèutica. La manipulació de la hipòtesi també es dóna en els casos de les patents dels medicaments estrella, que estan a punt d'acabar. El que fan la majoria de companyies és convocar als seus científics per a que trobin un medicament que faci exactament el mateix o, si pot ser, que sigui una mica millor. La idea és no perdre vendes un cop acabi la patent del medicament, ja que a partir d'aquest moment es podrà comercialitzar com a genèric a un preu més raonable. Agafen un medicament que funciona, li modifiquen una molècula o dues per tal de poder-lo patentar de nou i el llencen al mercat. El problema és que aquest canvi mínim fet amb l'única intenció d'enriquir la companyia farmacèutica pot ser, per als pacients, font d'efectes secundaris invalidants o fins i tot mortals.

Tort Horrible. Què passa durant la segona fase del llançament d'un medicament?

Forcades Un cop tens formulada la hipòtesi, arriba l'execució de l'estudi. Primer has pensat com el vols fer i en funció de quins interessos; ara l'has de dur a la pràctica. D'aquesta segona fase voldria destacar el tema del consentiment informat.

Tort Vols dir com escullen les persones que faran de conillets d'índies?

Forcades Sí, moltes vegades la gent no és conscient del que representa participar en aquests estudis de medicaments nous. Com que el tema està més regulat, les farmacèutiques sovint fan estudis als països pobres on cometen grans injustícies. En primer lloc, perquè els voluntaris que hi participen només els donen tractament mentre dura l'estudi. Imagina que estan provant un medicament que funciona, doncs bé, un cop finalitzat l'estudi, les persones que els han servit de conillets d'índies es queden sense rebre el tractament. D'un dia per l'altre... S'ha acabat! L'empresa s'ha aprofitat d'aquestes persones, ja que gràcies a la seva col·laboració, traurà al mercat un medicament que l'hi aportarà grans beneficis i no és capaç ni d'assegurar que aquests malalts, de vegades nens o nadons, que els han ajudat, puguin beneficiar-se d'aquell medicament. I en segon lloc, la companyia pot decidir no comercialitzar el medicament a un país pobre perquè no li surt rendible, tot i que hagin estat els ciutadans d'aquest país els que han fet possible el llançament del medicament. Tot això són casos reals.

Tort Això és molt bèstia!

Forcades Imagina que estàs fent aquest estudi i comences a trobar efectes secundaris no previstos. Si seguim amb el cas de Vioxx dels laboratoris Merck, el que pretenien era llançar al mercat un nou producte, que substituís el seu antiinflamatori estrella perquè s'estava a punt d'acabar la patent. Ja hem dit que s'ha demostrat que mentre feien l'estudi, van constatar l'aparició d'efectes secundaris i van ocultar la informació. A continuació, van comercialitzar el producte fent una propaganda que destacava que Vioxx tenia menys efectes sobre l'aparell digestiu, ja que moltes persones patien molèsties d'estómac per sensibilitat a la mucosa gàstrica. Moltes d'aquestes persones van deixar el seu antiinflamatori habitual i van passar-se a Vioxx, i d'entre ells va haver-hi les més de 27.000 morts per infart de miocardi de què parlàvem abans.

Tort No hi ha cap entitat que es dediqui a certificar la seguretat dels medicaments?

Forcades Existeixen els comitès d'ètica que s'encarreguen de vetllar per la consistència ètica dels estudis, tant pel que fa a les hipòtesis de fons com pel que fa a la seva execució, però els membres d'aquests comitès, cada vegada més, reben el sou de la indústria farmacèutica. Un cop fet l'estudi, els resultats s'han d'enviar a l'agència reguladora. En el cas d'Europa, a l'Agència Europea del Medicament (EMEA); als Estats Units, la FDA. Però aquestes agències són corruptes. T'explicaré un cas: The Big Pharma és el lobby que representa els interessos de tota la indústria farmacèutica nord-americana. Doncs bé, aquests van pressionar l'agència del medicament perquè creien que trigava massa donar les aprovacions dels productes nous. Les grans companyies no podien esperar els deu mesos que trigava aquesta agència en pronunciar-se sobre un medicament, perquè els retardava el llançament del producte al mercat i, és clar, perdien diners. Aleshores les empreses van dotar l'agència amb més personal per a que poguessin tramitar els permisos amb més rapidesa. Per tant, els sous de les persones que han de certificar la validesa d'un medicament estan finançats per la mateixa indústria que produeix aquell medicament.

Tort Això també passa a Europa?

Forcades L'EMEA està finançada en més d'un 75% per la indústria farmacèutica. Quan vaig estudiar el cas de la grip A, vaig descobrir que el grup d'experts que aconsellaven l'EMEA sobre aquesta qüestió estava finançat al 100% per la indústria farmacèutica. El mateix passa amb l'Organització Mundial de la Salut (OMS), que rep més del 50% del seu finançament de companyies privades i no pas directament dels governs, com hauria de ser el cas.

Tort Això sempre ha estat així?

Forcades No, aquesta situació és producte dels últims deu o vint anys de polítiques neoliberals. Fins aleshores els països aportaven la contribució més significativa a l'OMS però amb la crisi, són les empreses les que la financen i ja se sap, qui paga mana. El problema és que es barregen els interessos econòmics privats amb la salut de la gent. La medicina és un dret que ha d'estar protegit sense manipulacions en funció d'interessos privats. La medicina no és un negoci per enriquir-se, amb això està dit tot.

Tort I què passa després de l'aprovació del medicament?

Forcades La tercera fase en l'arribada d'un medicament nou és el màrqueting. Aquí és important parlar de les proporcions entre el pressupost destinat al màrqueting i el pressupost destinat a la recerca.

Tort El psiquiatra Richard Bentall, al llibre *Medicalizar la mente*, afirma que les grans multinacionals dediquen un 11% a recerca i un 39% al màrqueting.

Forcades Quan vaig dur a terme l'estudi de les companyies farmacèutiques, entre el 2000 i el 2003, la despesa en màrqueting triplicava la inversió en recerca i innovació, la que se suposa que caracteritza l'activitat de qualsevol empresa farmacèutica. Aquestes empreses dissimulen la inversió en màrqueting en els balanços de pressupost i en les auditories que els fan, i això s'ha posat en evidència amb els medicaments orfes, aquells que ningú vol patrocinar perquè són per a malalties minoritàries. L'empresa no vol dedicar esforços a la investigació de les malalties que té una persona de cada milió, perquè després no podrà fer negoci en la venda del medicament. Per aquests casos, està prevista la participació de l'administració, que s'encarrega de finançar en un 50% la investigació de les malalties minoritàries. Per tant, en aquests casos queda clara quina és la quantitat necessària per fer la recerca i aquesta quantitat queda separada de les despeses de màrqueting. És així com s'ha sabut que habitualment les empreses farmacèutiques declaren despeses de recerca molt per sobre de les reals.

Tort Si la despesa en màrqueting triplica la despesa en recerca, més que empreses dedicades a crear medicaments les companyies farmacèutiques semblen agències de comunicació.

Forcades Un altre exemple. L'any 2000, els Estats Units i Nova Zelanda eren els únics països que permetien el màrqueting directe als pacients de medicaments de recepta. Això vol dir que els medicaments que un pacient només pot prendre amb la recepta del metge, s'anunciaven a la televisió. Imagina en Messi o qualsevol personatge mediàtic anunciant un antibiòtic. Això té efectes en els pacients, perquè després van a la consulta demanant el medicament que han vist anunciat a la televisió. És important que el metge tingui clar el seu paper.

Tort Et va passar res de semblant quan treballaves als Estats Units?

Forcades Sí, i no resulta fàcil. Resulta impossible saber-ho tot de tots els medicaments; hi ha pacients que et parlen de l'eficàcia d'un medicament amb xifres i percentatges perquè ho han vist a la televisió. El parlament anglès va encarregar a un grup d'experts un informe[4] sobre el seu sistema sanitari. Aquest informe es va traduir en una sèrie de recomanacions que subscric totalment. Una d'elles era que un metge acabat de llicenciar no podia receptar un medicament nou fins que tingués, almenys, cinc anys de pràctica professional. Els metges som vulnerables: apareixen els representants de la indústria farmacèutica venent-nos la moto amb esquemes de colors, i resulta que els metges acabem repetint el seu discurs. Com veus, és un màrqueting que pressiona molt, tant als professionals com als pacients.

Tort Ha de ser difícil tenir la lucidesa necessària en tot moment.

Forcades Hi ha pressió i hi ha pràctiques fraudulentes. Aquest és un cas real: una empresa que venia medicaments per a l'anèmia. Es van adonar que les vendes a un hospital en concret havien baixat. Què van fer? Van decidir promocionar una nova línia de quimioteràpia que causava anémia en els pacients. Resultat: les vendes del seu medicament es van recuperar. Tot això que t'explico no és cap hipòtesi, és com funciona aquesta indústria.

Tort El fi justifica els mitjans, queda clar.

Forcades I continuem, perquè en la darrera etapa, abans que un medicament nou arribi a la farmàcia, també hi ha elements per ser crítics. Després del màrqueting, hem de citar l'anomenada farmacovigilància, és a dir, fer una recollida de dades sobre la reacció de la població davant d'un medicament nou. Per més bé que hagis fet l'estudi, encara que fos un estudi per exemple sobre 20.000 persones, que són moltes, cal analitzar com reacciona la gent al producte durant la fase de comercialització, perquè aleshores no seran milers, sinó centenars de milers o fins i tot milions de persones les que prendran el medicament. Però un cop més, aquesta tasca

4. Al final del capítol es reprodueixen les principals conclusions.

de control queda avui dia en mans de la mateixa indústria que ha de ser controlada. Hi ha hagut casos d'adulteració dels resultats o de manipulació en la recollida de la informació.

Tort Aquí no hi ha ni un pam de net!

Forcades El mateix passa amb les revistes mèdiques, també les de més prestigi, perquè cada vegada depenen més del finançament de les companyies farmacèutiques. Així ho denuncien els seus directors. Per tant, hem de saber que els articles que publiquen tindran aquest biaix. Els tentacles de la indústria farmacèutica van cada cop més lluny, arriben fins i tot a les facultats de Medicina, sobretot als màsters i postgraus. L'entrada al Pla Bolonya va obligar les universitats, ràpid i corrents, a oferir aquests cursos de postgrau. Dones bé, la indústria ja estava preparada per oferir-los recursos, professors i programes. Aquesta indústria ho impregna tot. Et posaré un altre exemple. Quan vaig denunciar tot el tema de la grip A, em van convidar a les Jornades Nacionals de Medicina Preventiva de l'Estat espanyol, el maig del 2009 a Cartagena. En arribar, el president de la Societat Nacional de Metges de Medicina Preventiva em va dir que l'any següent no em podrien tornar a convidar, perquè dos laboratoris havien retirat el seu finançament en saber que jo hi participaria. El que més em va sorprendre va ser que el president entrés en el joc.

Tort Quina és l'alternativa?

Forcades Buscar fonts de finançament lliures d'interessos comercials. A l'Associació de Teòlogues Europees de la qual formo part (ESWTR), les ponents dels nostres congressos no només no cobren sinó que paguen, com totes, el seu allotjament. És una manera de ser independents. Aquestes ofereixen les ponències gratuïtament, i l'any següent es beneficien de les ponències que alguna altra els ofereix a elles. Tampoc no cal que els congressos es facin en hotels de cinc estrelles ni que els àpats siguin pantagruèlics. Cal més ciència i menys parafernàlia.

Tort I què me'n dius de l'àmbit públic? Fins ara hem parlat de la investigació que duen a terme les mateixes farmacèutiques però suposo que la recerca en l'àmbit públic ha d'estar menys «contaminada».

Forcades Ara s'estan posant de moda els anomenats «partenariats públic-privat» que són un pas més en l'absurd de com es duen a terme les investigacions. Tot i que pot sonar bé que en aquests temps de crisi hi hagi un capital privat que ajudi a la iniciativa pública, el problema està en com s'implementen i qui mana en la investigació, si el capital públic o el privat. Normalment es tracta d'iniciatives 40-60 ó 49-51, és a dir, l'empresa privada és la que domina. Per tant, el resultat és que s'està transferint diner públic a l'empresa privada perquè aquesta té dret a vet. Si la investigació es desvia cap a un lloc que no interessa al capital privat, l'empresa podrà avortar-la. Aquest és un altre escàndol a denunciar: són diners públics que es regalen a la indústria privada per a que tiri endavant els seus interessos.

Tort Els ciutadans estem indefensos enmig d'aquesta maquinària tan poderosa. No hi ha ningú que s'organitzi enfront de les grans corporacions?

Forcades També hi ha el tema de les associacions d'afectats. Seguiré amb l'exemple del cas Vioxx. Durant el judici, Merck va aportar testimonis, malalts que van explicar al jutge que abans no podien sortir de casa però que amb l'antiinflamatori Vioxx la seva vida havia canviat. El problema és que aquests testimonis estaven subornats per Merck. Si no s'arriba a descobrir, el jutge hauria pogut dictar una resolució molt diferent. Fixa't que estem parlant d'empreses que tenen beneficis superiors al pressupost del Govern d'un país important. El desequilibri, la capacitat de pressionar, el control dels mitjans de comunicació, de l'opinió pública... hem de ser-ne conscients.

Tort Quina és la solució?

Forcades Passa per la reivindicació de l'espai públic. En els darrers anys hi ha hagut un desprestigi de la medicina pública i de la seguretat social però cal dir que l'Estat espanyol ocupava l'any 2000 el número 7 en el rànquing que elabora l'OMS entre els 197 països que en formen part. L'objectiu és mesurar la qualitat del seu sistema sanitari. Un resultat que no està gens malament. Alemanya ocupava el número 25, i els Estats Units el 34. És clar que la privatització de la sanitat no augmenta de cap manera la seva eficàcia. No té sentit desmantellar un sistema que funciona. Evidentment sempre hi ha coses que poden anar millor, però no oblidem que el nostre sistema sanitari estava situat entre els millors del món. Hem de prendre consciència d'aquest desmantellament: fa vint anys les revistes científiques més importants no estaven controlades per aquesta indústria, fa vint anys les facultats de Medicina eren més lliures. Això vol dir que l'alternativa és possible i que hem de prendre consciència de la perillositat i de la criminalitat de l'estat actual de les coses.

Tort Si parlem dels medicaments, els genèrics són la millor opció?

Forcades El genèric és un medicament que ja no està protegit per una patent i per tant, tots els laboratoris poden comercialitzar-lo sota el nom del component químic del producte. Les patents serveixen per protegir la inversió que ha fet un laboratori per desenvolupar un medicament, d'alguna manera donen a la companyia farmacèutica les condicions necessàries per compensar la despesa en investigació. La patent com a concepte, tot i que podríem qüestionar l'extensió de la propietat intel·lectual, és positiva. Són els crims que cometen aquestes empreses el que no hem de perdre de vista.

Tort Però una companyia farmacèutica que té una patent pot impedir la venda d'un medicament important per a molta gent.

Forcades La patent dóna el dret a les companyies farmacèutiques de comercialitzar el medicament en exclusiva durant vint anys. I aquestes en fan un mal ús, com ja hem vist quan parlava de laboratoris que decideixen no vendre medicaments als països pobres perquè els números no els quadren. Aquest és el cas dels laboratoris Abbot, que van desenvolupar un antiretroviral que no necessitava de refrigeració. Tot i ser de gran utilitat en els països africans degut a les elevades temperatures i la freqüència amb que s'interromp el subministrament elèctric, es van negar a comercialitzar-lo a l'Àfrica. Precisament al continent on, segons els informes de l'ONU de l'any 2003, més de 30 milions de persones estan infectades amb el VIH, i només a l'Àfrica subsahariana. Això no pot ser: les patents han de tenir contrapartides. Una cosa haurien de ser les patents als països rics i l'altra permetre la producció de genèrics als països pobres.

Tort El pitjor de tot segurament és la impunitat.

Forcades Quan s'han demostrat davant el jutge tots aquests crims, les empreses han hagut de pagar multes inferiors al benefici que han obtingut amb la comercialització del producte. Ningú no ha anat mai a la presó per aquests crims, que han costat la vida a molta gent que confia en el sistema sanitari. No hauríem de parlar dels crims de les companyies farmacèutiques sinó dels crims de les persones concretes, amb noms i cognoms, que estan al capdavant d'aquestes companyies.

Tort Podem canviar tot aquest muntatge? Ens hi va la nostra salut!

Forcades Per a mi segueixen sent vàlides totes les propostes que va formular el Comitè d'Experts al parlament anglès l'any 2005. Són iniciatives que poden implementar-se ara mateix, vàlides i segurament més urgents ara que fa set anys. Un altre aspecte imprescindible seria que l'OMS fos realment independent perquè avui està molt lluny de ser-ho. Un dels requisits per poder col·laborar com a expert amb aquesta organització internacional és no tenir conflictes d'interessos amb la indústria farmacèutica. Doncs bé, en el cas de la grip A, l'OMS no va ser capaç de mostrar a les autoritats els documents signats, on els col·laboradors especifiquessin la seva independència respecte a les farmacèutiques productores de vacunes.

Tort Aquí també s'hi barreja la política.

Forcades Crec que un dels problemes és que hem passat del multipartidisme al bipartidisme, seguint el model nord-americà de demòcrates i republicans. Però la qüestió és que s'entenen entre ells, i hi ha temes que no es toquen mai. Fan veure que són dos pols oposats però tots tenen clar les coses que no s'han de tocar. Quan vaig fer l'estudi de les companyies farmacèutiques, em vaig adonar que la indústria disposava als Estats Units d'un nombre de lobbystes professionals superior al nombre de congressistes. Això vol dir que cada parlamentari tenia assignat a un o més professionals que es dedicaven a estudiar la seva història i el seu perfil. La tasca d'aquests lobbystes era influenciar-los per a que votessin segons els interessos de la indústria. A això hi hem d'afegir que en aquest mateix país, el 90% dels congressistes són milionaris. No sé quina és la situació econòmica dels nostres representants polítics però estic segura que les seves rendes se situen per sobre de la mitjana. Com ens pot representar un milionari o una persona que no està a la nostra mateixa escala social? Per això em sembla interessant el que fan països com Veneçuela, que busquen una sortida diferent a la nostra.

Tort Però suposo que sou totes les persones que treballeu al camp sanitari les que teniu un repte més gran.

Forcades Hi ha moltes coses a fer a cada hospital, en cada centre de salut. I de fet, ja hi ha molta gent treballant. Fa poc vaig fer una xerrada sobre medicalització a un grup d'infermeres de Manresa; dues d'elles em van venir a dir que el metge amb el qual treballen no admet els representants de la indústria farmacèutica a la seva consulta. Aquest és un exemple de la capacitat de maniobra que tenim tots: pots rebre un representant o no ferho. Pots rebre'l només quan t'interessa o mai. Puc esforçar-me a receptar genèrics o medicaments fora de tot aquest mercat. Seguir aquesta filosofia, fer cadascú una aportació, ja és important.

Tort Deies que has fet una xerrada sobre medicalització. Què és?

Forcades Aquest és un terme que neix amb la modernitat. En un primer moment, la intervenció de la ciència mèdica en la societat millorava la vida de les persones. Per exemple, a finals del segle XIX, Itàlia tenia uns alts índex de malària. A partir d'un raonament mèdic van prendre una sèrie de mesures higièniques que van salvar moltes vides: els metges van constatar que les febrades dels ciutadans eren producte de la malària, la qual es transmetia a través d'un insecte que viu a l'aigua estancada. Per tant, el que calia fer era assecar els pantans per eliminar el mosquit transmissor. Després va venir el clavegueram, fonamental per a la salut dels ciutadans, perquè en no canalitzar-se l'aigua, els nens que jugaven al costat d'aigües fecals patien les consegüents infeccions de tifus, còleres, salmonel·les. Un altre gran tema va ser l'aire. La gent vivia en cases sense ventilació, treballava en fàbriques on la llum del sol no hi arribava. Per tant, les tuberculosis i les malalties pulmonars estaven a l'ordre del dia. Aquests exemples mostren la primera onada de medicalització de la societat: com més intervé la ciència mèdica, la població gaudeix de millor salut. Avui la situació és la contrària: com més progressa la ciència mèdica, més malalts estem.

Tort Què vols dir?

Forcades Com pot ser que el 90% dels nens d'una classe estiguin prenent medicaments? O que el 10% dels nens estiguin diagnosticats de

TDAH? Per què passa això? Cal estudiar a fons quines conseqüències té posar trenta vacunes als nens abans que compleixin els cinc anys, caldria saber com afecta al seu cervell. Pensa que la vacuna de la triple vírica es posa d'un sol cop però estem introduint alhora tres virus atenuats (virus vius) al cos d'un nen que té un sistema immunitari que encara s'està formant, amb l'agreujant dels contaminants.

Tort Què són els contaminants?

Forcades La majoria de vacunes que tenim es fan a partir de la infecció de cèl·lules d'un animal. Concretament la vacuna de la grip se sol fabricar infectant l'embrió d'un ou. Es deixa que l'embrió infectat creixi i en previsió que pugui agafar alguna infecció nociva, li injecten un antibiòtic. Doncs bé, obres l'ou, agafes la pasta de dins, la fas trossets i la filtres per a que et quedi el material víric. En aquesta indústria existeix el dret a no donar a conèixer la fórmula sencera, per tant, no coneixem tots els components. Per començar, les aus i els pollastres tenen malalties pròpies com la grip aviar o les leucèmies del pollastre. S'han donat casos de persones amb malalties derivades dels contaminants d'aquestes vacunes. La vacuna de la grip també es desenvolupa a partir de cèl·lules canceroses de ronyó de gos. La qüestió és que introduïm material genètic d'aquestes cèl·lules canceroses al cos dels nens, sense tenir estudis a llarg termini dels seus efectes. També es fan servir embrions humans per aquests cultius, i alguns grups amb ganes de fer escàndol, però amb una base ben objectiva, han afirmat que injectem als nens cèl·lules d'altres nens.

Tort I tot això és segur per al nostre cos?

Forcades No sabem quines conseqüències té tot això en la genètica, precisament pel que et comentava, per aquesta manca d'estudis a llarg termini. Hi ha vacunes que posem quan les criatures tenen dos mesos i el seu sistema immunitari no està format. Sobre la vacuna de la grip tampoc no hi ha suficients estudis. No sabem de quina manera afecta el cervell de les persones grans que reben aquesta vacuna anualment des que tenen 65 anys. Durant molt de temps, en aquestes vacunes hi ha hagut alumini, un component associat a afectacions neurològiques. Per tant, si per exemple durant deu anys t'han estat injectant la vacuna, pot ser que el teu cervell comenci a estar intoxicat amb alumini.

Tort Deies que com més avança la medicina, més malalts estem. Com pot ser?

Forcades Cada vegada estem més preocupats per les malalties i prenem més medicaments, ens visitem més, ens fem més proves, estem més malalts segons les etiquetes oficials. El que caldria veure és si aquestes etiquetes són excessives. Per exemple, una mica de depressió en un adolescent. Això és propi de l'edat però avui ens dirien que aquest adolescent pateix depressió juvenil i li receptaran un medicament. Potser estem menys malalts que els nostres avantpassats però més obsessionats per la salut, fet que s'acaba convertint en una patologia pròpia de la nostra època. Sempre estem pendents d'analítiques, tenim molèsties aquí o allà, i l'aberració més gran és que de vegades arriben els medicaments on no arriba el menjar.

Tort Què vols dir?

Forcades Nestlé va dur a terme una campanya a l'Àfrica, el resultat de la qual va ser una gran mortalitat infantil. Aquesta empresa va convèncer a les dones africanes que era millor donar als seus fills la llet en pols que ells fabricaven, en comptes de la llet materna. A través de diferents ONG, van regalar pots de llet en pols però el problema va ser que per poder obtenir la llet, calia dissoldre la pols en aigua. Com sabem, en molts llocs d'Àfrica l'aigua no surt de l'aixeta de casa. Per tant, algunes dones van donar llet als seus fills amb aigua contaminada o d'altres, i per estalviar, posaven una cullerada menys del preparat. El resultat van ser diarrees, sovint mortals, en els nadons per infeccions i per mala preparació del producte.

Tort El 20% de la població mundial gasta el 80% dels recursos del món...

Forcades ... i el 90% dels recursos mèdics es dediquen a investigar les malalties que afecten el 10% de la població. Metges Sense Fronteres va dur a terme una campanya sobre les malalties oblidades, aquelles que afecten la població dels països pobres: malaltia de la son, malaltia de Chagas, malària, etc. Tot i haver-hi milions de persones afectades, la investigació és mínima.

Tort Precisament sobre la malària sembla que som a prop de tenir una vacuna.

Forcades Jo més que de la vacuna, et parlaré del MMS, una solució que va descobrir Jim Humble basada en diòxid de clor. Els seus promotors afirmen que aquest producte acaba amb la malària. Una germana del monestir que és de Kènia es va endur aquesta solució i va obtenir molt bons resultats.

Tort Aquest preparat és una alternativa a la vacuna?

Forcades Caldria investigar-ho a fons. La informació que jo tinc és favorable i em sembla molt sospitós que s'hagi prohibit la seva venda en alguns llocs, i que es persegueixi les persones que ho comercialitzen. El mateix podríem dir del cas d'una planta anomenada *stevia rebaudiana*, pel tractament de la diabetis. Per què es prohibeix en lloc d'investigar seriosament els seus efectes?

Tort Desaconselles vacunar-se?

Forcades Els pares han de saber que les vacunes infantils no són obligatòries i que existeix el dret a ser selectius: posar-ne algunes sí i algunes no. Davant aquesta pregunta aconsellaria llegir el pediatra anglès Richard Halvorsen o bé que s'informessin amb entitats com la Lliga per la Llibertat de Vacunació, que té una pàgina web molt completa.

Tort I què diries de l'homeopatia i la medicina alternativa en general? S'escapa d'aquest negoci?

Forcades No ens pensem que tot el que anomenem medicina alternativa és lliure dels diners perquè massa sovint també està dissenyada per una indústria que té uns interessos clars. A més, que es digui alternativa no vol dir que al darrere no hi tingui els grans laboratoris, encara que pintin les caixes amb floretes. Tant en la medicina oficial com en les alternatives, hi ha persones serioses i responsables i hi ha persones que miren pels propis interessos. Què fer? Assumir que hi ha un risc i seguir la pròpia intuïció a l'hora de decidir. És important viure la relació terapèutica des de la confiança en el professional, però sobretot com un diàleg on el malalt té la darrera paraula.

Reproduïm a continuació les principals conclusions del Comitè d'Experts del parlament anglès, de l'any 2005, que Teresa Forcades va resumir en el seu estudi sobre els crims de les grans companyies farmacèutiques i que encara avui subscriu completament:

Informe: ***The influence of the Pharmaceutical Industry***
22 de març de 2005
House of Commons

1. Els medicaments del «jo-també» són un problema, però la comissió no ha arribat a cap acord sobre aquest punt.
2. Cal establir un centre independent per dur a terme els assaigs clínics perquè el sistema actual és massa esbiaixat.
3. L'agressivitat del màrqueting immediat a la comercialització d'un nou medicament, l'allau d'informació que es distribueix i l'emmascarament d'aquesta informació, fent-la passar per educació mèdica, contribueixen al fet que es receptin medicaments de forma inadequada.
4. La falsificació d'articles científics i l'ocultació dels resultats dels assaigs no-favorables a la indústria provoca la proliferació de receptes inadequades.
5. La culpa de les receptes inadequades no és només de les companyies farmacèutiques sinó també de metges i altres professionals que no són prou crítics, i es mostren massa ben disposats a acceptar els regals de les companyies farmacèutiques i a donar per bona la informació que aquestes els subministren.
6. El màrqueting de la indústria farmacèutica és implacable i ubic, i es dirigeix no només als professionals sinó també als pacients i al públic en general.
7. Cal elaborar un fulletó per als pacients amb informació general i completa que indiqui quin és el paper dels medicaments en el tractament de les malalties.
8. La publicitat dirigida directament als pacients és inadequada i innecessària al Regne Unit. Aquesta publicitat té un alt contingut emocional (...).
9. La publicitat indirecta a través de campanyes educatives no està prou ben regulada.

10. Sovint es desconeix quin tipus de suport reben els grups de pacients per part de les companyies farmacèutiques. Cal que aquesta informació sigui pública.
11. La vigilància dels medicaments ja comercialitzats és insuficient.
12. El Govern ha de finançar l'estudi de les alternatives terapèutiques no-farmacològiques que la indústria farmacèutica ignora perquè no són rentables per a ella.
13. Els metges i altres professionals amb dret a fer receptes han d'assumir la seva part de culpa, pels problemes resultants de la prescripció inadequada d'antidepressius del tipus SSRI i d'antiinflamatoris del tipus inhibidors COX-2. Aquests medicaments han estat receptats a gran escala de forma indiscriminada. Això ha estat, en part, degut a la intensa activitat de promoció, especialment en el moment de la comercialització, però també és conseqüència d'haver mantingut secreta informació important i d'haver acceptat, de manera poc crítica, la propaganda de les companyies farmacèutiques. El màrqueting agressiu ha arribat a convèncer massa professionals que poden receptar impunement. (...) No tenim cap mecanisme efectiu per temperar l'explosió de receptes de què s'acompanya la comercialització d'un nou producte. Aquest és el període més important per promocionar un nou medicament, però cal fer notar que és també el període en què menys coses sabem dels seus efectes reals.
14. Recomanem que el registre d'assaigs clínics sigui mantingut per un organisme independent i que els resultats de tot els estudis –els favorables i els desfavorables– siguin fets públics com a condició prèvia a la comercialització.
15. Que es limiti la quantitat de mostres gratuïtes que reben els professionals que poden receptar, especialment durant els primers sis mesos de comercialització d'un nou medicament (...).
16. Cal que les avaluacions de l'agència reguladora i la informació i els criteris que ha utilitzat per dur-les a terme siguin públics. Que s'incloguin ciutadans en les comissions d'estudi i se'ls ofereixi la formació i el suport suficients perquè puguin prendre un paper actiu en la presa de decisions.
17. Cal investigar millor els efectes secundaris. Els observats en els assaigs clínics previs a la comercialització són insuficients.

18. Que l'agència reguladora contracti més personal per monitoritzar els nous medicaments durant els primers mesos. Que tots els nous medicaments siguin reavaluats per l'agència reguladora de forma sistemàtica, cinc anys després de la seva entrada al mercat.
19. Recomanem que l'agència reguladora tingui la mateixa autoritat per restringir els usos d'un medicament que la que té per autoritzar la seva comercialització.
20. Recomanem que es faci efectiu a tot el país el sistema de registre dels efectes secundaris, que s'investiguin tots els casos i que es faci amb transparència i sense donar falses seguretats.
21. Recomanem que hi hagi un procés públic sempre que un medicament sigui retirat del mercat a causa dels seus efectes secundaris.
22. El màrqueting excessiu encoratja a receptar medicaments de forma inadequada. Les estratègies actuals per donar a conèixer informació no-esbiaixada són insuficients. Recomanem que l'agència reguladora tingui dret a vet sobre tot el material promocional dels nous productes farmacèutics, i que es limiti el dret a receptar nous medicaments durant els dos primers anys de la seva comercialització (...). Si al cap de dos anys no hi ha hagut senyals d'alarma pel que fa a efectes secundaris perillosos, pot ampliar-se aleshores el dret a receptar-los.
23. Recomanem una millor coordinació i promptitud en les tasques d'investigació de les queixes de màrqueting il·legal. En cas que calgui corregir la informació enganyosa, cal assegurarse que la correcció rep tanta publicitat com la que va rebre l'engany (...).
24. El mercat de genèrics és important. S'ha d'evitar que les companyies farmacèutiques manipulin la legislació de patents per allargar-les indegudament.
25. Recomanem que als estudiants de Medicina se'ls ensenyi a avaluar de forma crítica els resultats dels assaigs clínics, a reconèixer els efectes secundaris dels medicaments i a relacionar-se adequadament amb els representants de les farmacèutiques. Hi ha d'haver cursos de postgrau obligatoris per a tots els professionals amb dret a receptar perquè estiguin al dia. Cal regular de forma més estricta les pràctiques de recepta dels professionals.

26. Recomanem que les associacions professionals mantinguin un registre públic de tots els regals, diners, honors i altres beneficis que aquestes associacions i cada un dels seus membres rebin per part de les companyies farmacèutiques. Cada membre hauria de ser responsable de mantenir actualitzat aquest registre (...).
27. Que s'endureixin les normes relatives a les campanyes de salut promocionades pels laboratoris, de manera que quedi clar i explícit per a tots que aquella campanya està finançada per una companyia que hi té interessos econòmics directes.
28. Que els grups de pacients declarin les seves fonts de finançament i els favors que rebin i que ho facin públic.
29. Que la incidència, el cost i les implicacions de les malalties causades pels medicaments siguin investigades de forma sistemàtica pel Departament de Sanitat juntament amb l'agència reguladora dels medicaments.
30. Que el Govern creï un programa nou que asseguri l'accés als medicaments a tots els malalts, que garanteixi adequadament la seguretat i l'eficàcia d'aquests medicaments i el seu ús racional, i vetlli perquè els tractaments farmacològics s'estudiïn comparativament en relació amb els tractaments no-farmacològics.
31. Que el Sistema Nacional de Salut modifiqui la seva normativa i que els tractaments no-farmacològics es considerin d'igual categoria que els tractaments farmacològics.
32. Que la responsabilitat de representar els interessos de la indústria farmacèutica sigui transferida al Departament de Comerç i Indústria perquè el Departament de Salut es pugui dedicar exclusivament, tal com és la seva obligació, a la regulació dels medicaments i la promoció de la salut.

5. Opinions mèdiques

Tort Què és un virus?

Forcades Els virus m'apassionen perquè són la unitat viva més petita capaç de replicar-se. Allò que els distingeix dels bacteris és que aquests tenen incorporada la seva màquina de replicació genètica, de reproducció. Com qualsevol entitat viva, el bacteri té un codi genètic que li dóna identitat. Per reproduir-se, usa uns enzims, unes proteïnes que copien la cadena genètica. En canvi, el virus és un fragment de material genètic que no té la capacitat de reproduir-se independentment. Com a paràsit que és, ha de penetrar dins una cèl·lula hoste i incardinar-se en el seu fragment genòmic. Un cop fet, donarà l'ordre a la cèl·lula hoste de replicar-se. Fins ara havíem concebut els virus com a patògens, com a enemics capaços d'infectar-nos i de fer-nos mal. L'anomenada nova biologia parla dels virus com de potencials transmissors horitzontals d'informació genètica entre els éssers vius.

Tort Quins científics formen part de la nova biologia?

Forcades Jo destacaria Lynn Margulis, una biòloga extraordinària que va morir el novembre de 2011 i que durant tota la seva vida es va dedicar a pensar les categories biològiques de formes diferents a les habituals. Margulis és qui va afirmar que l'evolució pot ser principalment deguda a la simbiosi entre organismes, en lloc de ser deguda únicament a les mutacions aleatòries tal com afirma el darwinisme.

Tort Darwin és el qui elabora la teoria de l'evolució, no?

Forcades Això que comentaré ara ho he après del professor Máximo Sandín, biòleg de la Universitat Autònoma de Madrid. Jo ho explico a la meva manera, però qui vulgui aprofundir en la part científica del tema, pot buscar la pàgina web del professor Sandín i trobarà molts articles interessants (www.somosbacteriasyvirus.com). El concepte d'evolució parteix d'un origen de la vida que es va desplegant, les espècies surten a partir d'altres. Això està absolutament demostrat i no se'n pot dubtar. L'anomenat «creacionisme», entès com a contraposat a l'evolucionisme, no té base científica, encara que certs grups cristians fonamentalistes s'entestin a dir el contrari. Ara bé, una cosa és l'evolucionisme i una altra és el darwinisme. El darwinisme és una teoria per explicar aquest evolucionisme però n'hi ha d'altres. Tradicionalment, el darwinisme ha cregut que el motor únic de l'evolució de les espècies són les mutacions aleatòries. Imaginem una màquina de replicació genètica que, de tant en tant, fa errades. Algunes d'aquestes errades poden ser beneficioses però d'altres no tant; i aquí apareix la noció de selecció natural. L'exemple que es posa tradicionalment és el de les arnes de la ciutat de Manchester que, tradicionalment, vivien al costat dels bedolls d'escorça blanca. Com que les arnes eren de color blanc, no se les distingia i passaven inadvertides davant la mirada dels seus predadors. Quan la ciutat de Manchester inicia el procés d'industrialització, les escorces dels arbres es tornen fosques a causa de la contaminació i, de sobte, aquesta papallona blanca està en greu perill. Si aleshores, en un context d'escorces negres, es produeix una mutació genètica aleatòria que fa que aparegui una papallona negra aquesta serà la més ben adaptada al seu entorn i, per tant, la que sobreviurà. El resultat d'això és que en unes quantes generacions més, totes les arnes seran de color negre, hauran evolucionat a partir d'una selecció natural que ha estat possible gràcies a una mutació aleatòria.

Tort Això és el que ens han explicat sempre a l'escola.

Forcades Però hi ha una alternativa que és pensar que l'evolució genètica, en lloc d'avançar independentment en cada espècie a base de mutacions cromosòmiques aleatòries, avança a través de la incorporació a nivell cel·lular de microorganismes amb funcionalitats diverses (bacteris) o de fragments genòmics sencers (virus).

Tort I això què suposa?

Forcades Els virus permeten la transmissió horitzontal d'informació genètica. Per tant, les espècies no només competim entre nosaltres sinó que també col·laborem. La investigació més coneguda de Margulis tracta sobre els mitocondris. A les classes de biologia de BUP, ens explicaven que els mitocondris es troben en un tipus de cèl·lula anomenada eucariota (això és, cèl·lula amb nucli). Aquesta cèl·lula té dues parts: el nucli on es guarda la informació genètica i el citoplasma, on hi ha la resta d'estructures. Una d'aquestes estructures és el mitocondri, la dinamo de la cèl·lula, la generadora d'energia. Fa molts anys, el mitocondri era un bacteri independent però amb l'evolució ha quedat simbiòticament associat dins la cèl·lula eucariota. Aquest seria un exemple d'evolució simbiòtica, no per mutació.

Tort Ara que sabem què és un virus, voldria preguntar-te sobre els subtipus dels virus. En el cas del virus de la grip de l'any 2009 parlàvem del virus de tipus A i s'afegia H1N1. Aquestes lletres corresponien al suptipus, però què és exactament?

Forcades Els virus tenen unes proteïnes que embolcallen el seu material genètic a mode de protecció i li permeten interactuar amb l'entorn, és el que anomenem la càpsida. En el cas del virus de la grip A, dues d'aquestes proteïnes de superfície es diuen l'hemaglutinina (H) i la neuraminidasa (N). Per tant, quan volem classificar els virus de la grip, primer destriem si és del tipus A, B o C i, en cas que sigui de tipus A, ens fixarem en les proteïnes de superfície. Els números es corresponen a les tipologies d'aquestes proteïnes. D'hemaglutinina n'hi ha quinze de diferents i de neuraminidasa, nou.

Tort I què és més important, la tipologia del virus o les proteïnes?

Forcades El nostre cos fabrica els anticossos a partir de la forma d'aquestes proteïnes. L'hemaglutinina i la neuraminidasa dels virus de la grip A són el que s'anomenen «antigen», és a dir, són estructures que el nostre organisme detecta com a estranyes, i contra les quals es defensa generant anticossos. Els anticossos són proteïnes nostres capaces d'unir-se als antígens que ens vénen de fora, neutralitzant així els seus efectes i avisant de passada a la resta del sistema immunitari per a que els elimini de l'organisme.

TORT Primavera de l'any 2009. Es comença a parlar de la grip nova i la cosa va pujant de to. Quan comences a interessar-te per tota aquesta història, Teresa?

FORCADES Tot va començar amb una entrevista que em van fer al programa *Singulars* de TV3 el maig del 2009. La guionista, Susana Morcillo, va venir a una conferència que vaig pronunciar el 28 de març convidada per la Xarxa de Dones i Salut. En la conferència vaig tractar de forma crítica la vacuna contra el virus del papil·loma humà, perquè crec que és una vacuna amb molts problemes. Doncs bé, la guionista incorpora totes aquestes dades al guió i, com que es comença a parlar de la grip nova, afegeix una última pregunta sobre aquest tema. Recordo perfectament que quan el presentador, Jaume Barberà, em va preguntar sobre la vacuna de la grip A li vaig contestar que no en sabia res, literalment. Això era maig del 2009.

TORT Qui t'ho hauria dit!

FORCADES Arran d'aquesta entrevista, es posa en contacte amb mi la Carme Vilaró, que és neboda d'una monja del monestir. M'explica que com a directora d'una escola, està rebent informacions que diuen que s'hauran de vacunar tots els alumnes de la nova grip, però vol saber quina és la meva opinió. M'ho consulta perquè va veure l'entrevista a *Singulars* i recorda les opinions crítiques que vaig expressar en relació a la vacuna contra el papil·loma. Llavors sí, vaig pensar que m'havia de posar a estudiar el tema de la grip. La meva idea era dedicar-hi un cap de setmana, però aviat vaig veure que necessitaria més temps. A mesura que avançava el meu estudi, vaig anar descobrint que l'alarmisme no estava justificat: la grip nova matava menys que la grip estacional que tenim cada any. Des que havia començat fins el 15 de setembre de 2009, havien mort de la grip A 137 persones a Europa i unes 3.500 a tot el món, mentre que cada any moren a Europa entre 40.000 i 220.000 persones a causa de la grip estacional.

TORT Per on vas començar la investigació?

FORCADES El que més em va sorprendre va ser l'alarmisme i la declaració de pandèmia perquè no lligaven amb l'objectivitat de les dades científiques. Els dos primers casos coneguts de grip nova es van diagnosticar a Califòrnia, als Estats Units, el 17 d'abril de 2009. No era una grip nova perquè fos del tipus A, ni tampoc perquè fos del subtipus H1N1. L'epidèmia de grip de 1918 va ser del tipus A/H1N1 i, des de 1977, els virus A/H1N1 formen part de la temporada de grip de cada any. L'únic nou era la socaS-OIV (les sigles S-OIV es corresponen a l'expressió anglesa «*swine-origen influenza virus*», que vol dir «virus de la grip d'origen porcí»). Ja des del principi van sortir veus crítiques altament qualificades com la de l'epidemiòleg anglès Tom Jefferson, especialista en vacunes de la grip des de fa més de vint anys de la Cochrane Collaboration, el grup internacional de medicina basada en l'evidència més important del món; i també com la del president de l'Associació de Col·legis de Metges de l'Estat espanyol, el doctor Juan José Rodríguez Sendín. Ambdós trobaven incomprensible l'alarma generada a nivell sanitari i polític.

TORT El problema, doncs, no era el virus?

FORCADES El problema estava en el fet que, en cap cas, podia ser un virus d'aparició espontània, perquè tenia característiques que feien pensar que havia sortit d'un laboratori. El que havia de ser un cap de setmana d'estudi es van convertir en dos mesos!

TORT Dos mesos investigant totes les dades de la grip A?

FORCADES L'estiu del 2009 era a Berlín donant classes de teologia i disposava de temps per investigar. Si tot això hagués succeït un any més tard, no m'hi hauria pogut dedicar, perquè el ritme del monestir no m'ho hauria permès. El 2009, però, no vivia al meu monestir, sinó amb les germanes carmelites de Berlín. A principis de setembre, vaig venir a Barcelona per fer una conferència a la Universitat Pompeu Fabra. En acabar la xerrada, es van acostar dues senyores que estaven fent un treball d'equip sobre la grip, demanant-me si podien entrevistar-me. M'havien vist a *Singulars* parlant de la vacuna del papil·loma humà, i creien que tindria una opinió sobre la vacuna de la grip. En aquell moment jo ja havia extret les meves conclusions i estava pensant com compartir tota aquella informació. Primer vaig pensar a parlar amb algun periodista, després amb alguna professora d'universitat i al final vaig elaborar un tríptic que sintetitzava tota la meva investigació de dos mesos. A aquestes senyores els vaig dir que algú del seu equip vingués el dia següent a Sant Benet, perquè jo ja tornava a marxar a Berlín. La meva idea era donar-los aquest tríptic i poca cosa més. Doncs bé, al dia següent arriben a Sant Benet l'empresària tarragonina Judith Abadias i la periodista independent Alícia Ninou amb una càmera. Com que no sabia que volien enregistrar-ho, no havia demanat el permís necessari per poder gravar dins el monestir, així que ho vam fer a fora, al porxo d'entrada. Em van demanar 5 minuts però en van sortir 55. Tenia l'esquema molt clar perquè seguia l'explicació del tríptic que havia preparat.

TORT Per tant, el vídeo *Campanas por la gripe A* que té més d'un milió de visionats a YouTube i està traduït a no sé quants idiomes, està fet de forma improvisada?

FORCADES Sí, sí, aquella mateixa nit vaig rebre un correu electrònic de la Judith i l'Alícia demanant-me permís per penjar el vídeo a la xarxa. La resta ja és història.

TORT De fet, el vídeo té un enregistrament molt «casolà».

FORCADES I tant! Hi ha un moment de tall, per exemple, que no és buscat sinó que correspon a quan la germana M. Dolors em va venir a donar les claus de la porteria perquè havia de tancar. Les campanes que se senten són les de vespres. Quan van sonar, vam acabar el vídeo de cop perquè jo havia de marxar per fer de cantora.

TORT Anem al contingut. Quines eren les teves principals tesis?

FORCADES En primer lloc, calia parlar de les dades científiques que envoltaven la grip A. Era necessari deixar clar que de grip A n'hi havia cada any, que no era cap novetat. Tampoc no era nou el subtipus H1N1, perquè va resultar que una tercera part de la població major de seixanta anys ja tenia anticossos per aquest virus. La novetat era només la soca, el S-OIV. També calia analitzar críticament la xifra de persones mortes, cinc als Estats Units i tres a Mèxic abans que comencés tot plegat.

TORT Però tu vas fer una denúncia molt directa contra uns laboratoris.

FORCADES Primer vaig descobrir una notícia que parlava de l'explosió d'un tren, que transportava virus sense les mesures de seguretat adequades. Van tenir a la gent en quarantena, però els van acabar deixant marxar; això em va semblar perillós ja que hagués pogut estar un focus d'infeccions. Després vaig trobar que, a finals de gener de 2009, la filial austríaca de la farmacèutica nord-americana Baxter va distribuir a laboratoris d'Àustria, Alemanya, la República Txeca i Eslovènia, 72 kg de material destinat, en principi, a elaborar milers de vacunes contra el virus de la grip estacional. Les vacunes havien de ser administrades a la població d'aquests països durant els mesos de febrer i març. Però abans que comencessin, un tècnic de laboratori de l'empresa BioTest de la República Txeca va decidir fer una prova de seguretat en fures, que són els animals que des de 1918 es fan servir per estudiar les vacunes de la grip. Totes les fures vacunades van morir. Es va investigar aleshores en què consistia exactament el material enviat per la casa Baxter i es va descobrir que contenia virus vius de la grip aviar (virus A/H5N1) combinats amb virus vius de la grip de cada any (virus A/H3N2). Tot plegat eren fets inexplicables.

TORT Imagina que no s'hagués descobert, aleshores sí hauríem tingut una pandèmia de veritat.

FORCADES Aquesta combinació de virus vius podia ser especialment letal perquè combina un virus que té un 60% de mortalitat, però és poc contagiós (el virus de la grip aviar) amb un altre que té una mortalitat molt més baixa, però una gran capacitat de contagi (un virus dels de la grip de cada any). Em va semblar que calia sobretot estar atents a les conseqüències polítiques de tot plegat, perquè aviat es va començar a parlar de vacuna obligatòria i, a més, doble.

TORT I com s'arriba a aquestes combinacions de virus nous?

FORCADES El professor Adrian Gibbs és un eminent viròleg australià que durant tota la seva vida s'ha dedicat a l'estudi del virus de la grip. Ell va ser el descobridor del Tamiflú, l'antivíric més conegut. Doncs bé, els resultats de la seva investigació sobre el virus de la grip A de 2009 (S-OIV) (publicats a *Virology Journal* 2009, 6:207) indiquen que la hipòtesi més probable és que aquest virus fos sintetitzat a un laboratori. I l'explicació que donava era la següent: quan un virus infecta un determinat nombre d'hostes, cal contemplar la possibilitat de les mutacions. Si, per exemple, vols estudiar l'evolució d'una soca viral, t'has de fixar en les modificacions que es van produint esglaonadament en el temps. Primer, pot ser que canviï una proteïna que afecta el gen 1, l'any següent afectarà el gen 2 i l'altre el gen 3. Però aquest procés mai es produeix de cop. Gibbs va fer notar que en el cas de la grip nova, no va trobar les modificacions intermèdies i que la intensitat de replicació del virus només era possible si estava creat en un laboratori de forma artificial. A més, va destacar que era un virus que combinava un virus europeu amb un de nord-americà i un d'asiàtic (un virus triple recombinant sense antecedents immediats detectables en la natura). Doncs bé, si tenim les agències que es dediquen a fer controls epidemiològics, com pot ser que de sobte aparegui un virus que pot provocar una pandèmia i els especialistes no ens puguin aclarir res sobre el seu origen?

Tort Comentaves que des del principi van sortir veus crítiques, però suposo que deuria ser molt difícil fer pública la teva opinió mentre l'OMS elevava el nivell d'alerta.

Forcades El 29 d'abril de 2009, quan feia només dotze dies que s'havien detectat els dos primers casos de la grip nova, la Dra. Margaret Chan, directora general de l'OMS, va declarar que el nivell d'alerta per perill de pandèmia es trobava a la fase 5, i va ordenar a tots els governs dels estats membres de l'OMS que activessin plans d'emergència i d'alerta sanitària màxima. Un mes i mig més tard, l'11 de juny de 2009, la Dra. Chan va declarar que ja teníem una pandèmia mundial en fase 6 (la més elevada) causada pel virus A/H1N1 S-OIV.

Tort Però com podem parlar de pandèmia de fase 6 si la grip nova matava menys gent que la grip estacional?

Forcades L'OMS va canviar la definició de pandèmia. Abans per declarar una pandèmia calia que morís, a causa d'un agent infecciós, una proporció significativa de la població. Però aquest requeriment va ser eliminat de la definició el maig de 2009, i això és el que va permetre que els Estats Units es declaressin en «estat d'emergència sanitària nacional», quan en tot el país només hi havia hagut vint persones infectades de la grip nova i cap d'elles no havia mort.

Tort Abans parlaves d'una vacuna doble.

Forcades La vacuna de la grip A incorporava tres novetats que la feien diferent de l'estacional. La primera novetat era que la majoria dels laboratoris estaven dissenyant la vacuna, de manera que amb una sola injecció no fos suficient i en calguessin dues. Paral·lelament l'OMS recomanava que no es deixés d'administrar la vacuna per la grip estacional. Per tant, qui seguís aquestes recomanacions s'exposava a ser injectat tres vegades, s'exposava a multiplicar per tres els possibles efectes secundaris de la vacunació que per altra banda, eren desconeguts. La segona novetat va ser que alguns dels laboratoris responsables van decidir afegir a la vacuna adjuvants més potents que els utilitzats fins aleshores en la vacuna anual. Els adjuvants són substàncies que s'afegeixen a la vacuna per tal d'estimular el sistema immunitari de forma artificial. La vacuna de la grip nova que fabricava el laboratori GlaxoSmithKline, per exemple, contenia un adjuvant anomenat AS03 (una combinació d'esqualè i polisorbat) que multiplicava per deu la resposta immunitària. L'inconvenient més gran és que ningú no podia assegurar que aquesta sobreestimulació artificial del sistema immunitari no provoqués malalties autoimmunitàries greus al cap d'un temps (com ara la paràlisi ascendent de Guillain-Barré). I la tercera novetat, que distingia la vacuna de la grip nova de la vacuna de cada any, és que les companyies farmacèutiques exigien als estats que signessin acords, que els conferissin impunitat en cas que les vacunes tinguessin més efectes secundaris dels previstos (per exemple, estava previst que la paràlisi de Guillain-Barré afectés unes deu persones de cada milió). Els Estats Units van signar un acord que alliberava tant els polítics com les farmacèutiques de tota responsabilitat pels possibles efectes secundaris de la vacuna.

Tort I el teu vídeo el comencen a veure centenars de milers de persones.

Forcades Quan van penjar el vídeo, va començar la pressió mediàtica i l'allau de correus electrònics. El primer que es va posar en contacte amb mi va ser el periodista Gaspar Hernández de Catalunya Ràdio, que en aquell moment també feia les contres de *El Periódico*. A mesura que creixia l'impacte del vídeo, em vaig adonar que els mitjans de comunicació no són lliures; ja m'ho pensava, però aleshores ho vaig viure en primera persona. *El País* o *La Vanguardia* van atacar amb articles que em desprestigiaven. Escrivien coses com que «no se la localitza» mentre jo estava sortint a la televisió pública veneçolana i fent intervencions també públiques en aquell país; o bé coses com: «afirma que és doctora en Medicina», quan aquesta és una dada ben fàcil de comprovar trucant al Col·legi de Metges o a la Facultat. Per a mi va ser un xoc constatar que el nostre context informatiu és clarament direccional.

TORT Diries que s'ha donat algun altre cas tan flagrant com el de la grip A?

FORCADES Ja està passant. La vacuna del papil·loma humà és un escàndol.

TORT Per què?

FORCADES Les vacunes no són dolentes per definició, ni tampoc són bones per definició. Cal estudiar cas per cas i cal ser conscient que una cosa, en principi, tan bona com pot ser una vacuna, pot tenir un perfil de risc-benefici indesitjable, que pot deixar seqüeles irreversibles, i fins i tot pot ocasionar la mort. El primer criteri per avaluar una vacuna és la necessitat. En el cas del papil·loma humà, la necessitat en els països desenvolupats és nul·la perquè com a mecanisme de detecció tant de la infecció com del càncer de coll d'úter ja tenim el Papanicolau, una citologia vaginal que té una eficàcia del 100%. De fet, aquesta citologia bianual era gratuïta a la seguretat social, però des que s'ha introduït la vacuna, ja no ho és. S'ha desmantellat una intervenció mèdica que funcionava molt bé a favor d'una que, per definició, no pot cobrir el mateix espectre de malalties (la citologia permet detectar totes les soques del virus del papil·loma i també d'altres malalties de transmissió sexual). En cas de procés cancerigen al coll de l'úter, les cèl·lules que s'escamen cauen al fons vaginal. Amb aquesta citologia, les reculls, detectes l'anomalia quan encara està en fase precoç i es fa una petita intervenció sense més complicació. L'eficàcia del Papanicolau és total i la vacuna no és necessària. Davant de l'argument que pot ser una bona solució per als països del tercer món, hauríem d'entrar a analitzar la manera com s'administra, el cost, qui en surt beneficiat i quines són les alternatives.

TORT Les vacunes són obligatòries?

Forcades Al nostre país no n'hi ha cap d'obligatòria. Jo estic totalment en contra de la vacunació obligatòria perquè és una pèrdua de llibertat política molt perillosa. Tant els que es volen vacunar de tot, com els que no es volen vacunar de res, hauríem d'estar d'acord en què no s'obligui a ningú a vacunar-se en contra de la seva voluntat. Als Estats Units, ja hi ha alguns estats en què estan imposant a la força el calendari de vacunes complet, amb totes les innovacions que un sistema sanitari massa influït pels interessos comercials tingui a bé introduir-hi; en aquests estats els nens no poden entrar a l'escola o els joves no poden accedir a la universitat si no se'ls han administrat totes les vacunes. És molt important que se sàpiga que no hi ha base científica per afirmar que una persona no-vacunada sigui perillosa per a les altres persones. És un argument que es fa servir sovint i que sembla lògic però no té base científica. Posem l'exemple de la grip: les persones no-vacunades després de passar la malaltia tenen immunitat per tota la vida contra aquella soca; les persones vacunades no. A més, hi ha un percentatge important de persones vacunades que no queden protegides contra la malaltia encara que s'hagin vacunat (això ho sap tothom: encara que t'hagis vacunat, pots agafar la grip igualment). Quan sentis a dir que una vacuna serà obligatòria, sospita, tingues consciència del que això significa a nivell de drets polítics. Si et vols vacunar, vacuna't, però no permetis que ningú sigui obligat a fer-ho.

Tort I en el nostre país, quina incidència té el papil·loma humà?

Forcades Partim de dades dels Estats Units. Resulta que aquesta vacuna cobreix només contra dues soques virals: la 16 i la 18. Aquestes dues soques són responsables del 70 % de les infeccions als Estats Units. Per tant, la idea de que protegeix totalment és falsa. A l'Estat espanyol, un grup de metges han constituït una plataforma per denunciar que la incidència d'aquestes soques al nostre país és clarament menor i pot ser que no arribi al 50 %.

Tort Per tant, parlem d'una vacuna que només protegeix sobre un determinat tipus de soca que tampoc té tanta incidència.

Forcades Exacte. El segon criteri per mesurar una vacuna és l'eficàcia. En el cas del papil·loma humà no poden afirmar que previngui del càncer, ja que no tenim estudis a llarg termini, això se sabrà d'aquí a vint anys. L'únic que s'ha vist és que desapareixen les lesions de la infecció, les úlceres. Però la desaparició de les úlceres no implica necessàriament la desaparició del virus. A més, si desapareix la manifestació del virus, pot ser que ens trobem amb un càncer per sorpresa. Sense alarmisme, cal plantejar-nos totes les possibilitats. El que no té sentit és enganyar els pares i mares, produint-los ansietat si no vacunen les filles amb una vacuna que en cap cas protegeix al 100 % i que, a més, pot ser que no funcioni. Als pares se'ls ha d'explicar obertament que és una vacuna experimental. En aquest moment és molt més raonable esperar que es demostri la seva eficàcia i anar-se fent mentrestant la citologia vaginal cada dos anys ja que aquesta, com hem vist, a més de detectar una possible infecció per papil·loma, és capaç de detectar moltes altres infeccions de transmissió sexual. Les campanyes de màrqueting a favor de la vacuna del papil·loma estan donant una falsa sensació de seguretat, que no està justificada.

Tort Vols dir que si d'alguna manera anul·lem els símptomes amb la vacuna, el càncer es manifestarà sense donar senyals?

Forcades Et posaré un exemple real: el cas de la vacuna del pneumococ que durant una època es va posar de moda posar-la a tots els nens. L'objectiu era prevenir la pneumònia, però el que es va aconseguir va ser eliminar només la soca responsable de la majoria de pneumònies. I què va passar? La malaltia es va continuar manifestant però amb unes soques que no teníem controlades i que van ser pitjors. Per tant, hem eliminat la soca que teníem controlada però n'ha sortit una altra de més agressiva. Amb el papil·loma podria passar el mateix: ara vacunem contra les soques 16 i la 18, i les eliminem però després poden venir la 25 i la 27 que poden ser pitjors.

Tort I això com es pot controlar?

Forcades S'han de fer millors estudis sobre l'eficàcia de les vacunes i s'han de fer, sobretot, estudis independents dels interessos comercials i que siguin a llarg termini. En el cas de la vacuna del papil·loma, els estudis inicials es van fer a Mèxic amb dones de vint anys que ja havien contret la malaltia. La vacuna, però, s'administra ara a nenes preadolescents perquè se suposa que encara no han tingut relacions sexuals. A més de tenir en compte la necessitat i l'eficàcia d'una vacuna, és fonamental estudiar a fons la seva seguretat. Pot ser que una vacuna sigui necessària i eficaç i no sigui recomanable perquè tingui un perfil d'efectes secundaris intolerable.

Tort Quins són els efectes secundaris de la vacuna contra el virus del papil·loma humà?

Forcades Un article del *Journal of the American Medical Association*, publicació de referència en Medicina Interna, deixava constància a l'agost de 2009 de 28 morts atribuïbles directament a la vacuna en nenes completament sanes.[5] Al nostre país, hi va haver el cas de les dues nenes de València hospitalitzades a l'UCI amb convulsions a causa de la vacuna. El pare d'una d'aquestes nenes és el president de l'Associació d'Afectades per la Vacuna del Papil·loma. Els casos no es limiten a aquestes dues, n'hi ha hagut moltes més, però no se'ls dóna publicitat.

Tort Estem parlant de la salut de les persones, aquesta manca d'escrúpols sembla difícil de creure.

Forcades Difícil de creure, però malauradament no és cap novetat: els poderosos d'aquest món van a la seva. Jo crec que en el món hi ha més bé que mal, que la majoria de les persones intenta viure amb honradesa i estimant, però és important tenir els ulls ben oberts per poder mirar cara a cara les coses que no van bé. Tant l'Evangeli com les obres de Shakespeare, per posar dos exemples significatius, deixen clar que sempre hi ha hagut lluites de poder entre les elits que dominen els pobles en cada moment, i que aquestes lluites tenen conseqüències nefastes per a les persones que no pertanyen a aquestes elits, que som la majoria.

Tort Vist així...

Forcades Hem de prendre consciència de que el poder econòmic domina el polític, però no per aclaparar-nos sinó per pensar i activar sistemes socials que s'enfrontin a aquesta situació de pecat estructural. Més que en una democràcia, hi ha qui diu que estem en una plutocràcia, perquè els que manen són els diners.

---

5. Barbara A. Slade, Laura Leidel, Claudia Vellozzi, et al. *Postlicensure Safety Surveillance for Quadrivalent Human Papillomavirus Recombinant Vaccine.* JAMA. 2009; 302 (7): 750-757.

TORT Després de tres anys, què en queda de tot el que va comportar a la teva vida la denúncia sobre la vacuna de la grip?

FORCADES La meva projecció pública ha vingut per la popularitat que em va donar el vídeo. Però també vaig rebre tants atacs, que això va fer polaritzar a gent i va haver-hi moltes persones que em van defensar. A més, la mateixa OMS va admetre que va haver-hi frau; el parlament europeu, a través del parlamentari Wolfgang Wodarg, es va pronunciar també en aquest sentit, i una investigació del *British Medical Journal* va reconèixer l'existència de tràfic d'influències, de desprestigis, etc. Tot plegat ha acabat donant la raó a la tesi que vaig defensar en el seu moment. Potser és per això que persones que, en principi, no escoltarien una xerrada de teologia vinguin atretes perquè la pronuncia la monja de la grip. Aquest tema m'ha permès connectar amb gent ben diferent. Quan vaig pel carrer, sobretot per Barcelona, tant em pot saludar un noi jove amb pírcings i tatuatges que ve d'una trobada antisistema, com una senyora gran amb bastó que torna de missa.

TORT I la professió mèdica t'ha donat suport?

FORCADES Hi ha hagut de tot. He fet xerrades al Col·legi de Metges de Lleida, a la facultat de Farmàcia de la Universitat de Barcelona, que també estan sensibilitzats amb la situació d'abús de les grans companyies, a les *Jornadas Nacionales de Medicina Preventiva*, etc. Els crítics han estat una minoria.

TORT Hem de continuar creient en institucions com l'OMS?

FORCADES Té molt sentit que existeixin aquest tipus d'institucions perquè si no existissin, l'abús seria encara pitjor. L'ideal és que hi siguin i funcionin bé, però el que no pot ser és que deleguem la nostra salut en aquestes institucions, i ens oblidem de fer-los retre comptes. És la diferència entre la democràcia representativa i la democràcia participativa. No n'hi ha prou a votar cada quatre anys, no es pot incomplir un programa electoral i que no passi res. Els polítics que ens prometen unes coses que després no compleixen, han de dimitir ipso facto.

TORT I qui ha de controlar la informació sobre la seguretat sanitària del món? T'ho pregunto perquè, fa uns mesos, uns investigadors van trobar les mutacions que fan del virus de la grip aviar, l'H5N1, un agent mortífer entre el bestiar, i també han esbrinat les mutacions que el fan un virus transmissible entre humans. El comitè científic que assessora el Govern dels Estats Units sobre bioseguretat no els ha deixat publicar els seus articles, al·legant que podria ser perillós en termes de terrorisme biològic. Suposo que recorden encara l'Àntrax.

FORCADES Si mirem la història del segle XX, els governs són qui han comès més crims. Qui diu que és més segur que aquesta informació estigui en unes poques mans? Ho diuen els governs? Ho diu l'empresa privada? Això és antidemocràtic. Per principi, tot científic ha d'estar-hi en contra, perquè és un segrest de la informació científica. A Lió hi havia un projecte finançat per les grans companyies farmacèutiques en què buscaven com fer el virus de la grip més mortífer. L'objectiu era, segons deien, descobrir com evolucionava el virus per tal de poder-lo aturar, quan la natura el portés a tornar-se extremadament mortífer; però de moment, per tal de protegir-nos, es dedicaven a mutar aquest virus abans que suposadament ho fes la natura. La retòrica de la seguretat per prevenir un mal catastròfic amaga l'eliminació de drets de la ciutadania. La ciència es basa en la informació lliure i oberta.

TORT Teresa, per acabar aquesta conversa sobre la grip i temes mèdics, deixa'm preguntar-te sobre els refredats. Tan que hem parlat de la grip, i a veure si creuré que he enganxat aquest virus quan només tinc un refredat!

FORCADES Virus que provoquin el refredat n'hi ha molts: els rinovirus, els adenovirus, els coronavirus, el virus sincitial respiratori, etc. Els símptomes del constipat són la congestió nasal, els ulls carregats i el mal de cap durant tres o cinc dies. En el cas de la grip, la causa és un ortomixovirus i el quadre clínic és més greu, ja que normalment causa febre alta i prostració, dolors musculars i dolor a les articulacions. Queda clar que la diferència entre el refredat comú i la grip radica en l'agent infecciós, és com si em preguntessis sobre la diferència entre una diarrea i el còlera. Els dos fan anar de ventre però són infeccions diferents.

6. El món d'avui

Tort Teresa, has viscut als Estats Units i a Alemanya temporades de la teva vida ben llargues; has viatjat per mig món i has treballat envoltada de gent diversa, amb cultures i tradicions absolutament diferents a les nostres. Catalunya avui compta amb gent d'arreu del món, sentim a parlar d'interculturalitat cada dos per tres i no paren de publicar-se xifres estadístiques sobre població immigrada. Però fa vint anys, quan tu vas anar a estudiar i després a treballar als Estats Units, la realitat catalana era ben diferent. Què hi vas aprendre?

Forcades T'ho diré amb un exemple. Nosaltres avui anem a l'hospital i trobem molts metges i infermeres llatinoamericans que parlen el castellà, un idioma que tots coneixem. Doncs quan jo estudiava, recordo haver detectat prejudicis clars vers aquests professionals. Si un pacient era atès per un metge llatinoamericà pensava: ai, ai, ai, preferiria que m'atengués un d'aquí. Però, en canvi, quan vaig arribar als Estats Units no vaig notar mai que tinguessin cap prejudici cap a mi, tot i que el meu anglès no fos perfecte. De vegades, des d'aquí ens en riem de la cultura nord-americana per la manca d'arrels i història però en el meu cas, com a immigrant, precisament això va fer que m'acollissin molt bé, que no em fessin sentir gens discriminada.

Tort Quin diries, doncs, que ha de ser el model d'acollida dels nouvinguts? Ara fa uns anys, quan es van produir els aldarulls als suburbis de París, els diaris explicaven que teníem dues alternatives. Per un costat, el model francès que consistiria en l'assimilació de l'altre, la creació d'una identitat comuna, la francesa. I per l'altre costat, el model anglès de coexistència de diferents identitats. L'exemple serien les barriades tipus Chinatown.

Forcades La diferència bàsica és que tant en el model anglès, com en el francès tens una cultura que es considera «la del lloc», mentre que als Estat Units, no. Ells estan molt orgullosos del que s'ha dit «*melting pot*», una idea segons la qual tots els immigrants podrien integrar-se perfectament i transformar-se en vertaders ciutadans nord-americans. Com a reacció, ara, hi ha un moviment anomenat *English only* que intenta reclamar l'anglès com a única llengua oficial, però en cap cas és comparable amb la consciència europea. A l'Estat espanyol conviuen des de sempre identitats culturals i lingüístiques diferents, però el model predominant segueix essent el de la uniformitat. Jo crec que aquesta és la diferència fonamental: aquí creiem que la persona que arriba o bé es fa el seu propi grup o bé s'assimila a allò que ja existeix. Als Estats Units això és, com a mínim, una mica més flexible perquè la realitat pròpia no té una identitat monolítica, sinó que ja és concebuda com a multicultural des de l'inici. *Essent distint* ets *normal*, perquè als Estats Units la normalitat és precisament ser diferent, estar barrejat, ser mestís.

Tort Ui, però el diferent sempre ha estat apartat, no?

Forcades A mi em sembla que, gràcies a Déu, de barreja d'identitats n'hi ha hagut sempre i arreu, però normalment hi ha hagut una cultura hegemònica que expulsava al diferent: els jueus en el context europeu, els cristians dels primers segles a l'Imperi romà... Es desitjava la neteja ètnica, dit amb paraules fortes, com si l'ideal fos que tots siguem d'una mateixa corda. En el segle XXI, això ja no val, malgrat encara estem veient moviments que apunten en aquesta direcció.

Tort Déu ens ha fet diferents, no?

Forcades Des de la visió cristiana de la Trinitat, hem d'afirmar que Déu és divers alhora que unitari. Per tant, la crítica que es pot fer al model anglès és que planteja una unitat excloent, aparta l'altre, tu et construeixes un gueto i jo continuo amb el meu «te de les cinc». El model francès, per la seva banda, parteix de l'ideal de la Revolució Francesa de la fraternitat universal, tots som u. Però el problema és que iguala a tothom, no accepta la diferència. Es tracta d'aprofundir l'ideal de fraternitat i unitat de la Revolució Francesa, i al mateix temps entendre que només és realitzable des de la diversitat.

TORT I com són possibles partits d'extrema dreta com Plataforma per Catalunya i companyia?

FORCADES No podem ser il·lusos, encara que tinguem una antropologia positiva en què les persones som imatge de Déu i una meravella de llum, intel·ligència i amor, no podem ser il·lusos. Les persones de vegades ens movem per la por, una por visceral, de supervivència, que forma part del repte de ser humà. La dignitat humana és inherent a cadascuna de nosaltres, però cal desplegar-la, potenciar-la. I en aquest desplegament, pots no encertar-la precisament perquè les persones no som màquines programades sinó que tenim un horitzó de possibilitats. Ser imatge de Déu no vol dir tenir traçat un camí recte, sinó estar convidada a viure des de la confiança.

TORT Però al monestir quedeu lluny de tot això, oi? La convivència entre les germanes és pacífica tot i la diversitat?

FORCADES A la vida monàstica també s'hi dóna tot plegat. En la primera entrevista amb la mare abadessa que vaig tenir abans d'entrar al monestir, ella em va preguntar: «Teresa, quin creus que és l'objectiu del temps de noviciat que ara començaràs?». Jo vaig contestar: «Crec que és adaptar-me als costums de la casa». Ella va fer cara de decebuda i jo de desconcertada, perquè pensava que acabava de dir una obvietat. L'abadessa no estava pensant en que m'adaptés, sinó en que no deixés de ser jo mateixa i que, ja que venia dels Estats Units, la pogués ajudar a aconseguir que la nostra comunitat fos cada vegada més diversa i no més uniforme. La idea era que ens enriquíssim mútuament les noves amb les que ja hi eren, anar descobrint en cadascuna allò que en ella és únic, diferent, distint, inaudit. Això em va entusiasmar.

TORT Els teus estudis sobre la Trinitat parlen de la unitat en la diversitat, és un tema que t'interessa. De fet li has dedicat la teva tesi doctoral *Ser persona, avui: estudi del concepte de «persona» en la teologia clàssica i de la seva relació amb la noció moderna de llibertat.*

Forcades És un tema que m'apassiona. Amb els estudis sobre la Trinitat he descobert que Déu ens fa aquest tipus de propostes: quan ens parla d'unitat, ens parla de tot menys d'uniformitat. És fonamental que tendim a la unitat, però ha de ser en la diversitat, sense ofegar-la mai.

Tort Em perdo, un exemple, si us plau.

Forcades És com el passatge del llibre del Gènesi que parla de la Torre de Babel, això és l'intent de fer de tota la humanitat un bloc monolític. I Déu diu que d'això, res de res, de cap manera. El text bíblic (5) diu que els homes volien construir una torre que arribés fins al cel, volent mantenir-se units i evitar la dispersió, tots a una i amunt! Sembla un projecte bonic, tota la humanitat junta, avançant vers un mateix objectiu. És el somni de la globalització i també de qualsevol imperi. I què fa Déu? A Déu no sembla agradar-li gens ni mica aquesta humanitat reunida sota un mateix estendard i decideix ràpidament portar la confusió a la Terra, donant-los llengües diferents. És molt bonic veure el naixement de les llengües com aquelles que creen conflictes perquè donen testimoni de la irreductible diversitat que caracteritza el fet de «ser humà». La proposta bíblica és que l'amor és l'únic que pot lligar la diversitat; amb l'amor som capaços d'entendre les persones que parlen llengües diferents, d'obrir-nos a elles, de respectar-les. En contrast amb l'episodi de la Torre de Babel, hi ha l'episodi de Pentecosta (6) que narra la baixada de l'Esperit Sant als deixebles, en forma de llengües de foc. El text diu que els deixebles van quedar plens de l'Esperit i van començar a parlar llengües diferents. Per tant, el dia de Pentecosta no és un entendre que tothom parla una única llengua sinó que tots, cadascú amb la seva llengua materna, s'entenen. Oh meravella! Jo crec que l'ensenyament que podem extreure d'aquest passatge és la centralitat del llenguatge de l'amor. Quan l'altre parla el seu llenguatge real, i tu te l'estimes, trobes maneres per comunicar-te que abans desconeixies i creixes com a persona. Aquesta és la unió que Déu vol per a nosaltres.

Tort Teresa, les coses no són pas tan fàcils. De fet, totes les tradicions religioses crec que podrien amagar el cap sota l'ala, si ens posem serioses i repassem la seva història. No sempre impera el llenguatge de l'amor davant el diferent.

Forcades És cert. Hi ha hagut i encara hi ha molta violència.

Tort Per tant, davant d'un canvi d'època, els fonaments trontollen. Avui estem trontollant?

Forcades En aquest sentit sí, està canviant la manera com es concep la societat, els agents socialitzadors, els referents, les figures d'autoritat. Respecte a la generació dels nostres pares i avis, la cosa ha canviat molt en els darrers anys. La revolució informàtica, la globalització i tot el que han suposat generen un món amb unes coordenades molt distintes. Si em comparo amb els fills de les meves germanes, ja hi ha una socialització diferent, la diferència és molt més gran que la meva respecte a la generació dels meus pares. Això genera una mena de situació de violència: costa fer passos endavant sense por, en una societat nova. Si hi ha por, sempre es tendeix a buscar culpables i normalment ens toca a les dones.

Tort Què vols dir amb que ens toca a les dones? No creus que el problema és de tota la societat?

Forcades «Ens toca a les dones» vol dir que quan hi ha crisi d'identitat, la persona immadura cerca refugi en la figura materna i descarrega la seva frustració sobre ella i, per extensió, sobre les dones en general. Et posaré un cas que he estudiat. A Tanzània, als anys setanta, es va desfer tot el sistema tribal. Hi va haver una persecució de bruixes, que va matar més dones que durant tota la persecució europea dels segles XVI-XVII. I això ha passat fa només quaranta anys! Van assassinar més de trenta mil dones que vivien soles i que tenien un perfil molt semblant al de les dones que eren acusades de bruixeria a Europa; dones que no lliguen amb el que en aquell moment la societat necessitava, que no mantenen un determinat ordre.

Tort La injustícia social malauradament tenyeix la història de tots els països i confessions. Voldria preguntar-te sobre Veneçuela. He llegit que hi has estat tres vegades i que tens simpatia vers el president Hugo Chávez.

Forcades El primer cop que hi vaig anar va ser el 2007, quan se celebraven noranta anys del naixement d'Óscar Romero, bisbe de San Salvador i teòleg de l'alliberament. Em va convidar un grup de sacerdots i comunitats de base, que constataven l'enfrontament entre l'Església jeràrquica i la Revolució Bolivariana. Estaven especialment afectats perquè el bisbe de

Caracas s'havia posicionat a favor dels que van fer el cop d'estat contra el president Chávez el 2002, tot i ser un president escollit democràticament. Per tant, s'estava imposant un règim a una societat que n'havia escollit un altre. En el dia a dia, això es traduïa en el fet que la jerarquia eclesiàstica usava la plataforma religiosa per anar contra Hugo Chávez a través dels sermons i les homilies. Els pobres, els indígenes i els grups partidaris de la teologia de l'alliberament tenien ganes de mostrar que hi havia una altra secció dins l'Església, que era ben viva. Per això van organitzar un congrés al qual em varen convidar, juntament amb d'altres teòlegs i teòlogues de l'alliberament.

TORT Diuen que la realitat sempre supera la ficció. La Veneçuela que et vas trobar tenia alguna cosa a veure amb la que imaginaves?

FORCADES Algunes de les visions polítiques que tinc avui han estat influïdes per la meva experiència a Veneçuela. Vaig aterrar amb algunes idees preconcebudes: manca de llibertat d'expressió, de premsa, pràctiques dictatorials d'un líder carismàtic que havia vist a la televisió cridant, amenaçant i acusant l'imperi ianqui com a culpable de tot. Ara bé, en arribar a l'hotel vaig engegar el televisor i estaven retransmeten unes ordenacions sacerdotals al canal Globovision. L'arquebisbe feia un sermó polític en contra del Govern legítim de Chávez. Amb aquest petit detall vaig adonar-me que hi havia llibertat d'expressió. De fet, a les llibreries també vaig veure molts títols crítics amb l'actual Govern i en conèixer el que vivien aquests grups de base, se'm va començar a contagiar el seu entusiasme. Em va recordar l'ambient que es respirava a la meva escola de primària, l'Escola Pau Casals de Gràcia, on em van transmetre la il·lusió per crear un món nou, amb major justícia, un món millor. Vaig trobar molta gent jove a Veneçuela conscient dels problemes i amb ganes de treballar, gent que estan fent possible el canvi.

TORT El canvi en quin sentit?

FORCADES Veneçuela era i és un país amb una problemàtica important però mica en mica, ho va resolent. Per exemple, les dades de l'Organització Mundial de la Salut i de la Organització per a l'Alimentació i l'Agricultura sobre pobresa extrema són extraordinàries. Abans del Govern de Chávez, hi havia més d'un 20% de persones en situació de pobresa extrema –viuen amb menys 1,25$ al dia segons la definició del Banc Mundial– i ara el percentatge se situa al 7%. I no oblidem que a Espanya hi ha un 20% de pobresa! Evidentment, no és el mateix pobresa que pobresa extrema, però no podem passar-ho per alt, cal parlar de tot això.

TORT I la llibertat és el preu a pagar?

FORCADES No té sentit transposar llibertat amb pobresa, no es tracta d'escollir entre llibertat o menjar. A Veneçuela vaig veure que hi havia un Govern democràticament escollit, legitimat a les urnes i, a més a més, les xifres de pobresa estan descendint. Per exemple, parlem de l'analfabetisme. Tots els que treballen compromesos als països pobres s'adonen que el vessant cultural és fonamental per ser capaços d'exercir la llibertat. Doncs bé, els índexs d'analfabetisme eren del 60% i, en menys de deu anys, Veneçuela ha alfabetitzat al 95% dels seus ciutadans segons xifres de la UNESCO. Aquesta és una altra dada contundent.

TORT I com s'ho ha fet el Govern de Chávez?

FORCADES Et posaré un exemple. Jo vaig conèixer de primera mà la Misión Barrio Adentro. Era un programa de salut que s'estava implantant a la capital, a Caracas, pel qual milers de metges cubans s'instal·laven a les zones pobres de la ciutat. Caracas té una geografia molt particular: és una vall separada del mar per una serralada que arriba als 2.700 m anomenada El Ávila. La gent més pobra viu als *cerros*, barris ubicats muntanya amunt. De fet, hi ha persones que mai no han baixat al centre de la ciutat, a la vall, sobretot si són grans perquè després no tenen mitjans per tornar a pujar. El Govern de Chávez ha instal·lat funiculars i ha canviat la vida de molta gent; pensa que hi havia veïns dels *cerros* que mai havien vist un metge.

TORT Metges cubans?

FORCADES Es van haver de convidar metges de l'estranger perquè la Universitat de Veneçuela tradicionalment ha estat per a l'elit de Caracas, i els metges que s'hi formaven, fins fa poc, no tenien vocació de servei comunitari. Durant aquests tretze anys, els estudiants de Medicina favorables a la Revolució Bolivariana que desitgen canvis socials en profunditat, s'han anat a formar a Cuba.

TORT Quina opinió tens d'Hugo Chávez? Pel que dius, sembla que l'admires.

FORCADES He vist diverses entrevistes seves que m'han fet sentir un gran respecte per ell. Crec que no hi ha cap líder contemporani europeu que tingui la cultura que té Hugo Chávez. El seu coneixement de la literatura i de la història de Veneçuela i del conjunt del continent llatinoamericà és extraordinari; cita de memòria llargs paràgrafs d'autors clàssics i contemporanis, els relaciona de formes noves, aplica el seu pensament al moment actual, i es posiciona críticament i amb esperança davant de les injustícies globals. El seu pensament no és reduccionista. És conscient que no sap què és, en realitat, el nou socialisme que propugna, però el que és segur és que el sistema neoliberal ha de ser desmantellat amb urgència. Un nou sistema polític està naixent i ha de créixer sense dogmatismes, però amb una opció clara per la justícia i per la llibertat per a tothom. Crec que el president Chávez està preparat a seguir defensant amb la vida allò que creu, i per això serveix de símbol per a tota aquesta revolució. Evidentment, no justifico la violència verbal que ens arriba quan el veiem per televisió cridant i amenaçant. No el pintaré com un sant perquè no el conec personalment, ni tampoc no tinc cap necessitat de fer un judici sobre la seva persona. Però sí voldria parlar del Chávez culte, estrateg, intel·ligent, amorós amb la història del seu país, que ha estat capaç d'engrescar la gent obtenint majories absolutes en les validacions progressives a les urnes. Crec que està fent un bé immens al seu país i al món, i temo que l'eliminin els interessos geopolítics dels poderosos.

TORT Estaries d'acord amb l'adjectiu «populista»?

FORCADES Entès des del vessant negatiu, seria algú que manipula el poble, que li satisfà les necessitats superficials per tal de mantenir-se en el poder; tal com deien els romans: «Pa i circ». No crec que el president Chávez faci això, tot i que és obvi que cal vigilar amb el culte a la personalitat. És una cosa perillosa i negativa. Qui sí que crec que és populista és el president Obama. La seva campanya amb fotos immenses, tot el que es va dir d'ell, gent plorant d'emoció quan el veien, fa vergonya aquesta elevació d'una persona, a la qual li han donat el Nobel de la Pau sense haver fet res per mereixe'l. Això és una presa de pèl. A més, està tenint una política militarista: ha tret els militars d'Iraq i els ha portat a Afganistan. La seva sí que va ser una campanya populista, perquè va donar un missatge de màrqueting a la gent i no ha complert amb el que va prometre. La mateixa acusació de populisme buit es pot fer contra el president Rodríguez Zapatero. Jo havia escoltat alguns dels seus discursos emocionada però després res, una presa de pèl. El populisme necessita del carisma del líder per caure bé a la majoria de la població, guanyar-se'ls i després no respondre'ls. Chávez canta i balla davant de les càmeres i diu a la gent que els estima, però després compleix amb el que diu, encara que a Veneçuela hi ha problemes greus.

Tort Obama i Chávez junts: quina parella tan estranya.

Forcades Chávez ha fet que els veneçolans deixin de mirar cap a una cultura buida com la cultura de masses nord-americana. L'*american way of life* és una banalització de molts àmbits culturals. Chávez els proposa un gir, fer una mirada cap a la pròpia identitat, mirar les pròpies arrels de manera oberta i sense excloure res. Això és positiu, atorga dignitat, reconeix la pròpia riquesa. Alhora, la manera de parlar castellà de Chávez no és comparable amb la de cap líder d'aquí. Ja he dit que és un gran amant de la literatura i quan cita t'adones del que ha llegit i de les relacions que fa, és una filosofia passada per les seves mans crítiques. Ha estudiat molt l'obra de Marx, però crec que és una figura pionera perquè n'ha fet una relectura.

Tort En quin sentit?

Forcades Ha pensat el socialisme després de Gorbatxov o de la caiguda de l'URSS. Hi ha un autor que voldria citar en relació amb això, el filòsof Slavoj Zizek, que afirma que un dels trets característics de la nostra cultura és el fet d'estar absolutament oberts, és a dir, som capaços d'imaginar escenaris de futur d'una radicalitat tal, que els nostres avantpassats no ho entendrien. Per exemple, podem imaginar la humanitat vivint, d'aquí a pocs anys, en bombolles dins de l'oceà o a l'espai sideral. O que hem esdevingut *cyborgs*, éssers a mig camí entre la humanitat i la tècnica. Som capaços d'imaginar que ens insereixen circuïts elèctrics dins el cos que poden ser activats pel cervell. O imaginem éssers humans capaços d'autofecundar-se perquè han aconseguit tenir simultàniament els òrgans reproductors masculins i femenins. Però Zizek diu que hi ha una cosa que en cap cas ens podem imaginar a la nostra cultura, una cosa que sembla estar més enllà d'aquesta extraordinària obertura i capacitat imaginativa que caracteritza la cultura del segle XXI. I quina és? El que el nostre cervell i el nostre cor no poden imaginar és que existeixi una alternativa al capitalisme. Zizek té raó, posa el dit a la llaga: la majoria de gent no creu que hi hagi alternativa al capitalisme. Una part del cervell ens diu que l'alternativa política al capitalisme neoliberal és urgent, necessària i plena de possibilitats de realització feliç per a les persones, però automàticament ho rebutgem, se'ns activa una por profunda, que els interessats a mantenir l'statu quo tenen molta cura a alimentar.

TORT Però tot el que expliques de Chávez, no ho trobo quan el veig a les notícies. El que veig és un polític amb vocació de *showman* que li encanten les càmeres.

FORCADES No es pot jutjar Chávez pels fragments de discursos que ens arriben, tot i que siguin reals. Evidentment, ell diu el que emeten els nostres telenotícies, però en un context que s'acaba perdent pel camí. Jo m'he emocionat escoltant alguns dels seus discursos, per això penso que moltes persones que parlen de Chávez no han escoltat mai un discurs sencer.

TORT Vols dir que ens manipulen?

FORCADES Mira, hi ha un capítol en la vida de Veneçuela que aquí crec que no ens han explicat. Uns quants centenars de mercenaris disfressats de soldats amb l'uniforme de l'exèrcit veneçolà es van infiltrar al país a través de Colòmbia i van intentar fer una ofensiva militar. L'objectiu era fer creure que part de l'exèrcit es rebel·lava contra Chávez. En l'enfrontament entre els Estats Units i Veneçuela, aquesta es pot comparar al poblet dels gals irreductibles de l'Astèrix, però sense poció màgica.

TORT I el desllorigador de tot plegat, el petroli?

FORCADES Si algú vol contrastar tot això que estic dient pel seu compte, li recomano buscar a Internet l'informatiu *Dossier*, dirigit i presentat pel periodista veneçolà Walter Martínez. El trobaran posant «telesur.Dossier» al buscador. Aquest periodista no es cansa de repetir el que va dir, ja fa molt de temps al congrés dels Estats Units, un demòcrata que es deia Paul Coverdale: «Que per controlar el petroli veneçolà calia ocupar militarment Colòmbia». Els conflictes amb els Estats Units responen a interessos geoestratègics: Veneçuela té el petroli que els Estats Units podrien tenir a casa en només cinc hores, i en canvi van a buscar-lo a l'altra punta de món, a llocs com Iraq. Els Estats Units pressionen Veneçuela, a través de Colòmbia, amb les bases militars que hi té instal·lades i les agències suposadament humanitàries, com la USAID, entren per desestabilitzar el país. A més de l'interès material, hi ha el perill ideològic que el discurs del nou socialisme prosperi.

Tort Teresa, sense ànims de justificar res, però Chávez va fer un cop d'estat, no?

Forcades Sí, i també n'hi van fer un a ell el 2002, amb l'Opus Dei i l'Arquebisbe de Caracas donant suport als colpistes.

Tort Però ell en va fer un.

Forcades Chávez formava part de l'exèrcit i va començar a veure que hi havia una sèrie de problemes, que el país anava cada cop a pitjor. De fet, a principis de la dècada dels noranta, Veneçuela estava a punt de vendre el seu petroli a una empresa dels Estats Units, i el 1992 Chávez decideix fer un cop d'estat contra l'aleshores president, Carlos Andrés Pérez, però li va sortir malament. Va assumir la seva responsabilitat i va estar dos anys a la presó. Finalment, el president Rafael Caldera el va indultar i en sortir, es va presentar com a candidat i va guanyar democràticament les eleccions del 1998. Per tant, quan li fan el cop d'estat, ell és el president electe i compta amb l'ajut del poble. Se'l van endur a una presó, però els militars que suposadament l'havien d'assassinar s'hi van negar, mentre el poble, davant el Palacio de Miraflores, omplia els carrers exigint que alliberessin Chávez. Els mateixos soldats que l'havien d'executar el van alliberar i aleshores la resposta de Chávez va ser l'indult per a tots. En el seu discurs va demanar perdó, va animar a començar de nou, per construir una societat que no es basés en la venjança ni en la violència. Va dir que calia que els veneçolans estiguessin dominats pel convenciment que havien de construir una societat on tots hi tinguessin cabuda, va treure el Crist que sempre porta a sobre i va reconèixer que Ell era qui li donava força.

TORT Em fa gràcia que diguis això perquè el papa Joan Pau II va perseguir el comunisme durant tota la seva vida. Ai, si aquest parell es trobessin mai al cel!

FORCADES Sí, estava obsessionat amb el comunisme, com si fos el perill més important del món. Joan Pau II va viure la violència comunista a Polònia, i coneixia de primera mà la seva brutalitat i la seva negació dels valors humans més preciosos, però no va entendre que les reivindicacions de la teologia de l'alliberament, que propugnen un canvi de model socioeconòmic, són legítimes.

TORT I quines són?

FORCADES És una teologia que no només parla del vessant espiritual, sinó que es pronuncia sobre el necessari canvi socioeconòmic. Aquest canvi ha de passar per desmantellar un sistema que diu que el més fort es menja el més petit, això és el capitalisme entès com a donar via lliure a l'interès privat. John Maynard Keynes ja es va adonar que hi havia una sèrie d'àmbits que havien de quedar fora de l'especulació capitalista. Aquests són la sanitat, l'educació, les pensions. Hi ha una sèrie de vulnerabilitats socials que no pots deixar que entrin en aquest joc de l'oferta i la demanda, que cal preservar perquè són drets de la població. Aquest capitalisme amb rostre humà és el que hem tingut fins avui i que s'està desmantellant. Ens dirigim cap a un nou sistema que cada vegada produeix més, genera més riquesa i l'entrega a fons privats, financers i especulatius.

TORT Diries que la nostra societat està malalta, que ha perdut el rumb?

FORCADES En general, crec que la societat occidental té uns problemes gravíssims. La nostra és una societat clarament generadora de patologies. Les xifres de pobresa a casa nostra són alarmants: una de cada cinc persones viuen per sota del llindar de la pobresa. Això és la injustícia o la violència social que té conseqüències directes sobre la salut: hi ha gent exclosa tot i el sistema de seguretat social que tenim, i que ara estan desmantellant. Evidentment no només l'accés al metge garanteix la salut perquè l'exclusió social genera desmotivació. Si no tens feina i ets jove és molt més fàcil que consumeixis drogues, perquè així et sents millor almenys durant una estona. És fonamental recordar que aquest deteriorament social tot just ha començat fa vint anys, que aquest neoliberalisme salvatge és absolutament reversible, que no hi ha res de predeterminat en aquesta evolució que estem fent. Podem tirar-ho enrere, hi ha més diners que mai, més producció d'aliments que mai, més riquesa al món, el problema és la gestió política.

Tort Tu que ets metge, diries que la sanitat ha estat mal gestionada políticament?

Forcades Crec que hi ha una clara privatització que va començar ara fa vint anys i que té conseqüències negatives per a la qualitat de l'assistència sanitària. Com ja t'he comentat, el rànquing de l'Organització Mundial de la Salut situava a la sanitat espanyola entre els millors sistemes del món l'any 2000. Ho avaluaven amb criteris objectius com la mortalitat infantil (quants nens moren abans dels cinc anys), l'esperança de vida (quants anys es viu) i l'esperança de vida sana (qualitat de vida). L'Estat espanyol ocupava el 7è lloc i els Estats Units el 34è. Per tant, la privatització que imita el model dels Estats Units té com a resultat una societat desigual en l'accés a l'assistència sanitària. Això explica que als Estats Units hi hagi encara una sèrie de patologies pròpies dels països en vies de desenvolupament. La falta d'assistència sanitària gratuïta per a tothom provoca que uns quaranta milions de persones esperin fins a l'últim moment per anar al metge, perquè no poden pagar. La setena posició que ocupava Espanya ens mostra que el nostre sistema era molt bo, malgrat el procés de desmantellament. Avui hi ha molts professionals de la salut que creuen que encara som a temps d'aturar-ho, com ara la plataforma No gràcies o Farmacríticxs. Gràcies a ells no vivim una privatització més accelerada.

Tort Creus que el capitalisme és compatible amb l'Evangeli?

Forcades El principi del màxim benefici no encaixa amb l'Evangeli, una altra cosa és la iniciativa privada; per exemple, si tens la teva petita empresa assumeixes un risc, ets emprenedora, creativa, busques treballadors. Això, com podria ser el nostre petit taller de ceràmica que tenim al monestir, és un negoci privat i és positiu, tant de bo creixés al nostre país la petita i mitjana empresa! La gent que té restaurants, tallers, botigues, etc., però el capitalisme especulatiu financer que domina avui no té res a veure amb aquest exemple que estem dient. El que fa és convertir en impossible la iniciativa de la gent. De fet, els empresaris catalans es queixen que les grans multinacionals arriben i compten amb el suport dels governs mentre que el que haurien de fer els polítics és regular els abusos que cometen aquestes grans empreses. Això ja ho feien les lleis *antitrust* que ara ens saltem una rere l'altra. A més a més, el capitalisme no m'agrada com a teoria política per aquesta idea del màxim benefici, que jo no associo com el millor per al món i per a la societat.

Tort Què diu l'Església de la propietat privada?

Forcades Per alguns pares de l'Església, la propietat privada era pecat però aquesta idea no ha prosperat fins avui. Més aviat ara som a l'altre extrem, i permetem un sistema on la llei del màxim benefici té carta blanca. Per definició, el mercat té unes lleis, no existeix això del mercat lliure. I qui fa aquestes lleis, ho fa en funció d'uns interessos. És fonamental desemmascarar la fal·làcia que associa capitalisme i llibertat. A Veneçuela propugnen un model de mercat que no aboleix la iniciativa privada sinó que la condiciona als interessos del propi país. A casa nostra, estem veient com empreses que han tingut beneficis fan expedients de regulació de l'ocupació sense justificació i el Govern no ho impedeix. Com diu el president Chávez, les coses òbvies ens sorprenen. No crec que Veneçuela sigui la societat ideal ni perfecta, però és un lloc on la gent intenta posar en pràctica una societat justa.

Tort Hi ha qui afirma que Jesús va ser el primer marxista.

Forcades Si el marxista diu que l'únic que existeix és el món material, jo com a cristiana he de dir que no, que també hi ha l'Esperit. Des del cristianisme, el marxisme cal valorar-lo com una presa de consciència decisiva a nivell històric sobre una realitat injusta, fruit de causes estructurals. A més, el marxisme parla de la lluita de classes, però jo no concebo la societat com un conjunt d'enfrontaments violents o una dictadura del proletariat. Un cristià no pot estar d'acord amb aquesta idea de lluita de classes però tampoc amb una ONU formada per 198 països amb un consell de seguretat que veta tot el que vol. Això s'ha de canviar radicalment des de baix amb la resistència passiva, com Gandhi o Luther King, estant disposats a passar-ho malament per crear espais de llibertat inclusius.

Tort Una manera de treballar per aquest canvi és a través del nostre vot davant unes eleccions. Recordaràs que a la darrera convocatòria els bisbes de la Conferència Episcopal Espanyola van fer una sèrie de recomanacions morals als catòlics. Tu creus que existeix un vot específicament, cristià o catòlic?

Forcades Ja des del Concili Vaticà II, els anys seixanta, s'ha tingut molta cura a no pressuposar que hi ha un partit catòlic tot i l'existència de les socialdemocràcies cristianes o altres grups com Cristians pel socialisme. La pluralitat dins l'Església crec que és bona i espero que continuï. Amb l'Evangeli a la mà, hi ha llibertat per concretar, en un partit polític o en un altre, les teves ganes d'una societat millor. Però una cosa és la ideologia i l'altra la realitat, cap partit té uns postulats que encaixin perfectament amb Lluc, Mateu, Joan o Marc. Quan toca escollir un partit, necessàriament hi ha un risc-benefici, però el vessant de la justícia social és el que des de la teologia de l'alliberament es considera prioritari per sobre de qüestions morals com l'avortament o el divorci. Jo em sento més propera als que decideixen el seu vot en funció de la justícia social i econòmica.

Tort Avui els bisbes si parlen d'alguna cosa és de moral sexual.

Forcades Des dels anys seixanta fins ara hi ha hagut un canvi d'orientació. Als seixanta i setanta, l'església catòlica era pionera en la defensa dels drets socioeconòmics. Per exemple, em consta que als Estats Units avui tenen salari mínim perquè la conferencia episcopal d'aquest país va reclamar-ho. Però actualment és com si el marcador del catòlic fos estar en contra del matrimoni homosexual, la píndola anticonceptiva, el divorci o la despenalització de l'avortament. Sembla com si aquests fossin els temes que defineixen un catòlic.

Tort I quin penses que hauria de ser el paper de la religió en l'esfera pública?

FORCADES La separació Església-Estat és un fenomen pròpiament occidental i de l'església catòlica. L'Imperi Bizantí tenia una teocràcia fins que els musulmans van acabar amb l'emperador i els líders religiosos. Església i Estat anaven a la una d'una manera que a Occident mai no va ser possible. A Grècia, encara ara, l'ortodòxia és la religió nacional, el mateix passa a Rússia. Aquí, amb el papat catòlic, es produeix la interlocució entre els dos poders, el de l'emperador i el del papa. La conseqüència és una esfera pública on no hi havia un únic poder que ho controlés tot, perquè el papat intentava dominar el poder secular, i aquest intentava dominar el papat. La separació entre el que és l'àmbit de l'Església i el de l'Estat és la millor de les opcions possibles, perquè el que té a veure amb l'Estat implica a tots els ciutadans.

TORT Què me'n dius de les altres religions?

FORCADES L'Estat ha de ser necessàriament neutre, però és diferent un Estat que diu que totes les religions són iguals que un Estat que s'autoproclama neutre perquè considera que no li pertoca escollir cap religió. John Locke, en el segle XVII, ja va dir que l'Estat havia de ser neutre, que no era responsabilitat seva determinar quina religió era la vertadera. És un matís important perquè el resultat final és un espai interreligiós molt més autèntic.

TORT En el cas d'Espanya, l'església catòlica gaudeix d'alguns privilegis fruit dels acords entre el Ministeri d'Afers d'Exteriors i la Santa Seu, per exemple en la qüestió del finançament de l'Església. Com creus que hauria de finançar-se?

FORCADES El millor és l'autofinançament, això és el que hauria de ser. Ja ho diu Jesús: «Doneu al Cèsar el que és del Cèsar, i a Déu el que és de Déu» (7). Evidentment, l'Església té monuments històrics que són patrimoni nacional, en aquests casos està bé que el Govern col·labori a conservar una catedral com a monument. Però això és diferent a pagar els sous dels capellans. Cal estudiar cada cas, a partir d'uns principis de separació ben clars entre l'Església i l'Estat.

TORT I voldria recuperar un altre debat social dels darrers temps, la presència dels símbols religiosos a les escoles. Com ho veus?

Forcades En el cas d'una escola basada en principis religiosos que admet alumnes diversos, ja sigui concertada o privada, s'ha de poder posar una creu a l'aula sense que ningú se senti ofès i, evidentment, sense voler imposar una fe a ningú. En el cas de l'escola pública la cosa canvia. Crec que no hauria d'haver-hi símbols religiosos a l'aula, però això és diferent a impedir que un professor porti una creu penjada del coll tan gran com vulgui. No em convenç l'argument segons el qual els professors són models pels nens, i per tant no poden dur símbols religiosos perquè seria fer proselitisme. Un professor fa de model pel nens tal com és, amb les seves conviccions religioses i la seva visió del món. És diferent si als nens els reparteixes estampetes, però el debat de la creu al coll és ridícul, crec que respon a uns altres interessos. Que el professor porti una creu no és cap violència per a cap nen. La promoció d'aquest debat respon a uns interessos ocults, potser a una premsa que cada vegada és menys independent.

Tort L'objectivitat del periodisme sempre és un debat molt complicat.

Forcades Recordo el que em va passar en un viatge a Sevilla, no fa pas gaires anys. Allà vaig estar amb uns amics, gent culta i suposadament ben informada, que em deien que els sabia greu que a Catalunya no es pogués parlar castellà. Tot i que jo els deia que s'equivocaven, que a Catalunya avui dia hi ha més gent que parla habitualment el castellà que no pas el català, no els vaig convèncer. Els mitjans de comunicació han fet possible la distorsió de la realitat. La meva experiència havent anat a Veneçuela és que allà hi ha una realitat complexa igual que la catalana. Si quan he anat a Sevilla o a Madrid, he trobat una caricatura de la realitat catalana, és possible que passi el mateix amb d'altres realitats. Com el que ha passat amb Gadafi o Sadam Hussein. Quan hi va haver l'atac militar injustificat de les potències occidentals contra l'Iraq, Joan Pau II va ser l'únic líder mundial que cada setmana recordava que aquesta guerra era immoral. Va denunciar-ho des del principi fins al final.

Tort Teresa, però tu participes bastant en aquests mitjans que ara critiques. Tens un vessant mediàtic inqüestionable.

Forcades Respecto molt el periodisme com a professió i he conegut periodistes excel·lents. A més, no entenc la meva estada a un monestir com un dir «ja us ho fareu, el món és massa complicat», i em construeixo una realitat paral·lela. Per formació, crec que hem de treballar per ajudar que la realitat sigui d'una altra manera, cadascú des del seu lloc, cadascú com Déu li inspiri, hem de treballar per fer un món millor. Les meves intervencions als mitjans de comunicació són una manera de participar en aquest món per intentar canviar-lo.

Tort Suposo que no sempre t'ha agradat el resultat publicat o emès de les teves intervencions. Penso per exemple en la peça que va publicar el diari *El País* l'1 de novembre de 2009 titulada «Desmontando a la monja-bulo»[6] signat per Maria R. Sahuquillo i Emilio de Benito.

Forcades A *El País* no els vaig concedir cap entrevista, van fer l'article sense parlar amb mi. Però més enllà d'això, quan els mitjans em proposen una entrevista, el primer que penso és si puc aportar alguna cosa. Si és que no, declino la invitació. Si es que sí, confio que aquesta intervenció donarà a conèixer altres realitats. Per exemple, *Els oblidats dels oblidats* és un documental que explica el projecte de Gregoire Ahongbonon, un senyor que arreglava pneumàtics a Àfrica i que un dia va decidir dedicar la seva vida a rescatar, curar i reinserir a la societat els malalts mentals africans. I és que quan una persona cau en la malaltia mental, la manca de psiquiatres, hospitals, i la impossibilitat econòmica d'accedir als medicaments necessaris, obliga les famílies a immobilitzar el malalt encadenant-lo a un arbre o estacant-lo en un gran tronc per evitar que esdevingui un perill per a la família, per a la comunitat i per a ell mateix. En Gregoire ha fundat l'Associació Saint Camille de Lellis, una ONG que es dedica a deslligar dels arbres els malalts mentals. Fa uns mesos, vaig participar en la presentació a Barcelona del documental sobre la vida i el projecte d'en Gregoire. Crec que és un projecte excel·lent.

Tort Què és el que més t'ha dolgut de les crítiques que has rebut en els mitjans de comunicació?

---

6. http://www.elpais.com/articulo/sociedad/Desmontando/monja-bulo/elpepisoc/20091101elpepisoc_1/Tes

FORCADES Sense cap dubte, els blogs catòlics ultraconservadors. Jo desconeixia aquesta realitat. A casa meva m'havien dit que a l'Església hi havia gent violenta però jo, quan era adolescent, vaig conèixer una Església magnífica i des d'aleshores sempre havia trobat en ella el respecte bàsic a la persona. Però ara he trobat persones que, en nom de Jesús, insulten i denigren amb violència. Va ser especialment dur quan vaig parlar sobre l'avortament, em va impactar que fins i tot alguns capellans fossin capaços de parlar de mi en termes denigrants. M'acusen falsament, però encara que fos veritat que jo sóc tan dolenta com pinten, com és possible que parlin així? Com poden parlar en nom de Déu amb aquest menyspreu? Llegia aquests blogs i no ho entenia, va ser una pèrdua d'innocència. Després va venir la grip A, però no em va tocar tan profundament perquè potser ja m'havia acostumat al fet que sortissin adjectius denigrants al costat del meu nom. Els comentaris laudatoris i els denigrants els hem de deixar passar, però ben pensat potser em fan més mal els laudatoris.

TORT Per què?

FORCADES Els denigrants et poden enfonsar però si vénen de persones que no són significatives per tu, ho superes. En canvi, els laudatoris, poden fer que sense adonar-te'n et vagis inflant i t'acabis creient més important del que ets.

TORT La teva comunitat t'ajuda a tocar de peus a terra?

FORCADES Les que conviuen amb tu són les que et posen a lloc. També m'ajuda revisar l'impacte de les intervencions públiques que faig, procuro millorar. De vegades, mirar com t'insulten pot ajudar a aprofundir en el que és la violència o els propis espais on et permets de judicar als altres.

TORT Al costat d'aquestes crítiques furibundes també hi ha el programa de TV3 *Polònia*.

FORCADES Crec que el primer que fan els règims totalitaris és prohibir els humoristes. Els intel·lectuals en general i els humoristes en particular. Creure en Déu és saber que Déu és Déu, i que de tota la resta, està bé que ens en riguem, fins i tot de tu mateixa. Si fan una broma i te'n rius, està bé. Normalment la caricatura del *Polònia* em fa força gràcia, no és que sigui un humor d'una gran subtilitat, però està bé.

TORT Quin preu és el que pagues per tot plegat?

FORCADES Jo diria que el fet de no poder passejar tranquil·la pel carrer, sobretot quan vaig acompanyada. A la gent que et saluda li fa il·lusió dir-te alguna cosa, però per a les persones que t'acompanyen, resulta complicat tenir una conversa normal, tens interrupcions ja estiguis al carrer o asseguda a una terrassa. Quan entres en una conversa amb algú, es crea un clima interessant però si hi intervé una altra persona, encara que sigui un minut, i al cap de cinc n'intervé una altra, acabes dient prou. També hi ha la pressió dels correus electrònics, experimento una demanda que supera molt el que puc donar, això encara no ho tinc resolt. Ara tinc 1.200 correus electrònics pendents de resposta.

TORT Teresa, clarament és impossible seguir el teu ritme. No hauries de frenar una mica?

FORCADES És clar que és responsabilitat meva conèixer els límits. Molta gent m'escriu dient que saben que serà el correu 994, però continuen explicant-me el seu cas. He d'aprendre molt i crec que el camí és el de la senzillesa. Reconèixer que dono fins a cert punt, Déu no em demanarà mai res que sigui impossible. Jo em puc exigir a mi mateixa coses impossibles, puc voler respondre correus abans d'anar a dormir o la meva comunitat pot fer una demanda excessiva. Però Déu, que és el meu referent, sé que mai no em demanarà més del que puc fer. El que passa és que, de vegades, no sé quina és la demanda concreta de Déu. Però tinc clar que el que dóna sentit a la vida és Déu i per això mantinc la pau al cor.

TORT Quin referent tens?

FORCADES Recordo unes paraules de Sant Joan de la Creu: «*El alma que anda en amor, ni cansa ni se cansa*». La primera vegada que les vaig sentir va ser horrible perquè se'n dedueix que si et canses donant i atenent a les persones és que «*no andas en amor*». Però cada vegada m'agrada més, perquè la intensitat de les demandes que rebo em fan adonar que amb les pròpies forces no puc. Potser abans atenia demandes i pretenia cobrir-les però ara que no puc, m'he de fiar que hi ha una altra dimensió. «*Andar en amor*» ara ho entenc com un estar en sintonia amb aquest amor que és de Déu i que saps que pots recolzar en Ell les teves càrregues. Seria com constatar que no tot depèn de tu i que només se'ns demana que hi posem el nostre gra de sorra.

TORT I no podries compartir aquestes responsabilitats amb la resta de la comunitat?

FORCADES Jo crec que ja m'ajuden molt. Primer perquè em cuiden, la comunitat és l'àmbit on puc ser jo mateixa, on la realitat no està distorsionada. També ho és la família d'origen però la veig menys, com els amics. Dins la comunitat no sóc cap personatge mediàtic sinó una més que alhora és peculiar com totes. Si visqués sola seria molt més difícil aguantar aquesta pressió, perquè amb facilitat el vessant mediàtic jugaria un paper més important. També la comunitat m'ajuda amb el seu ritme monàstic, el silenci del monestir és la benedicció més gran del món. O la litúrgia, un espai on poder sentir la paraula de veritat, tranquil·la.

7. Dones

TORT Quan comença la teva defensa de la causa feminista?

FORCADES Fa un temps vaig publicar un llibre titulat *La teologia feminista en la història* amb què pretenia buscar veus de dones que fessin teologia en uns segles on el mot feminista encara no s'havia inventat. Pot fer la sensació que és un anacronisme perquè, evidentment, en el segle I ningú no s'anomenava a si mateixa «feminista»; aquest concepte neix a finals del segle XIX a França. Però el més interessant és que amb aquesta paraula no s'està descrivint un fenomen nou, sinó que el fenomen existia abans que existís el nom.

TORT Des de quan?

FORCADES Hi ha dones i també barons feministes des del mateix moment en què hi ha hagut societats patriarcals que, en funció únicament del gènere, han vedat a les dones l'accés a la presa de decisions, a la representativitat institucional, al sacerdoci o a qualsevol exercici de responsabilitat pública i privada. Sempre que s'han produït situacions de vet en funció del sexe, hi ha hagut una resposta de desacord per part de persones concretes. La modernitat aporta la idea de moviment polític, però el feminisme entès com a presa de consciència d'aquesta situació de desigualtat, el tenim documentat ja des de l'antiguitat i en diferents religions.

TORT En el cristianisme també?

FORCADES Gregori de Nazianz fou un bisbe del segle IV d. de C. considerat sant per l'església d'orient i occident. Té una homilia on constata que quan el baró peca contra la dona en el matrimoni –adulteri– no passa res.

En canvi, quan és ella la que peca li cau tot el pes de la llei. Gregori diu que és una injustícia i que això no és la voluntat de Déu. Per tant, ja aquest pare de l'Església del segle IV té una consciència feminista teològica: no només s'adona de la injustícia social sinó que ho argumenta des de la teologia.

TORT Però si ja al segle IV tenim aquesta situació de desigualtat...

FORCADES Gregori també es pregunta d'on han sortit aquestes lleis tan injustes. I, de la mateixa manera que certs corrents feministes contemporanis, dirà que el problema rau en el fet que les lleis estan fetes pels barons i per als barons. El mateix trobaríem en el budisme, et poso un exemple: la mare de Buda va morir en el part, així que qui el va criar va ser la seva tieta. Doncs bé, després que Buda tingui la il·luminació, ja compti amb molts seguidors barons i estigui madura la seva proposta espiritual, la tieta li pregunta: què hi ha de les dones? Per què no tenen cap paper? Resulta sorprenent la resposta de Buda que justifica l'exclusió afirmant que si les dones accedeixen a la il·luminació, el nirvana del conjunt de la humanitat es retardarà mil anys. Perquè després diguem que això de l'exclusió neix només en el nostre context cultural!

TORT I què fa la tieta? Quin nebot més desagraït!

FORCADES La tieta no accepta l'exclusió, es rapa el cap i amb 500 dones més s'instal·len a la porta del monestir reclamant el seu lloc. Jo diria que és la primera manifestació feminista de la història! Aquesta dona va tenir consciència feminista ja al segle V a. de C. i estic segura de que abans ja n'hi havia hagut d'altres. De la mateixa manera que sempre hi ha hagut aquesta pretensió d'establir una jerarquia entre barons i dones, sempre hi ha hagut persones d'ambdós sexes que s'hi han rebel·lat i que han somniat, i sovint han viscut en la seva vida privada la igualtat. De vegades, han estat personatges individuals aïllats però en altres ocasions s'han organitzat com va fer la tieta de Buda.

TORT A la Bíblia les referències a la dona no són precisament un crit a la manifestació per a la igualtat.

FORCADES Per als cristians, la Bíblia és un text inspirat per Déu, no pas dictat per Déu. Això vol dir que Déu parla al cor dels homes i aquests després d'intentar copsar el que Déu els vol dir, es posen a escriure. Per això es diu allò que Déu escriu recte amb ratlles tortes! Jo crec que en la meva vocació, Déu em va parlar però potser quan arribi al cel em dirà que em vaig equivocar, que en comptes de benedictina havia de ser dominica! Amb això et vull dir que crec realment que Déu parla al món, però que en cap cas vol autòmats, sinó persones que lliurement col·laborin, s'adhereixin. Déu confia més en nosaltres que nosaltres mateixos, ens crida a ser cocreadors i sempre ens inspira perquè fem quelcom nou. Déu ens convida a fer el que ell no pot fer sol, necessita dels nostres actes d'amor lliure.

Tort D'acord, però pot resultar descoratjador que des del segle v a. de C. les dones ens haguem de manifestar per reclamar obvietats.

Forcades A mi em genera un doble sentiment. Per una banda, joia perquè sempre hi ha hagut persones que han cregut en la igualtat de gèneres. Però per l'altra, tristor perquè si la tieta de Buda ja ho sabia al segle v a. de C., com és que encara al segle xxi estem discutint aquests temes? El que ens aporta la modernitat és el que anomenem l'eclosió del subjecte i de la subjectivitat, entesos com un prendre consciència que cada persona és un projecte individual. En la premodernitat, la persona no existia com a projecte vital propi, la identitat de la persona venia determinada per la xarxa social de què formava part. Si eres fill de fuster, de gran series fuster; si fill de sabater, doncs sabater. I si eres la filla, tant se val si venies d'un fuster o d'un sabater, de gran series mestressa de casa o monja. Per tant, ja es veu que aïllada de la teva comunitat de referència, no existies. La idea de projecte individual fa eclosió en l'etapa que anomenem modernitat, i pensa que encara avui hi ha cultures on aquest procés no s'ha produït.

Tort El feminisme neix en la modernitat?

Forcades En el moment en què la subjectivitat passa a ser el que ens defineix com a individus –i no el lloc que ocupem en la societat– és quan el conflicte de gènere es formula en uns termes recognoscibles per a nosaltres. Als inicis del segle xvi, a França, es posa de moda un gènere literari anomenat *Querelles des femmes.* T'has d'imaginar uns debats en què hi ha dos barons, un fa les diatribes contra les dones al·legant que són incapaces de pensar, i l'altre les defensa. A més, hi ha un cor de dones i barons que fan de públic. Doncs bé, en algun moment del diàleg, salta una dona a escena que, presa de gran emoció, demana al defensor que les deixi en bon lloc. Fixa't que demana al baró el que hauria de fer ella mateixa. Per tant, ja al segle XVII se'ns mostra que la desigualtat de gèneres s'ha convertit en problema, en tema, mentre que a l'antiguitat no existeix com a conflicte.

Tort Visca la modernitat!

Forcades Bé, és precisament en aquest moment quan es produeix la caça de bruixes a Europa. Quan em vaig posar a investigar tot aquest tema, creia que era un fenomen medieval, que remetia a l'època quan l'església catòlica dominava el món, una societat misògina, obscurantista. Doncs res de tot això, va ser un fenomen modern. De fet, hi ha una butlla papal del segle IX o X, en plena etapa medieval, que diu que qui cregui que hi ha bruixes ha de ser condemnat per heretge, ja que això és una superstició pagana.

Tort Doncs mira, no ho hauria dit mai.

Forcades És a la Universitat de París on els grans catedràtics, savis i professors, reunits en assemblea solemne, declaren que existeix la màgia negra i la màgia blanca, i que cal anar en compte amb les dones perquè poden tenir relacions sexuals amb el dimoni, i convertir-se en les seves esclaves. I apliquen un sistema per evitar-ho: la caça de bruixes. L'església catòlica participa com és sabut en aquesta caça de bruixes -només cal llegir el document «El martell de les bruixes» que es va convertir en manual per als inquisidors-, però la brutalitat de la persecució a nivell europeu i també a les colònies d'ultramar és inversament proporcional a la presència de les institucions catòliques. La caça de bruixes va ser molt menys virulenta a Espanya que als països centre-europeus, i encara va ser més lleu a Itàlia. En aquest moment, l'església catòlica ha deixat d'ocupar el lloc central en la societat, ens trobem en un moment nou, mancat de referents. Davant d'aquesta situació, s'ha de créixer a un nou nivell de subjectivitat i ens podem trobar amb reaccions de por i regressions infantils. Abans ja he dit que, quan això passa, la història demostra que la dona sempre rep perquè la subjectivitat immadura espera d'ella que sigui la salvadora, la garant de l'odre establert. Avui, les dones estan conquerint espais que tenien vedats i això, de vegades, genera rivalitats i violències.

TORT A què et refereixes?

FORCADES Penso en petits pobles perduts a la muntanya. Les nostres àvies i mares, contentes o no, podien oposar-se verbalment al rol que els havia tocat però continuaven fent el sopar cada nit. Ara, les joves d'aquests pobles ja no accepten la subordinació per raó del gènere. Aquí neix una nova possibilitat òbviament positiva, però que no es produeix sense tensions. En el cas de la caça de bruixes, si repassem les dades dels processos inquisitorials, veurem que, abans de la modernitat, les condemnes per bruixeria es repartien a parts iguals entre barons i dones. Amb l'eclosió dels temps moderns, el 90 % de les condemnes per bruixeria passen a ser contra les dones, això és molt significatiu.

TORT Sort que hem evolucionat.

FORCADES La idea de masculinitat i feminitat no sempre s'ha definit de la mateixa manera. Les antropòlogues Ruth Benedict i Margaret Mead parlen del *dimorfisme sexual*: totes les societats humanes que coneixem han tingut clar que una cosa són els barons i una altra les dones, i que aquests rols no són intercanviables. En moltes cultures tradicionals, però, es reconeixen i s'honoren millor que en la nostra cultura actual les persones transsexuals o hermafrodites. El que sí que ha evolucionat al llarg de la història és la concepció de cada rol. La societat premoderna és una societat teocèntrica, el valor central és l'espiritualitat i situa a Déu al centre. Per tant, allò més important serà el culte a Déu i totes les institucions que tenen a veure amb el sagrat. La resta de coses han d'estar-hi supeditades i, per això, es concebrà la filosofia com a esclava de la teologia. En aquesta societat premoderna es dirà que els barons són més espirituals que les dones, i així apareixen tabús que, per exemple, prohibeixen a les dones acostar-se a l'altar per si estiguessin menstruant, és la noció de puresa i impuresa. En les cultures que valoren l'espiritualitat, els barons es perceben com a més espirituals i les dones com a més terrenals, més instintives, més lligades als processos de la terra o els cicles de la natura. Aquesta dicotomia és pròpia de totes les societats premodernes, independentment de la seva cultura, com ho demostra el fet que aquests tabús sobre la menstruació siguin presents també en el judaisme o en el budisme, i també a casa nostra fins fa quatre dies.

Tort Però, gràcies a Déu, la modernitat acaba amb tot això.

Forcades Quan fem el salt a la modernitat ens trobem amb una societat antropocèntrica que situa la raó com a valor central. La raó desplaça l'espiritualitat en una descoberta del món clàssic grecoromà, on predomina la idea que som capaços d'entendre el món lògicament. Ara bé, en aquesta etapa es definirà a les dones com a éssers menys racionals que els barons. En la modernitat cau el prestigi de l'espiritualitat i, aleshores –en contrast amb el que succeïa a l'època premoderna–, es percep a les dones com a éssers més espirituals, més religiosos que els barons. Es diu que el baró té més capacitat objectiva, racional, analítica i que la dona és més sentimental, religiosa, supersticiosa. Si avancem una mica en el temps, en la consolidació de la modernitat, es produeix un altre canvi. Després de la Revolució Francesa, la raó, entesa com un valor universal, ja no ocuparà el lloc central sinó que ho farà la llibertat humana. Aquest és l'exemple del romàntic per excel·lència, Johann Gottfried von Herder, qui dirà que el món m'ha de respectar no perquè el que jo digui sigui racional sinó perquè ho dic jo, perquè és «la meva veritat». Em puc equivocar o no, però el món m'ha de fer espai, aquest és el meu dret perquè el món no em pot tractar a mi com a «objecte», que sóc un «subjecte» i, a més, un subjecte únic i peculiar. Aquesta reacció romàntica al segle XIX, a la part més analítica del segle de les llums i crea un espai social nou per a una definició de la dignitat de la persona lligada a la llibertat personal, a la capacitat d'autonomia personal. Bé, doncs en aquest context, quan el que adquireix més prestigi social és la llibertat personal, les dones es perceben com a éssers menys lliures que els barons, més dependents i més incapaces de fer seu aquest àmbit de llibertat personal.

Tort Quan es valorava l'espiritualitat, les dones no en tenien. Quan es valorava la raó, les dones no en tenien. Quan es valorava la llibertat, les dones no eren lliures. I avui Teresa? Un alè d'esperança si us plau.

Forcades Avui som en un moment de crisi de la modernitat i és més difícil treure'n conclusions perquè encara ho estem vivint. Però hem d'observar que en les etapes prèvies, el discurs hegemònic era misogin, situava a la dona en inferioritat, tot i que com hem dit al principi, sempre hi ha hagut veus crítiques. Ara, en el període que anomenem postmodernitat o crisi de la modernitat, i que va començar amb el maig del 68, la situació ha canviat. Encara hi ha gent que intenta fer aquest discurs sobre la inferioritat femenina però sospito que ni ells mateixos se'l creuen. Avui domina la noció d'igualtat o, fins i tot, un discurs que diu que les dones som més que els barons. Molts discursos actuals vénen a dir que el món necessita de les peculiaritats especials de les dones. Si ens fixem en la lògica del món de l'empresa, cada cop més es demana flexibilitat, tenir capacitat de canviar de país, de pis, de perfil laboral i la dona, en canvi, es considera avui més «estable» que el baró, més capaç de contrarestar la voràgine capitalista del usar i llançar, més capaç d'encarnar els «valors de sempre».

Tort De nou, hi sortim perdent?

Forcades La conclusió perillosa és que amb això es reforça la percepció que la responsabilitat principal de les dones pertany a l'àmbit de la feina no retributiva, l'àmbit de la llar i de la cura, el rol de «mantenir els valors», etc. Això és una regressió respecte als discursos emancipadors que dominaven durant els anys setanta. En un estudi encarregat per l'Ajuntament de Barcelona, l'any 2000, es constatava que les dones dedicaven més de quinze hores setmanals a les tasques de la llar. Els barons, menys de set. La majoria d'aquestes dones, a més de fer les feines de la llar, treballaven a jornada completa fora de casa. La conclusió de l'estudi és que l'any 2000 les dones de Barcelona van treballar en conjunt el doble que els barons, i van cobrar la meitat. Això és el que no pot ser. Si creiem que ho tenim superat... Res de res! Hem de ser capaces de copsar les línies de fons del discurs majoritari actual i prendre'n consciència.

Tort I per què passa això?

Forcades Crec que és perquè la subjectivació de barons i dones es fa en relació amb el referent matern. No crec que la societat patriarcal sigui el resultat del que han fet els barons contra les dones, aquesta societat l'hem feta alhora dones i barons. I l'explicació que hi trobo és que vivim la vida adulta amb patrons infantils: algú ha de cuidar (la que fa de *mama*) i algú s'ha de deixar cuidar (el baró). El creixement personal ja sigui amb teràpia, amb l'alliberament emocional o les eines que siguin, pretén conduir la persona a una nova subjectivació. Això ja ho deia Jesús quan parla de néixer de dalt, al capítol 3 de l'Evangeli de Joan (8). L'home adult no ha de tornar a l'úter de la mare, sinó néixer de l'aigua i de l'Esperit, néixer amb plena autoconsciència i amb plena llibertat. Si abans de néixer ningú ens va preguntar si volíem venir al món, en la vida espiritual és absolutament diferent, les categories centrals són l'amor i la llibertat. Només es pot entrar en la vida espiritual des de la llibertat i si acceptes la invitació, neixes de nou. I aquest és un procés que comença i no acaba.

TORT Els adults vivim amb els mateixos paràmetres que quan érem infants?

FORCADES Si vius així, no creixeràs mai. Però si segueixes l'impuls que tens dintre, podràs actuar de manera diferent. És una mena d'ascesi bàsica que proposen totes les tradicions espirituals, un despertar, estar a punt per a una vida de lluita en el millor sentit de la paraula. Es tracta de prendre'n consciència, guanyar terreny i no viure la vida com un deixarse portar. Aquest procés de creixement fa feliç, activa la capacitat crítica, la capacitat creativa.

TORT Si jo em sento protectora de la meva germana petita, reprodueixo el rol de la mare?

FORCADES Si busques el refugi de la teva identitat en el éssers que estimes, mai no creixeràs, no seràs capaç de dir realment el que vols en una relació íntima. La societat ens diu que la mare és una cuidadora, guarda les nostres emocions i cobreix les necessitats vitals. Però darrere d'aquest missatge que moltes dones intentem reproduir s'amaga la por a la llibertat, la por a la solitud. I en el cas dels barons, quan la societat diu que ells són més valents, si grates una mica descobreixes por a la dependència. La dona té por a la solitud, el baró té por a la dependència. El resultat d'això és una societat patriarcal: com que la dona té por a la solitud cedeix davant un baró que té por a la dependència, i així arribem al drama de la violència domèstica o a la violència a la feina.

TORT Rebem per tots costats.

FORCADES Abans qui protegia la família era el *pater familias* però avui és la dona. I el seu accés al mercat laboral ve determinat per aquesta protecció. Fixa't que a mesura que la dona guanya més espai a la societat, el cànon estètic que la defineix com a bonica o desitjable es fa més prim, cada vegada ocupa menys espai. Les dones de Rubens eren propietat del patriarca i per tant, com més grasses millor, més honor pel qui la posseïa. Però quan la dona comença a caminar sola, millor convertir-la en nena, una dona grassa ens fa massa por. Aquest ideal femení actual, que tendeix a veure la dona com una nena, mostra la fragilitat màxima.

TORT Aquest canvi és possible segurament a partir de les experiències de contradicció que fem entre el que sentim i el que vivim. Tu n'has experimentat?

FORCADES Crec que la contradicció és el punt de partença per a qualsevol pensament crític. Imagina que tenim dos pans, el baró diu que ell se'n menjarà un i mig, i que a tu te'n toca mig. Evidentment, tu no ho veus clar, aquesta és l'experiència de contradicció. En la societat trobem realitats ja fetes que ens hem de qüestionar. Des del punt de vista teològic, és clar que hi ha una sèrie d'espais dins la institució eclesial que no són accessibles per a les dones simplement pel fet de ser dones. Davant aquesta realitat, pots resignar-te o pots pensar que no és voluntat de Déu. A partir d'aquí es desperta una consciència crítica: com pot ser que les dones hagin de callar a l'església i que s'hagin de subordinar al marit? Certs passatges de la Bíblia estarien d'acord amb aquesta situació de desigualtat, però la contradicció no només apareix quan comparo la meva experiència personal amb el text, sinó que dins mateix del text hi ha contradiccions. Per exemple, en un fragment bíblic se'ns diu que en Jesús ja no hi ha dona ni baró (9). I en canvi, un altre passatge ens parla de la dona com a possessió de l'espòs (10). Per tant, topem amb un text revelat que es mostra contradictori no només en relació amb la nostra experiència, sinó també en si mateix.

TORT Amb quin dels dos fragments et quedaries?

FORCADES Es tracta de desenvolupar un sentit crític en la recepció del text revelat; cal buscar què vol dir-nos cada text situat en el conjunt de la revelació. La història ens demostra que tots els canvis fonamentals han començat pels marginats. Per exemple, la idea que l'esclavatge no podia ser acceptat per Déu. El primer que ho va dir va ser considerat heretge, és una contradicció que no passa per la teva experiència personal, sinó que es produeix en la mateixa tradició. El primer llibre que vaig llegir de teologia va ser de Leonardo Boff. Segurament aquesta és l'experiència de contradicció més forta que he tingut: com pot ser que l'Església sigui rica en un món de pobres? Com pot ser que a l'Església hi hagi persones que són acceptades perquè tenen xecs i que les persones que lluiten pels pobres siguin criticades? Però també hi ha d'altres contradiccions: Com pot ser que l'Església al nostre país donés suport, durant el franquisme, al feixisme i no a la democràcia? Que sostingués i encara doni suport en bona part al centralisme uniformador en oposició al catalanisme?

TORT Però en el cas de la dona, si ens fixem en la política, arribem a la noció de paritat.

FORCADES Vaig experimentar la discriminació positiva per primer cop als Estats Units on es compensaven qüestions racials. Si hi havia dues persones amb igual capacitat, es tendia a escollir la que era de color, amb la intenció de compensar els greuges del passat. Després he sabut que moltes universitats d'elit dels Estats Units –això sí, sense dir-ho– apliquen una «discriminació positiva» oculta per evitar tenir més dones que barons a les seves aules. Aquest ús crec que és censurable: primer perquè és ocult i, segon, perquè l'objectiu no és corregir o compensar un greuge històric sinó precisament mantenir-lo, mantenir l'*statu quo*, evitar que la universitat d'elit «es feminitzi». En canvi, crec que té sentit que s'apliqui aquesta discriminació positiva en determinats moments per donar més oportunitats a un grup social que històricament no n'ha tingut.

TORT Però sempre des de la competència tant d'homes com de dones, blancs o negres.

FORCADES Òbviament. Han de ser competents per igual. No tindria sentit donar un càrrec a algú que estigués menys preparat. La situació actual de les dones ha millorat en moltes coses respecte al passat, però no hem de baixar la guàrdia sinó que hem d'estar alerta pel que vindrà. Aquesta desigualtat es produeix en totes les generacions i en totes les cultures, és un fenomen transcultural. I això crec que passa pel que et deia abans, l'evolució de la persona humana necessàriament ha de tenir un punt de cesura que trenqui amb la identitat infantil. I per accedir a aquesta plenitud o autenticitat pròpia, on tu pots fer actes d'amor lliure, has de fer un gran salt en el qual perdràs coses. És com la dinàmica pasqual, morir per néixer de nou.

Tort I com respon a tot plegat la teologia feminista?

Forcades La teologia feminista no és un subapartat de la teologia sinó una manera d'adjectivar-la per fer visible una mancança històrica. La idea és que la teologia o és feminista o no és veritable teologia, si per feminista entenem prendre consciència que les relacions entre barons i dones volgudes per Déu són d'igualtat i respecte recíproc.

Tort Si cal aquesta adjectivació és perquè fins ara les coses no anaven pel bon camí.

Forcades El feminisme s'inicia a finals del segle XIX. En l'origen polític, el feminisme que lluita pel vot de la dona, hi trobem a dues dones que s'inspiren en la Bíblia i en la seva fe en Jesús per lluitar per a la igualtat. Aquestes dones són Elizabeth Cady Stanton i Lucretia Mott. Cady Stanton escriu el 1889 *La Bíblia de les dones* i és una de les impulsores de la convenció de *Seneca Falls*, al costat de Nova York, pionera de la presa de consciència política del feminisme. Per la seva banda, Lucretia Mott era quàquera.

Tort La Societat Religiosa d'Amics, coneguts popularment com els quàquers, són un grup religiós que va sorgir, a Anglaterra, a finals del segle XVII per desavinença amb el cristianisme de l'època. Els quàquers han tractat molt bé les dones des del seu origen, i es caracteritzen per ser pacifistes.

Forcades Margaret Fell i George Fox van ser-ne els fundadors. Ella era deu anys més gran que ell, tenia deu fills i un marit jutge. Quan mor el seu espòs, ofereix fortuna i casa seva per poder tirar endavant el projecte quàquer. Un temps després es casa amb George i l'endemà del casament ella va a la presó; després va anar-hi ell i, en sortir-ne, hi torna ella. Com veus, una vida apassionant. Fell ja escrivia al segle XVII, que repassant els textos bíblics, quedava clar que les dones havien rebut la inspiració de l'Esperit Sant per profetitzar, fer de jutgesses i que no hi havia cap motiu perquè les dones no poguessin accedir al ministeri cristià ple. L'Església quàquera ho permet des del segle XVII, sense problemes; ha estat pionera en molts d'aquests avenços. Però en la nostra tradició també hi ha dones extraordinàries. T'he parlat mai de Macrina i del moviment ascètic domèstic?

TORT No. Qui és Macrina i què és el moviment ascètic domèstic?

FORCADES Ens hem de situar al segle IV a l'Àsia Menor, a la Capadòcia. Hi trobem Sant Basili, un gegant teològic, autor reconegut de la regla monàstica que durà el seu nom i que segueixen tots els monestirs d'Orient. Doncs bé, estudiant a Basili vaig descobrir que tenia una germana gran anomenada Macrina. Des dels dotze anys, ella estava compromesa amb un advocat del despatx del seu pare però l'home va morir abans que es casessin. Macrina va dir aleshores que tot i no haver-se consumat el matrimoni, ja havia complert amb el deure que com a dona la societat esperava d'ella –casar-se–, que es considerava vídua i que es dedicaria a fer pregària i a llegir els salms inspirant-se en la seva àvia, Macrina la Gran, una gran lluitadora de l'època en què els cristians estaven perseguits. Doncs bé, Macrina a la tendra edat de dotze anys comença a fer una vida que anomenaríem monàstica. Quan en té dinou, el seu germà Basili, que és dos anys menor, marxa a estudiar a les millors universitats. Quan mor el seu pare, Macrina convenç la mare i els germans petits per marxar a una casa al camp, on instaurarà un nou ordre social. Macrina elimina els esclaus i els ofereix quedar-se a la casa vivint en comunitat, es dedica a fer les seves feines i s'hi sumen altres persones. Quan té 27 anys, Basili torna a la llar familiar però veu que les coses han canviat molt .

TORT Es troba que casa seva és un monestir?

FORCADES Exacte, però fixa't que la regla que segueixen tots els monestirs orientals és la de Sant Basili, mentre que la que va viure en comunitat va ser Macrina. Per tant, aquesta regla és fruit de l'experiència de Macrina que durant molt de temps va fer de tutora de Basili. La regla s'hauria de dir regla de Macrina.

TORT Una injustícia.

FORCADES Un dels altres germans de Macrina és Gregori de Nissa. Serà ell qui escriurà el llibre *La vida de Macrina*, amb la intenció d'evitar que la fama del seu germà Basili, que aleshores ja era bisbe, faci oblidar les obres extraordinàries de la seva germana. A partir d'aquest cas, la teòloga ortodoxa Ana Silvas ha estudiat el que s'anomena en la història del cristianisme el «moviment ascètic domèstic del segle IV». Obté dels documents de l'època una llista impressionant d'exemples on les dones del segle IV esdevenen transformadores de la llar familiar, i la converteixen en un espai igualitari de tipus monàstic. La dona ja no es pensa com a serventa del baró sinó que es pensa com a companya. Moltes vegades abracen el celibat voluntari dins la parella, encara que en aquella època no existeix el celibat per als capellans ordenats. Això és un impuls que recorre la cristiandat primitiva del segle IV i que emancipa les dones del rol de mare i esposa. Aquestes dones es veuen a si mateixes justificades en la seva identitat personal sense el recurs a un baró; la identitat cristiana els dóna la possibilitat de realitzar-se en l'amor als altres, tot creant relacions fraternes d'una qualitat nova.

8. Jesús

Gener de 2012. He pujat a Montserrat moltes vegades i acompanyada de persones ben diferents: des d'una amiga que va quedar fascinada pel monestir de Sant Benet i que va decidir passar un dies a l'hostatgeria, a una parella d'amics argentins que quan van saber que hi havia una monja que no veia amb mals ulls en Chávez, em van assegurar que comprarien el llibre. El trajecte de tres quarts d'hora en cotxe a Montserrat em serveix per rememorar tot el que hem anat parlant fins ara. Està clar que la Teresa és una dona valenta, que no té pèls a la llengua i que compta amb una comunitat que li dóna suport. La veig una dona oberta i inquieta que connecta molt bé amb els nostres temps. Encara recordo quan vam acabar una de les entrevistes i la Teresa em va proposar pujar al monestir de Montserrat per escoltar el nou orgue. Hi havia un concert de Lorenzo Ghielmi, professor de la Schola Cantorum de Basilea, a Suïssa. Tot i que el concert va ser molt potent, recordo especialment el curt trajecte a peu, des de la parada del cremallera fins a la basílica. Es feia difícil caminar al costat seu: molta gent s'hi apropava, volien saludar-la, fer-li dos petons i comentar amb ella alguna de les entrevistes que havien vist per televisió. La Teresa els saludava a tots delicadament però sense aturar-s'hi massa perquè arribàvem tard i, de reüll, em mirava sense perdre'm la pista. Sap com gestionar aquestes situacions, es nota que no és el primer cop. No sé si se sent massa còmoda, però ho accepta generosament. Al concert vam escoltar Bach, mestre del Barroc i genial compositor de peces religioses. Amb aquesta música de fons, pregunto a la Teresa:

Tort Qui és Jesús per a tu?

Forcades És l'interlocutor principal de la meva vida. Ho dic així perquè la vida és un diàleg d'amor, un diàleg que implica sempre la llibertat, que no està preconcebut sinó que és una aventura real de descoberta de qui ets tu. Això és el que determina la part més bonica i profunda de la vida humana: si tu i jo podem ser interlocutores és gràcies a Jesús. I no només tu i jo com a cristianes, sinó que si el món existeix és perquè hi ha un Déu compromès fins al final amb la vida humana i amb la seva plenitud.

Tort Vols dir que Jesús és diàleg?

Forcades Jesús és el qui dóna sentit a la vida com a interlocució. Tu, jo i totes les persones som concrecions úniques en l'espai i en el temps de l'amor i de la llibertat infinita de Déu. Això ens situa davant un escenari d'obertura, perquè hem de decidir si volem actualitzar aquest amor i aquesta llibertat. Si establim un diàleg respectuós i obert, tant en l'àmbit interpersonal com amb la natura, estem fent present Déu aquí a la terra.

Tort Déu hi és en la natura?

Forcades I tant que hi és!, però no hem d'oblidar que en aquest diàleg, la natura no et contesta directament. Per tant, el diàleg amb la natura és molt diferent respecte a una relació interpersonal on intervé la llibertat de l'altre, la seva capacitat de desconcertar-te, de frustrar-te, d'esperar-te, de desitjar-te, de rebutjar-te...

Tort Jesús va ser un profeta? T'ho pregunto perquè la Bíblia està farcida de personatges que preconitzen l'arribada d'un altre temps. A més, sovint sembla difícil conciliar la imatge del Jesús home, nascut a un estable de Natzaret, amb el Jesús Fill de Déu que tot ho pot però que mor clavat a la creu enmig de dos lladres.

Forcades Una de les tendències de la cristologia contemporània –part de la teologia cristiana que es dedica a l'estudi de la figura de Jesús, tant des del punt de vista humà com diví– és no separar aquesta imatge del Jesús home, de la imatge del Jesús de la fe. Sota el meu punt de vista, el principal escàndol que suposa el cristianisme, tant en els seus inicis com avui dia, és la gosadia d'afirmar que la plenitud de Déu s'ha encarnat d'una vegada per sempre en un temps concret i en un home de carn i ossos.

Afirmar que Déu s'ha deixat limitar de forma radical per l'espai i el temps i ha assumit el preu d'aquesta limitació fins al final sembla un absurd, però és el nucli del missatge cristià.

Tort Però des de molt abans del naixement de Jesús, que existeix la noció de Déu i de Déu que es comunica.

Forcades Els hindús, per exemple, parlen dels avatars que són manifestacions terrenals de les diferents divinitats. La creença en algun tipus de presència divina a la terra pot adoptar moltes formes, però una altra cosa és parlar de la plenitud de Déu, això és diferent. Els cristians, durant el temps d'Advent –les setmanes dedicades a l'espera i a la celebració del naixement de Jesús– afirmem que la plenitud de Déu habita en l'úter d'una dona. I això no és cap metàfora, aquest nadó no creiem que sigui simplement un símbol de Déu, sinó Déu mateix.

Tort I com un nadó pot ser Déu?

Forcades Al llarg de tota la història de la tradició cristiana, sempre hi ha hagut gent que ha intentat resoldre aquesta aparent paradoxa, separant el Crist de la fe del Crist històric: una cosa seria el Déu omnipotent i l'altra, la persona humana de Jesús. Però el fet és que si afirmem que Déu és un nadó, indefens i vulnerable, estem dient que divinitat i poder no són el mateix. Aquest és en el fons el xoc més gran per a la nostra noció il·lusa de Déu.

Tort Un Déu nadó no contradiu la idea d'un Déu omnipotent?

Forcades No es tracta d'afirmar que Jesús, sent un nadó, tingués la *potencialitat* per ser Déu i que *l'actualitzés* al complir els divuit anys. Segons la tradició cristiana, res de tot això: ja des de l'úter de Maria, la seva mare, Jesús era plenament Déu. Per tant, potser el que hauríem de fer és revisar la nostra noció de Déu i com l'acollim.

Tort D'acord. Com creus que cal acollir Déu?

Forcades Acollir la divinitat plena té a veure amb el fet d'assumir el moment que vius, no bloquejar-te, no permetre que el flux de la vida quedi retingut per les pors. Aquest és un exercici que el pot fer des d'un nadó fins a una persona adulta i, de fet, són els més petits els que ho solen fer més bé, perquè acollir la divinitat no té res a veure amb el poder ni amb les capacitats personals. Pensem, per exemple, en una persona amb un retard mental profund i preguntem-nos si pot ser imatge de Déu. El cristianisme afirma la dignitat de qualsevol persona, fins i tot en aquelles situacions que humanament ens semblen mancades de tota característica humanitzadora. És fonamental el tema de la diversitat, fugir de la idea que la perfecció humana o la plenitud respon a un model únic. És ben bé el contrari: la plenitud humana és l'originalitat i la singularitat màxima. I això es comença a experimentar en vivències tan senzilles com aquesta: imaginem que tenim un nombre limitat de mantes al monestir. Una opció seria pensar que totes les monges n'hem de rebre una perquè totes som iguals i tenim els mateixos drets. Una altra opció seria repartir-les atenent favoritismes: dono una manta a aquella monja amb qui m'hi entenc més. Però el que és obvi és que hi ha monges que necessiten més mantes perquè passen més fred, i d'altres que potser no en necessiten cap perquè són més caloroses. La regla de Sant Benet no ens iguala sinó que afirma que aquella que no tingui fred, no en rebi cap i que aquella que en necessiti tres, mentre n'hi hagi, que en rebi tres. I si no n'hi ha, que no es queixi. Mirar-te la vida amb aquests ulls capaços de singularitzar sempre és mirar-te-la amb els ulls de Déu. És el repte principal i la perla de la vida comunitària.

TORT Però Teresa, ara voldria parlar-te dels silencis de Déu. I ho podem fer seguint la figura de Jesús perquè des que va néixer fins que arriba per primer cop a Jerusalem, passen trenta anys dels quals gairebé no en sabem res. Els Evangelis no ens diuen res o gairebé res del que feia Jesús a Palestina. Per què?

FORCADES Segurament perquè no hi havia res d'extraordinari a dir. I això és un testimoni de l'evolució i el creixement humà de Jesús. No va ser cap «nen prodigi». Va haver d'aprendre les coses com tothom i després va haver de plantejar-se, com fem tots, quin era el sentit del seu viure.

TORT Realment va existir aquest estel, l'estable, el bou i la mula?

FORCADES Els biblistes contemporanis diuen que tots aquests relats són un llenguatge simbòlic per entendre allò que la comunitat cristiana concep com la meravella del naixement de Déu a la terra. Jesús/Déu va viure durant trenta anys sense fer soroll, com un de tants, i justament quan es posa a parlar, en només tres anys l'eliminen del mapa. No sembla, doncs, que la seva fos una carrera triomfal. Aparentment és una vida poc impressionant i no és d'estranyar que la gran majoria dels seus contemporanis no el reconeguessin com a Déu. Això torna a ser un interrogant immens, ens obliga a revisar la nostra noció de Déu. Jo estic d'acord amb els anomenats mestres de la sospita –Marx, Nietzsche, Freud– quan diuen que allò que normalment concebem com a Déu és una projecció de les pròpies necessitats. Hem de depurar constantment el nostre imaginari sobre Déu perquè no sigui una projecció de les necessitats infantils. I l'Evangeli ens convida a fer aquest canvi de xip amb una radicalitat absoluta. Aquests anys ocults de Jesús són un testimoni que ens ajuda a entendre fins a quin punt Déu és una presència que no s'imposa mai.

Tort Per què creus que Déu escull el segle I per revelar-se en Jesús?

Forcades L'encarnació no comença del no-res com un bolet, sinó que està preparada en la història de la humanitat, és aquest aparèixer de Déu en l'espai i temps, que són unes categories que no es poden aplicar a Déu perquè Déu està més enllà. Aquest és l'escàndol i el repte de la teologia cristiana, que diu que Déu s'encarna en un lloc i en un temps concrets. I això és així perquè Déu és amor i l'amor és l'única realitat humana que no tem el límit, sinó que és precisament en ell, en el límit, que es revela amb tota la seva força. Això ens ho ensenya la vida de cada dia, la més senzilla. Quan topes amb algú que sap estar al teu costat en un moment difícil, llavors és quan copses alguna cosa de l'amor autèntic.

Tort Però si Déu és amor i estima tothom, per què tria un poble i en fa el seu «poble escollit»?

Forcades Des del principi, Déu el que vol és dialogar amb tota la humanitat, no només amb uns quants. Si ens fixem en el relat de la creació del món, el Gènesi, queda clar que Déu el que ha volgut des d'un principi no era triar un poble escollit per distingir-lo dels altres pobles, sinó oferir la seva amistat a tota la humanitat.

Tort Adam i Eva...

Forcades Ells dos simbolitzen la parella i tota la humanitat. Déu dialoga amb ells, fa una proposta d'amistat a tota la humanitat indistintament i la perpetua en les següents generacions. La narrativa bíblica ens explica com aquesta proposta d'amor de Déu és rebutjada per part dels homes i comença el mal a la terra fins que arriba el diluvi. Amb aquest aiguat, Déu ho elimina gairebé tot i, a continuació, diu que no ho tornarà a fer mai més, que cada dia sortirà el sol i es pondrà, i fa aparèixer l'arc de Sant Martí com a símbol d'aquesta primera aliança feta amb tota la humanitat. Ara bé, perquè l'aliança entre Déu i els homes sigui de veritable amistat, cal que hi hagi reciprocitat, cal la resposta humana. Segons la Bíblia, el primer que va respondre que «sí» a aquesta proposta de Déu va ser Abraham. Déu concreta en ell i en la seva descendència (en el seu fill Isaac, en el seu nét Jacob, en el seu besnét Josep, etc.) la seva proposta d'amistat, però mai amb la intenció de limitar-la sinó d'encarnar-la en les coordinades d'espai i temps, de fer-la veritablement humana.

Tort A Déu li interessa més un home que tota la humanitat?

Forcades No és que a Déu deixi d'importar-li la humanitat sencera sinó que, per accedir a ella, pacta amb unes persones concretes i els fa una proposta també concreta i personal. Dirà a Abraham que deixi la seva terra i ell ho fa, per això el considerem el pare de la fe, mentre que Adam i Eva, que representen la humanitat en el seu conjunt, no es van fiar de Déu. Abraham és el primer dels amics de Déu i porta la seva benedicció, Ell li ha promès una descendència que serà com les estrelles del cel, tot i l'avançada edat d'ell i de la seva esposa Sara. Aquí és quan comencen els problemes del que significa «el poble escollit», una noció teològica que no remet a l'exclusivitat o als privilegis d'uns sobre els altres, sinó que remet a un Déu que estima concretament i no en genèric. Després ve la realitat del poble de Déu esclavitzat a Egipte. Prenen consciència de la seva situació d'explotació i Déu els demana que fugin cap al desert sota el guiatge de Moisès. Tota aquesta narrativa que ens ha arribat barreja aspectes històrics amb d'altres de novel·lats i teologitzats, però sempre ens parlen del naixement del poble quan aquest pren consciència que Déu està al costat dels més febles amb una voluntat alliberadora. Aquesta és l'aliança de l'èxode, la del Sinaí, un pacte pel qual Déu els dóna uns manaments que esdevindran fonament per al seu poble. L'amor de Déu és per a tothom però sense imposar-se: Déu et pregunta i tu, de manera personal i lliure, contestes sí o no, aquesta es la cosa pròpia de la revelació judeocristiana. Per tant, és una revelació que no anul·la la consciència humana ni la llibertat existencial, sinó que és a través d'elles que es va obrint. Si saltem uns quants segles, amb una tradició ja consolidada, trobem l'emergència del monoteisme. Per primer cop no es parla d'un Déu més fort que la resta de divinitats, sinó que directament afirmen que els altres déus són falsos, perquè en lloc d'alliberar, esclavitzen. És un monoteisme emergent en un context cultural que no coneix aquesta noció. Per als pobles de l'Orient Mitjà, tots els déus són vertaders i el repte és saber quin és el més fort. És aquí on neix l'esperança messiànica, Jesús no pot aparèixer del no-res perquè no hi ha un llenguatge adequat per entendre'l.

TORT I avui entenem a Jesús?

FORCADES És obvi que no, no hem copsat ni una mil·lèsima part del que és, del que Jesús ens vol dir. I la petita part del que hem entès, ha estat possible perquè som hereus d'una història, d'una tradició. Però no ens enganyem, avui estem igual que els deixebles de Jesús que no pescaven gran cosa, però quedaven fascinats pel poc que entenien i el seguien.

TORT Teresa, tornant a l'Antic Testament, voldria preguntar-te sobre l'escena en què Déu li demana al patriarca Abraham que sacrifiqui el seu fill Isaac per demostrar-li la seva fidelitat, i just quan posa el ganivet al coll del seu fill, ve un àngel i l'atura. Quin és aquest Déu que demana el sacrifici d'un fill?

FORCADES Aquesta narrativa està inserida en un context cultural en què això passava. Avui, matar el fill primogènit per satisfer Déu és inconcebible, però és diferent si parlem en un context en què això era més o menys habitual, segons indiquen els estudis d'antropologia i història antiga. Per als cananeus, el sacrifici ritual d'un fill era una pràctica comuna i la narrativa bíblica ens mostra un Déu que ho atura, un Déu que no necessita sacrificis humans, no necessita que matis el fill sinó només que el reconeguis com a Déu. Quan ho fas, Déu dóna vida al primogènit.

TORT I sobre Abraham, com és aquest pacte que fa amb Déu?

FORCADES Abans que existissin els documents escrits, el ritual del pacte consistia a partir un animal per la meitat i les dues persones que establien el pacte havien de passar pel mig dels animals partits, era un pacte de sang. Abraham fa aquest pacte amb Déu, i en la narrativa bíblica se'ns explica que Déu, en forma de foc, passa pel mig de l'animal partit però Abraham no ho arriba a fer. El que ens vol transmetre és que Déu s'ha compromès amb aquest home concret, Abraham s'hi ha lligat de mans. Déu necessita d'una resposta humana per poder tirar endavant el pla de plenitud, de salvació. Tot aquest procés és fonamental i no es fa en dos dies. Per exemple, aquesta noció de pacte no existia a tot arreu, on s'és vist que qui té poder absolut faci «pactes»?; el que sol fer és imposar-se; però no és així a la Bíblia: calia una prèvia perquè després pogués aparèixer Jesús encarnant el Déu-Amor, que dóna la vida per nosaltres.

TORT A la creu no s'apareix cap àngel salvador. Si Déu no vol sacrificis, per què deixa morir el seu Fill? O fins i tot, segons diuen algunes interpretacions, l'envia a la mort?

FORCADES Jesús no és només el Fill de Déu sinó que és Déu mateix. Per tant, a la creu, hi trobem un Pare i un Fill molt especials. Donant-te la vida del seu Fill, el Pare et dóna la seva vida, no la d'un altre. Parlar de la mort de Déu és reconèixer que no tenia cap necessitat de passar per això, però que lliurement accepta el límit i el dolor per un amor concret que és rebutjat i que es manté dempeus malgrat el rebuig, i va fins al final.

TORT Voldria preguntar-te si Jesús era conscient de ser el messies, l'escollit. I, suposant que ho fos, per què tenia recel davant la possibilitat que els deixebles el reconeguessin com a tal. Per què Jesús ordena als seus deixebles que no diguin a ningú que ell era el messies? Hi ha exegetes que afirmen que Jesús no es reconeixia com a tal.

FORCADES El que no em puc imaginar de cap manera és un Jesús inconscient. Si Déu l'havia ungit (això vol dir «messies»), havia d'actuar conscientment, com els profetes, perquè Déu no actua mai sense la plena consciència de la persona a qui s'adreça. Quan Déu et crida per ser monja, per exemple, en prens consciència, saps el que significa. Això no vol dir que l'opció no hagi de madurar, però és una opció conscient. Això és fonamental. El mateix podríem dir de l'embaràs de Maria, no és concebible que es quedi embarassada de Déu sense ser consultada. Déu no envaeix mai. Totes les seves propostes s'adrecen a la llibertat de la persona, la respecten i la potencien.

Tort Déu parla amb Maria.

Forcades Exacte, i això encara té més mèrit perquè ho fa al segle I a Palestina, en un moment en què els afers matrimonials es discutien amb el pare o amb el tutor de les noies, no amb les noies directament. Eren els pares els que s'ocupaven de fer els enllaços matrimonials. Doncs davant aquest costum de l'època, l'Evangeli diu que Déu envia l'àngel Gabriel a parlar amb Maria. Hagués pogut enviar-lo al pare de Maria, Joaquim, i preguntar-li si li donava a Maria per esposa. Però no passa així. Déu respecta sempre la dignitat de Maria com a dona, reconeix i respecta plenament la seva llibertat. Aquest gest és extraordinari en aquest context cultural, i també és extraordinari que Déu necessiti que li donin permís per dur a terme els seus plans. Aquest és el Déu cristià, una relació dialogal i interpersonal entre Pare, Fill i Esperit, que són u, i això passa per la consciència de Jesús.

Tort Per tant, Jesús era conscient de ser el Fill de Déu?

Forcades No crec que Jesús ho sabés tot des del principi. Els Evangelis indiquen una evolució i això és compatible amb el fet que Jesús fos un infant sensible, després un adolescent inquiet que es preguntava si havia de ser fuster com el pare o fer altres coses. Els relats ens expliquen que la sortida de la infantesa de Jesús seria com una presa de consciència que el seu referent últim és Déu. Crec que Jesús va prenent consciència mica en mica i de fet, busca en els moviments religiosos del seu temps, coneix Joan Baptista que està batejant al riu Jordà, està en recerca i troba una part del que busca, fins que arriba a preguntar-se si ell és un altre profeta. L'Evangeli ens diu que després del baptisme, l'Esperit se'l va endur al desert i que allà va créixer en gràcia, per tant, comença a prendre consciència. Però serà l'Evangeli de Joan el que millor ens explica que aquesta presa de consciència de ser Fill de Déu no implica l'èxit a nivell humà. Això és terrible perquè vol dir que ser fidel a Déu et pot portar a acabar malament.

Tort Ell era conscient que havia de morir a la creu?

FORCADES Jo crec que aquest és el drama del Jesús humà i els seus íntims, els deixebles que malinterpreten els seus signes i no l'entenen. En el seu temps, hi ha havia dos grans grups dins del judaisme: els fariseus i els saduceus. Una de les principals diferències entre els dos grups és que els saduceus negaven la immortalitat de l'ànima i la resurrecció. Per tant, la idea de la mort i la resurrecció no era acceptada pel conjunt de la societat, i tampoc era fàcilment acceptada per tots els deixebles. Jesús els explica que l'amor és donar-ho tot, inclosa la vida, i preveu que això pot comportar una mort violenta. Els Evangelis ens expliquen que Jesús ho deixa tot en mans del Pare, i aquesta esperança de Jesús conté una afirmació tan radical que no es pot fer de paraula, només la pots fer amb la vida. És el que ens diu l'evangelista Lluc quan posa aquestes paraules en boca de Jesús: «Pare, a les teves mans confio l'esperit» (12), i que l'evangelista Marc escriu: «Déu meu, perquè m'has abandonat?» (13).

TORT Però Teresa, precisament aquesta frase de Marc, en què Jesús dubta de Déu a la creu, se sent abandonat, ens demostra just el contrari, no creus?

FORCADES La frase «Déu meu, per què m'has abandonat?» coincideix amb l'inici del salm 22 (14). Segons els biblistes, quan els autors dels Evangelis citen el verset inicial d'un salm, ens estan indicant que sobreentenguem el salm sencer; el salm 22 comença amb «Déu meu, Déu meu, per què m'has abandonat?» però acaba dient: «Anunciaré el teu nom als meus germans, et lloaré enmig del poble reunit». Per tant, no és que un Evangeli digui que Jesús va morir fracassat i l'altre, que va morir confiant, sinó que el fracàs i la confiança formen part del mateix camí. Humanament, el fracàs total i el desconcert més gran són compatibles amb el fet d'estar totalment obert, amb la possibilitat de donar-se completament a Déu.

TORT Tot el relat de la mort de Jesús, la Passió, és molt cruent. És cruent pensar en la mort a la creu i encara més difícil acceptar que és signe de Déu.

FORCADES L'evangelista Lluc ens explica que just el dia abans de morir a la creu, Jesús sua sang a l'hort de Getsemaní. Recordo que els meus amics budistes de Harvard em deien que la figura de Jesús és impressionant, però que no estava il·luminat. I ho justificaven dient que si el dia abans de morir tenia angoixa i suava sang, era que després de tot encara no estava il·luminat, que encara tenia enganxaments. Per a ells, la il·luminació és un estat de repòs, equànime, per sobre del bé i del mal i inclou estar a punt per a la mort. Però a mi aquesta actitud em tira enrere, perquè crec que Déu pot ser present en plenitud en un nadó que no és capaç ni de parlar. I Déu està en plenitud amb un que plora de por o pel dolor que li suposa veure com la bondat és maltractada. La divinitat plena és compatible amb la humanitat plena, i la plenitud humana és la divinització. Això és el que ens diuen els primers teòlegs, els pares de l'Església: Déu s'ha fet home perquè nosaltres ens puguem fer divins. Aquesta és la nostra missió, objectiu, finalitat, sentit de la vida humana segons els cristianisme: viure la vida de Déu en un diàleg d'amor lliure a cada instant. Som *homo viator*, la nostra vida és una renovació constant, hem de deixar-nos interpel·lar per una realitat distinta a l'esperada i fer opció per l'amor. I la Providència sempre ens ajudarà a fer-ho.

TORT Què és la Providència?

FORCADES La Providència és que Déu et diu que en qualsevol situació que visquem, fins i tot la més desgraciada i sense esperança, sempre serà possible fer un gest d'amor. El que dóna sentit a la nostra vida és fer gestos concrets d'amor. Si en qualsevol circumstància els podem fer, vol dir que estem salvats, que no hi ha res que ens puguin fer que ens talli l'arrel de la vida interior. Per exemple, si ens maten, ens treuen la vida biològica però hem de saber que hi ha una altra vida.

TORT A què et refereixes exactament quan parles de fer un gest concret d'amor?

FORCADES Només Déu pot dir què és per a cada persona fer un gest concret d'amor. Déu ens ho explica amb la paràbola dels talents (15): tu potser en tens 20 i n'estàs donant 19,5. Per tant, encara te'n falta per donar 0,5. En canvi, si una altra persona ha començat amb menys 20 i està donant 0,5, et passa al davant i molt. Això és fonamental: la vida et pot exposar a una sèrie de situacions dramàtiques com, per exemple, viure en un camp de refugiats; pots quedar destrossada psíquicament, però tot i la teva vulnerabilitat, tot i que t'hagin fet mal, la Providència et diu que per a tu i per a cadascú és possible fer gestos d'amor, la validesa dels quals només Déu pot jutjar. La nostra tasca, el que dóna sentit a la nostra vida, és disposar-nos a fer aquests gestos. Encara que ens equivoquem, si el que fem és el que creiem sincerament que és el millor, la nostra vida té sentit a nivell humà.

TORT Per tant, la mort de Jesús a la creu seria un gest concret d'amor, segurament el més extrem. Ara bé, calia arribar a aquest límit? No hauria pogut manifestar l'amor sense la creu?

FORCADES A Jesús el maten perquè és una persona incòmoda, que qüestiona moltes realitats socioeconòmiques, culturals i religioses de l'època. Però amb això no acabem l'explicació. És com si algú et diu que t'estima fins a donar la vida per tu, però tu no t'ho arribes a creure, fins que no ho fa. Hi ha persones que han patit tant, que estan tan endurides, que han tingut tan poc amor en la seva vida, que no podrien creure que un amor així de pur fos possible si Déu només ho hagués dit, però no ho hagués fet. Molta gent no creu, avui dia, que Déu hagi mort per amor a ella, però els qui ho creuen no es poden quedar indiferents. És molt diferent creure que algú «ha dit» que donarà la vida per amor a tu, que creure que algú «ho ha fet». En això es pot fer un paral·lelisme amb els vots religiosos: per què Déu crida a algunes persones a no tenir parella, a no tenir propietat privada, a no exercir la voluntat pròpia? Quin sentit té avui? En cap cas és dir que la parella, les propietats o la voluntat siguin dolentes, sinó al contrari: com que tenir aquestes tres coses és bo i sembla que és el que necessitem per ser feliços, està bé que Déu cridi algunes persones perquè comuniquin al món que això no és el més necessari per viure feliç, que amb Déu n'hi ha prou. És una manera de fer present el missatge de Déu, no amb paraules, sinó amb la vida.

TORT Teresa, què és la Trinitat? Segons tinc entès el concepte de Déu trinitari es consolida segles després del Jesús històric.

FORCADES L'aprofundiment en la noció de Trinitat apareix al segle IV d. de C., però en els Evangelis ja hi apareixen elements que en fan referència. Les darreres paraules de Jesús a l'Evangeli de Mateu són una clara referència a la necessitat de batejar en el nom del Pare, el Fill i l'Esperit

Sant (16). Aquí és on es fonamenta el bateig que feien les primeres comunitats cristianes. És interessant fer notar que la *lex orandi* precedeix la *lex credendi*, és a dir, la praxi litúrgica dels creients és primer que el vessant teològic o la formulació de la creença. Aquests primers cristians batejaven en el nom del Pare, del Fill i de l'Esperit. És a l'evangeli de Joan, on Jesús diu que ens enviarà el Paràclit, la tercera persona, l'Esperit. Tot i que no es revela en plenitud fins a l'aparició de Jesús, a l'Antic Testament ja trobem vestigis trinitaris. Per exemple, apareix recurrentment la noció de *ruah*, el concepte hebreu que designa l'alè de Déu, i que es revelarà plenament al Nou Testament. La figura del Fill també es prerevela en l'Antic Testament, amb figures com la Saviesa o el Servent de Javhè tot i que no es desenvolupa plenament perquè el Fill està subordinat. Seran els Evangelis del Nou Testament els que portaran aquestes tres persones a la plenitud, sense noció de superior o inferior, sense subordinacions de cap mena entre elles.

Tort Sé que puc semblar molt infantil fent aquesta pregunta però on són Déu, Jesús i l'Esperit? Tot això que expliques és meravellós, però em costa de trobar-los en el meu dia a dia.

Forcades La Sagrada Escriptura ens diu que Déu és amor, i crec que podem experimentar tres menes d'amor: reciprocitat, donació pura i recepció pura. El primer i més obvi és la reciprocitat, l'amor de donar i rebre, el diàleg d'amor que tots desitgem perquè hem estat fets per a això. Però de vegades fem experiència de donar i no rebre, i d'altres vegades, com quan estem malalts, fem experiència de rebre i no donar.

Tort I tots estimem de les tres maneres en diferents moments de la vida?

Forcades Nosaltres estem fetes a imatge de Déu i per tant estem fetes per estimar. Com que Déu és Trinitat, podem estimar de les tres maneres. Tots els amors de donació pura, són guardats al si del Pare i tindran la seva plenitud en els temps finals, l'escatologia, després de la mort. Els amors de recepció pura són guardats al si del Fill i també arribaran a la seva plenitud. I els amors de reciprocitat són els que ja són plens aquí a la terra, són l'experiència de l'Esperit, l'anticipació a la terra de la plenitud feliç de l'amor de Déu que és Pare, Fill i Esperit.

TORT Per tant, la felicitat en el si d'una parella és l'anticipació de l'amor diví?

FORCADES Si tu en una relació només estàs contenta quan hi ha reciprocitat, se t'acabarà ràpid perquè quan l'altre passi una mala temporada, sentiràs que la vostra relació no té sentit. Perquè un amor funcioni has de ser capaç d'estimar amb donació pura, recepció pura i reciprocitat. Jesús, en un amor de recepció pura, afirma a l'Evangeli de Joan que tot li ho ha donat el Pare (17). I és des d'aquesta consciència de recepció pura que Jesús dirà que ningú li pren la vida, sinó que la dóna lliurement.

TORT Teresa, això és més una declaració d'intencions que una altra cosa, vols dir que això és possible?

FORCADES L'Evangeli ens diu que Déu és present quan dos o tres es reuneixen en el seu nom (18). Això no ho entenc aplicat a dos o tres que es dediquen a repetir el nom de Jesús, sinó a dos o tres que s'estimen amb amor de reciprocitat i alhora estan preparats per a la recepció pura i la donació pura. Això és el cel a la terra, i inclou sempre una dinàmica d'expansió i d'inclusió sense límits.

TORT I viure tot això està condicionat al baptisme o a la conversió al cristianisme? Ho dic perquè Jesús es bateja en mans de Joan el Baptista, al Jordà.

FORCADES Jesús es bateja al Jordà amb Joan i per fer-ho es posa a la cua dels pecadors. Fa comèdia? No. Jesús no és pecador, però sí que té el que caracteritza tot pecador penedit: el reconeixement que tot ho rep de Déu, que la seva vida és un do. Viure apuntalats al poder és com viure apuntalats a qualsevol dels pecats capitals, i de tot això és del que nosaltres necessitem convertir-nos. Quan ens bategem, demanem perdó o fem un acte d'obertura a la realitat de Déu com a centre de la nostra vida, canviem alguna cosa respecte al moment precedent. Quan Jesús diu «convertiu-vos que el regne de Déu és a prop» (19) està convidant amb la paraula i la vida a que tothom faci actes d'amor. Viure això no està condicionat al cristianisme: qui està en l'amor està en Déu i Déu està en ell (20).

TORT Jesús escull els nens, els malalts i els pecadors, són els seus preferits. Per què?

Forcades La persona del Fill, Jesús, és recepció pura i són els nens, els malalts i els pecadors els que millor poden exemplificar el que aquesta recepció significa. Jesús escull els nens no perquè nosaltres hàgim de ser infantils, sinó perquè exemplifiquen la manca de prestigi social, la falta de poder a tots els nivells i perquè els nens entenen que la seva vida depèn d'un do que reben de fora. L'Evangeli ens deixa clar que ningú no ens ha preguntat si volíem ser creats, però també ens diu que no serem salvats sense ser preguntats. Convertir-se és un acte d'obertura i els nens, com els malalts, estan oberts per definició, necessiten l'obertura per sobreviure. La dependència no és desitjable, però sí és desitjable reconèixer el lligam amb els altres que ens constitueix, reconèixer tot el que rebem.

Tort I si parlem dels malalts, deixa'm preguntar-te pels miracles. Què hi ha de cert? Jesús camina entre les aigües? Jesús guareix la ceguesa? Jesús pot fer tornar a la vida com expliquen alguns relats dels Evangelis?

Forcades Pot ser que Jesús caminés sobre les aigües o multipliqués menjar, però em resulta problemàtic que algú fonamenti la seva fe en aquests fets miraculosos. Segurament els relats de miracles són narracions literàries per explicar coses que anaven més enllà de les expectatives dels qui acompanyaven Jesús. La primera generació de cristians fa servir diferents gèneres literaris per transmetre als seus contemporanis l'impacte de la persona de Jesús. Ara bé, això no treu que em pugui creure que Jesús va guarir persones, no em suposa cap problema acceptar-ho, de la mateixa manera que em crec que la Mare de Déu es pot aparèixer avui. Una altra cosa és convertir-ho en fonament de la meva fe.

Tort Sovint hem associat la imatge de Déu a la masculinitat, però no és estrany sentir que Déu és pare i mare, home i dona. Déu és una dona?

Forcades Déu està més enllà del sexe i del gènere. Pau dirà a la carta als Gàlates (21) que en Jesús no hi ha home ni dona. Si busquem la formulació original en grec d'aquesta cita, Pau no usa les paraules «andros» (baró) i «gine» (dona), sinó les paraules gregues que traduiríem per masculí i femení. Per tant, en Jesús no hi ha ni masculí ni femení, i tampoc en Déu perquè som fets a la seva imatge. Déu s'interrelaciona amb l'altre a partir del diàleg Jo–Tu, i per a nosaltres el sexe i el gènere poden ser maneres per intentar entendre alguna cosa del que significa aquest desig de voler entrar en relació íntima i profunda amb un Tu. Això ja ho vivim en el sexe, necessitem de l'altre perquè estem fets a imatge i semblança d'un Déu interpersonal. Un cop entès que és la interpersonalitat la que dóna identitat a l'impuls sexual, aquest pren tot el seu sentit. En la plenitud final, no tindrà sentit la categoria de gènere com a element que determina la identitat. Als Evangelis hi trobem un relat (22) en què uns homes parlen a Jesús d'una dona que es va casar però no va tenir fills. Després, aquesta mateixa dona es va casar amb el germà del primer espòs, i tampoc no va tenir descendència. Així fins a set matrimonis. Els deixebles pregunten a Jesús de quin dels set barons serà esposa al cel. Jesús els contesta que al cel no hi ha casaments, som com àngels, sense sexualitat. La qual cosa no vol dir que no hi hagi desig, entès com a dinamisme de l'amor interpersonal. I és que quan estimes a algú de veritat, interpersonalment, les categories de sexe i gènere queden en un segon terme, el que t'importa és la persona en si mateixa, el seu ser. Les variants del desig o la identitat sexual com l'homosexualitat, la transsexualitat o la bisexualitat són part de la bellesa de la creació de Déu i ens ajuden a entendre que el sexe no està orientat només a la procreació sinó sobretot a l'amor.

TORT Teresa, parlem ara de l'eucaristia. Aquest és l'acte central de la vida cristiana, la missa, en què el cos i la sang de Crist se'ns fan presents amb el pa i el vi. Com pot ser que en un tros de pa i una mica de vi hi sigui present Jesús?

FORCADES Això no es pot racionalitzar. L'important és veure les conseqüències del fet de creure-ho que es deriven per a la nostra vida. Què significa per a mi que la presència de Déu és íntima, i s'actualitza en un acte comunitari institucionalitzat que anomenem «comunió»? És molt diferent sentir-se aïllat com a persona o sentir-se unit als amics o a la família, o sentir-se unit a Déu i a tota la humanitat a través de l'experiència de la comunió eucarística. L'eucaristia és un misteri, un do de Déu que, si es fa conscientment, va provocant mica en mica un veritable canvi de consciència.

TORT I això, Teresa, perdona que ho digui així, com es fa?

Forcades Això passa per la materialitat del que som. És important no separar el que és espiritual del que és material. El meu cos participa en l'eucaristia menjant un tros de pa i bevent vi. Amb això estem afirmant una cosa que val la pena aprofundir: que per lloar Déu de forma plena, necessitem quelcom «material». Edward Schillebeeckx és un teòleg dominic que, a la segona meitat del segle xx, es va preguntar quins són els valors humans, una reflexió molt actual ara que parlem de crisi de valors. Ell parteix de la constatació que en la nostra societat hi ha pluralitat de valors i que aquest fet també s'ha donat al llarg de la història. Schillebeeckx diu que el que és comú a tota la humanitat és que hi ha set irreductibles antropològics, és a dir, que el simple fet de ser humans implica prendre posició davant de set dimensions innegociables. En l'eucaristia es donen cadascun d'aquests irreductibles. Són els següents:

1. La matèria. Constates que tu no pots existir sense el cos i unes determinades condicions: necessites menjar, una temperatura ajustada, una certa dosi d'oxigen... Pots intentar negar aquesta materialitat o pots menysprear-la, però no pots viure sense ella. La tradició cristiana diu que la matèria et condueix a Déu perquè Déu mateix l'ha assumida. L'eucaristia no es pot celebrar sense la matèria sagramental: el pa i el vi.
2. L'alteritat. Si mires el teu cos, t'adones que tens el melic, just al centre de l'eix vertical i horitzontal, és a la vista perquè no t'oblidis que tens mare, símbol de l'alteritat primera perquè has vingut d'algú i sense aquest «algú» no series res. És impossible néixer sense una mare però davant aquest fet hi ha una multitud d'opcions: des de crear dependències infantils fins al rebuig. L'eucaristia et recorda que l'alteritat que et constitueix és la teva relació amb Déu. La relació amb la mare és important, però si aquesta t'abandona, hi ha algú que és previ a la mare, que t'ha estimat primer i que no t'abandonarà mai.
3. La comunitat. Sense pare no hauríem pogut ser engendrats. Tot i que potser no l'hagis conegut mai, la teva existència el pressuposa. L'Església diu que Crist no és l'únic referent, sinó que ho han de ser

cadascun dels germans i germanes de la comunitat cristiana, això és, tot el món. L'eucaristia no es pot celebrar sense poble.

4. La història. Tu no pots existir sense història, aprens a parlar en un context cultural que és fruit de l'experiència acumulada per les generacions precedents. En l'eucaristia es produeix l'anamnesi, fem el memorial que va instaurar Jesús, la consagració del pa i del vi, recordem que la nostra història és una història d'amor, que Déu ens va treure de l'esclavatge d'Egipte.
5. L'hermenèutica. La vida és un constant prendre decisions per poder existir en el món. En l'eucaristia es produeix l'actualització sagramental, no estàs només recordant allò que va fer Jesús sinó que ho actualitzes, estàs en la presència viva, ara i aquí.
6. L'esperança. Schillebeeckx afirma que per viure cal l'esperança, creure que hi pot haver un demà millor. En l'eucaristia aquesta dimensió de futur es manifesta en la prolepsi, l'anticipació escatològica, l'anticipació de la plenitud que segons el cristianisme ens espera al final del camí..., i que cal començar a viure ja, ara i aquí!
7. El darrer d'aquests irreductibles és que les sis dimensions anteriors són necessàriament simultànies; tant si ho vols com si no ho vols, viure significa prendre postura davant d'aquestes sis dimensions. Des d'aquest punt de vista, podem concebre l'experiència eucarística com una experiència integral humana, cada vegada que hi participes, de manera conscient o inconscient, et toquen totes les dimensions del sentit de la vida humana, t'estan convidant a néixer de nou, a néixer amb aquests nous paràmetres. Tota aquesta reflexió té sentit ple, quan l'eucaristia canvia la teva vida de cada dia, quan ets coherent en la teva manera de fer a partir del que captes en l'eucaristia.

9. La necessària renovació de l'església catòlica

TORT Jesús institueix l'Església. Dóna a Pere la responsabilitat de crear una organització que sigui reflex de Déu. Ara bé, tal i com estan les coses avui, no sé fins a quin punt la nostra Església és reflex de Jesús.

Forcades És veritat que de vegades les persones que en formem part parlem com a cristianes però en realitat no vivim la fe, l'Església és la llavor que va plantar Jesús, un intent de transformació del món que en Jesús es revela plenament. Les persones que el van conèixer van quedar transformades, es van unir per formar comunitats i van començar a explicar-ho a la resta. La transmissió de la fe sempre s'ha fet de la mateixa manera, a partir d'una comunitat que la fa viva, i encara avui arriba així fins els llocs més inhòspits. A més, totes aquestes «cèl·lules» que fan experiència cristiana tenen connexió entre elles, és la qüestió de la unitat. Els que vivim Jesús hem de ser capaços de caminar junts; fruit d'aquesta unió apareixen les institucions que vetllen pels més febles, que ajuden un poble que ha patit una desgràcia o redistribueixen els béns com ja feia Sant Pau, agafant els diners de les comunitats més riques i portant-los als pobres de Jerusalem.

TORT Però, Teresa, de vegades sembla més important la institució que qualsevol altra cosa.

FORCADES Això és veritat i és lamentable. Alguns ho volen resoldre oposant la religió a l'espiritualitat, com si l'espiritualitat fos la part més autèntica i la religió una mena de succedani. Aquesta dicotomia és falsa. Dit això, la crítica arriba quan ens plantegem com ha de ser la institució religiosa, aquí hi ha moltes coses per criticar i depurar. Però el debat sobre si cal o no una institució em sembla que cau pel seu propi pes quan decidim que volem viure junts l'espiritualitat. Evidentment, si visc sola la fe, no necessito cap institució que em digui com ho he de fer, però si vull incloure la dimensió comunitària en la meva experiència de fe, la cosa canvia perquè els acords que perduren en el temps i les institucions que els garanteixen són necessaris quan vols compartir més enllà del grup d'amics. El cristianisme és una religió comunitària perquè es fonamenta en l'amor, no té sentit una espiritualitat de persones aïllades. La consciència crítica s'activa quan ens plantegem *com* ha de ser aquesta institució. Les preguntes decisives sobre la institució són: Quines són les normes? Qui les decideix? Qui les canvia? Qui les aplica? Qui té veu? Aquí ja tenim plantejat el marc per a una necessària renovació estructural de l'església catòlica que em sembla urgent.

TORT Tu ets crítica amb l'Església i no tens por de dir-ho ben alt.

FORCADES Em sento còmoda adreçant-me a la institució catòlica romana sense por de fer-ne una mirada crítica, perquè parteixo de la constatació de les pròpies limitacions i de les de la meva comunitat. Sé per experiència que, tot i que no sigui la nostra intenció, podem ser més infidels que fidels a Déu. Per això no m'escandalitzo quan veig que a la meva Església hi ha infidelitats o contradiccions, és Déu qui ho jutjarà. Assenyalar aquells elements que han de ser reformats a l'Església no només és compatible amb estimar-la i valorar-la, sinó que es una prova d'aquest amor i aquest respecte. Sota el meu punt de vista, el clericalisme és el problema fonamental: ¿com hem passat d'un Jesús que eliminava els espais del temple reservats als sacerdots, que eliminava la separació entre l'espai sagrat i el profà perquè tot ho considerava sagrat, a crear una secció especial dintre del poble de Déu, encarregada de la representació litúrgica i la presa de decisions, un grup que només està format per barons? A mi em sembla que això s'ha de renovar radicalment!

TORT Estaries d'acord amb l'afirmació, doncs, que tenim una Església allunyada del missatge i testimoni de Jesús?

Forcades De Jesús, tot i parlar-ne amplament, n'hem entès ben poca cosa. Això ja passava en temps dels deixebles. No vull perdre un minut en laments; no tinguem por i mirem entre tots què cal canviar. La democratització de l'Església és el que em sembla més obvi. Fins i tot en el cas dels *dogmes* (les veritats de fe que defineix l'església catòlica) cal tenir en compte el que s'anomena «el sentit de la fe dels fidels» (*sensus fidei fidelium*). Això vol dir que un dogma necessita de l'acceptació per part dels fidels per consolidar-se com a tal. Per tant, quan parlem de democratització de l'Església no es tracta de posar una papereta cada quatre anys, sinó de crear estructures que donin veu a tothom i que parteixin de l'experiència dels fidels. Una altra cosa és inventar una pseudoteologia per justificar que n'hi ha uns que manen i uns altres que obeeixen...

Tort Però precisament els dogmes, aquestes afirmacions que fan el papa i els bisbes i que no comparteixen la resta de denominacions cristianes, no et semblen una cosa caduca?

Forcades Totes les denominacions cristianes comparteixen les dues afirmacions dogmàtiques definitòries i peculiars del cristianisme: que Déu és u en tres persones, i que Jesucrist és la segona persona de la Trinitat, encarnada un cop per sempre fa dos mil anys plenament Déu i plenament home. D'aquí surten la resta de les afirmacions dogmàtiques i d'aquí prenen el seu sentit. Els dogmes són, com va dir el cardenal John H. Newman, una formulació oberta. Els dogmes són una oportunitat per obrir la ment a possibilitats que mai no se t'haurien acudit i que necessiten de la nostra encarnació, de l'actualització dels fidels. Per tant, per mi la dogmàtica no és un punt final, en el sentit que ja està tot dit i establert, sinó dos punts, un horitzó de possibilitat. Partim del que ens és donat: Déu és u en tres persones. Però què vol dir això? Què en treus per a la teva vida? Els dogmes són fonamentals, són una oportunitat per actualitzar la fe als temps actuals.

Tort Si parlem del clergat, voldria consultar-te sobre la qüestió del caràcter. Se suposa que l'ordenació d'un sacerdot és un estat, a la persona se li imprimeix caràcter, transforma la seva existència. Si abans et referies a una pseudoteologia, som ara davant un pseudoinvent que possibilita a la persona, per exemple, transformar el vi en sang?

Forcades Quan Déu es compromet, com va fer amb Abraham, es manté fidel. I jo també he experimentat aquesta fidelitat, quan penso en la meva professió solemne. Quan una parella es casa o quan una persona rep el sagrament de la confirmació, Déu hi és present. Quan respons «sí» a Déu, Ell es compromet amb tu de la mateixa manera que tu ho fas amb Ell. I no falla, per part de Déu es produeix una transformació, ja res és igual. I com et deia, no només en el cas de l'ordenació sacerdotal sinó també en la resta de sagraments. És insondable i irrenunciable aquesta noció de la llibertat humana que fa que quan ens comprometem, sigui realment autèntic. Un altre tema és la teologia del presbiterat o de l'ordenació sacerdotal en què s'emfasitza que la persona és com Crist, però d'una manera diferent a la de qualsevol batejat. Aquí tindríem moltes coses a dir.

Tort Se suposa que el capellà està per sobre de la resta? Línia directa amb Déu?

Forcades En el seu origen el sentit de l'ordenació era ben diferent. Era la comunitat la que escollia un president i, automàticament, aquest o aquesta passaven a celebrar l'eucaristia. Aquesta organització pressuposava que, quan les persones es reunien en nom de Déu, era Ell qui transformava el pa i el vi i no el capellà fent algun tipus de màgia. La comunitat cristiana, la reunió dels fidels, necessita ordre però això no és sinònim de jerarquia. Ordre vol dir anar tots a la una. Al monestir tenim la figura de l'abadessa que, com diu la regla de Sant Benet, és *In Persona Christi*, és a dir, ella encarna en l'espai i el temps aquesta funció de la unitat, assumeix el paper de Crist. Així és com s'organitzaven fins al segle xi però amb la redescoberta del dret romà es desenvolupa tota una altra teologia.

Tort Comença una etapa fosca per a l'Església.

Forcades Arribem a coses tan extraordinàries com la possibilitat de conferir el poder sagrat a una persona tot i no tenir comunitat, és a dir, et poden ordenar sacerdot encara que no tinguis una comunitat que demani el teu servei. Això no té cap sentit. Fruit d'aquest clericalisme occidental, l'ordenació passa a concebre's com la recepció d'un poder sagrat, centrat en l'administració dels sagraments i, molt particularment, en la transsubstanciació del pa i el vi en el cos i la sang de Crist. Això s'hauria de revisar, sense que això impliqués qüestionar la presència real de Crist en l'eucaristia o els sagraments en general. La consagració del pa i del vi no és només símbol, és una realitat que nodreix la persona en els seus vessants espiritual i físic.

Tort L'Església potser hauria d'enderrocar-se per depurar-se, no deixem lloc a l'Esperit Sant perquè bufi.

Forcades Em consta que personalment cada dia ofego l'Esperit i que també ho fa la meva Església. En això som l'ovella perduda (23), que Déu ve a buscar, o la dona pecadora (24) que és perdonada. Persones d'Església podem ofegar l'Esperit i persones no-cristianes poden alimentar aquest alè de Déu. L'Església no és la societat dels perfectes ni dels escollits. Cada acte d'amor lliure és una alenada d'Esperit en el món, la faci qui la faci. A mi m'interessa la concreció de cada acte d'amor, per exemple, en la qüestió de l'homosexualitat, clama al cel la postura actual de l'Església i la prohibició que una persona homosexual pugui ser sacerdot.

Tort Bé, és que hi ha molta gent que pateix al si de l'Església.

Forcades Sí. Al llarg de la seva història, l'Església ha estat a favor de l'esclavatge i ha cremat a la foguera persones que n'han discrepat. L'Església ho ha fet i la societat laica ha fet coses iguals o pitjors a tots els nivells. A la cort d'Isabel I es va discutir, durant el descobriment d'Amèrica, si els indígenes tenien ànima o no, perquè en funció del que decidissin, podrien o no abusar d'ells. Si establien que els indígenes tenien ànima volia dir que eren imatge de Déu i, per tant, no es podria abusar d'ells. Avui dia seguim fent el mateix, anem a Líbia pel petroli però sota el pretext de l'ajuda humanitària. La humanització de la humanitat avança amb dificultats des de sempre, està en evolució.

Tort Precisament per això l'Església hauria de ser diferent, no?

Forcades Voldríem trobar més humanitat a l'Església que a qualsevol altre lloc, però no has de pressuposar que t'has apuntat al millor dels grups. Has de pensar que potser formes part del grup dels pitjors i això encara ho fa més interessant. Quan vaig ser a Harvard, els companys cristians d'altres denominacions, protestants o unitaris universalistes, no entenien com podia ser catòlica. Em treien el llistat d'aberracions comeses per l'Església, encapçalat per la Inquisició. Aleshores em vaig adonar que aquests companys estaven convençuts que alguna cosa així mai no els succeiria als seus grups. Aquesta autoconsciència de puresa més gran no crec que sigui bona. Una altra cosa és reconèixer els problemes, dir les coses pel seu nom, treballar per millorar i estar disposada a pagar el preu que faci falta.

Tort Mai no havia pensat l'Església com una mena de «club dels pitjors».

Forcades És que potser resulta que allà on ens hem apuntat és on tenen cabuda els que són considerats els pitjors, precisament perquè no es tracta de fer carrera sinó de transformar tota la humanitat, seguint el pla de Déu. La Bíblia ens diu que Déu busca aquells qui estan en una situació més difícil, aquells qui ho passen pitjor, i no hem de pressuposar que aquests són els més honestos moralment. Déu escull els pecadors, les prostitutes, els publicans, els recaptadors d'impostos, etc. Potser som aquests els que formem l'Església avui. No hem de voler presentar-nos al món com la institució perfecta.

Tort Teresa, però hi ha pals en forma de bisbe o cardenal que són inaguantables.

Forcades T'entenc però penso que si et capbusses dins de qualsevol família, hi trobaràs el mateix. Segurament tenim els bisbes que ens mereixem però, precisament, perquè som lliures, no hem d'esperar que la reforma eclesial vingui dels de dalt, no crec en el victimisme ni en la impotència. El problema no és només la cúria sinó la nostra manera de viure el cristianisme, el nivell d'autenticitat, la passió. Les comunitats de base podrien fer celebracions alternatives, manifestos, etc. Alguns ja ho estan fent, altres s'espanten, d'altres esperen que el papa els ordeni què han de fer.

Tort I en el cas de l'Església catalana, on diries que som?

Forcades Se'm fa difícil valorar-ho. Últimament he anat a moltes parròquies, he conegut molts grups i a tot arreu on vaig a fer xerrades, hi trobo gent interessada en renovar mentalitats i estructures, però clar, la visió que tinc pot ser esbiaixada. L'únic que et puc dir és que la gent està desitjosa de sentir l'Evangeli i que hi ha moltes persones que l'intenten viure amb coherència, tot i la dificultat. És evident que l'església catòlica romana té un gran problema amb el clericalisme, amb la seva estructura. Som en un moment en què calen canvis radicals. El Concili Vaticà II, tot i quedar mig interromput, va suposar un obrir-nos a d'altres possibilitats i encara no ha donat tot el seu fruit.

TORT L'Església ofega aquestes altres possibilitats?

FORCADES Hi ha molts temes oberts: el clericalisme entès com la supremacia dels eclesiàstics, el paper de la dona, el celibat, la sexualitat, l'homosexualitat, el desig, l'erotisme, l'anticoncepció, l'avortament,[7] etc. Tot el que està relacionat amb la moral sexual és avui un camp de batalla, i les posicions tancades de l'actual jerarquia són insostenibles perquè han creat una distància molt gran entre el que fan la majoria dels fidels i el que se suposa que haurien de fer. I si parlem de la justícia social, cal recordar que moltes persones d'Església han estat al capdavant en la denúncia de les diferències entre rics i pobres. La denúncia de les desigualtats que ja feia Jesús es va recuperar amb la teologia de l'alliberament, però aquesta dimensió profètica ara està parcialment ofegada. En el substrat comú de tots aquests temes hi ha la qüestió de la llibertat, hem de reflexionar a fons sobre què vol dir que Déu ens fa lliures. Una persona decideix lliurement participar en una comunitat eclesial i un cop presa la decisió, la seva responsabilitat personal davant Déu no desapareix. La noció d'obediència s'haurà d'articular sempre des del respecte a la llibertat de cadascú.

TORT Probablement el que més clama al cel és la discriminació de les dones i la moral sexual que predica l'Església. Com pot ser que, dit ras i curt, un grup de cèlibes, persones que decideixen no casar-se i abstenir-se de tenir relacions sexuals, decideixin sobre la moral sexual dels homes i dones?

FORCADES El problema del patriarcat ha existit des que existeix humanitat. Hi ha historiadores i historiadors que parlen del matriarcat, d'una època en què la societat col·locava les dones en la posició de poder, però

7. Vegeu el final del capítol.

t'he de dir que, pel que he llegit, no està massa clar que hagués existit mai ni que fos meravellós. Podrien haver estat societats matriarcals, on la individualitat tenia poc a dir i això tampoc em sembla desitjable. La mare és l'objecte eròtic primari i com que ens subjectivem en la infantesa, hi ha el risc d'entendre la pròpia identitat en relació amb la mare. La maduresa personal significa construir el meu ser, no en funció de la mare sinó de Déu o de valors fonamentals com ara la bondat, la bellesa o la veritat. Per als cristians es tracta de subjectivar-nos en relació amb Jesús com a encarnació de l'amor i la llibertat absoluta de Déu.

Tort Què vols dir amb tot això?

Forcades La meitat de la població del món, les dones, ens identifiquem amb la figura de la mare i la prenem com a referent. L'altra meitat del món, els barons, la prenen com a referent però no s'hi poden identificar. D'aquí se'n deriva que les dones sovint assumim el paper de cuidadores de la família, ens convertim en les responsables del benestar emocional dels altres. En canvi, els homes, s'obsessionen per crear àmbits on no hi puguin entrar les dones, a fi de consolidar la seva independència en relació amb la figura materna. Les antropòlogues Ruth Benedict i Margaret Mead parlen de tribus que delimitaven unes zones al bosc, en les quals les dones hi tenien l'entrada vedada. Això és un exemple de subjectivació infantil: només estic segur de la meva masculinitat en aquells àmbits en què només hi tenen accés els barons. Això és interessant perquè el baró ha exclòs la dona en totes les cultures. El baró que tracta amb dones i sent que ha de vigilar perquè si no se'l mengen, és que encara està pensant en la *mama*. Dins de l'Església es mostra aquesta immaduresa afectiva, humana o psicològica perquè els qui prenen decisions només són barons que, a més de ser cèlibes, poques vegades tenen una relació d'amistat madura amb una dona. A les societats patriarcals els qui manen encara tenen esposes i filles amb qui conviuen, però a l'Església aquestes figures femenines estan molt més excloses.

Tort L'Església és un espai més hostil per a les dones?

Forcades Ho semblaria pel que acabo de dir, però la situació és més complexa. És a l'Església i no a la societat civil on han prosperat moltes iniciatives fundades enterament per dones. En el moment de la seva fundació, les dones que les han impulsades han estat sotmeses a crítiques furibundes i a molta oposició, però moltes d'aquestes iniciatives han acabat prosperant, han tingut continuïtat al llarg dels segles i han preservat fins als nostres dies la memòria de la dona o les dones que les havien fundades. Només cal pensar en Clara d'Assís o en Teresa de Jesús, aquesta darrera reformadora no només de la branca femenina sinó també de la branca masculina de l'orde carmelitana. I en els nostres dies, Teresa de Calcuta. Quina dona hi ha a la societat civil que hagi tingut un ressò i, sobretot, una continuïtat comparables?

Tort Creus que el magisteri de l'Església -el papa i els seus bisbes- és necessari? Cal una cúria vaticana?

Forcades Crec que el magisteri és important, especialment des que vaig ser als Estats Units i hi vaig trobar persones que deien que eren cristianes, però que no creien que Jesús fos Déu. Si volem que la vivència comunitària de la fe tingui una dimensió objectiva a més de la dimensió subjectiva, cal una instància que estableixi quines coses són fonamentals i quines no. Un altre tema –i aquest és per a mi un dels punts on cal dirigir la voluntat de reforma- és qui escull els membres d'aquesta instància magisterial, quin és el seu funcionament, qui el controla, el secretisme que hauria d'estar absolutament desterrat, la renovació dels càrrecs, etc. La funció magisterial no es justifica a si mateixa ni per l'exercici del raciocini dels membres que la composen, ni per la seva representativitat sinó per la fidelitat a les dades revelades.

TORT Per tant, un cert relativisme?

FORCADES Al contrari: una simplificació centrada en l'essencial. El Concili Vaticà II parla de la jerarquia de veritats. Les nuclears són la revelació, la Trinitat i la cristologia. Tota la resta de veritats que propugna l'Església són secundàries.

Reproduïm a continuació dos articles publicats a la revista *Foc Nou* sobre el tema de l'avortament, on es manifesta l'opinió de Teresa Forcades.

Número 421 (maig 2009)

Entre els principis i la realitat

No recordo el seu nom, però sí la seva alegria i vitalitat. Era una noia afroamericana que em deia que estava embarassada de tres mesos i tenia panxa de cinc. Érem a Buffalo (Nova York) i era la meva darrera pacient d'aquella tarda, a l'hospital de beneficència on feia les pràctiques ambulatòries. L'examen físic va confirmar que l'embaràs estava prou avançat com per quedar fora de les lleis d'avortament vigents en aquell estat. La noia ja tenia cinc fills, de tres pares diferents, i no en volia cap altre. Vivia de l'ajut públic. «Per què no fa servir anticonceptius?» «No els tolero. Em maregen. Em fa el paper?» Vaig haver de dir-li que l'embaràs estava massa avançat i va dir que no patís, que li havien parlat d'un lloc on li farien per pocs diners.

En el rotatori de medicina de família del segon any, les visites ambulatòries eren una mica més llargues. Aquesta era una noia immigrant llatina que no parlava anglès. «*¿Fuma?*» «*No.*» «*¿Alcohol?*» «*A veces.*» Tercera pregunta del protocol: «*¿Practica el sexo seguro?*». Em mirava sense entendre'm. «*Quiero decir que si usa preservativo.*» «*A mí me gustaría para no quedar embarazada pero él no quiere.*» «*Y ¿por qué no le dice que no?*» Em va mirar incrèdula.

La noia afroamericana era obvi que s'estimava les criatures. N'havia tingut cinc i no les havia pas abandonat, malgrat els pares respectius l'haguessin abandonada a ella perquè se n'ocupés tota sola, com si els nens no fossin responsabilitat d'ells; els cuidava malgrat això signifiqués no poder treballar en cap feina remunerada i representés, en la pràctica de la realitat nord-americana d'aquell moment, una condemna de per vida a l'exclusió social i a la misèria. Per què volia avortar el sisè? Suposo que, malgrat l'alegria i vitalitat que havia demostrat durant la visita mèdica, aquesta noia tenia com tothom els seus límits, i hi devia haver nits en què no es trobava amb forces per tenir cura d'una criatura més. Potser havia trigat tant a venir al dispensari precisament perquè intentava convèncer-se a si mateixa que encara podia fer un esforç més i acollir el sisè.

La noia llatinoamericana no es trobava en la disjuntiva d'un avortament, però semblava tenir una vulnerabilitat molt gran davant del seu company o davant dels barons en general. No és un cas aïllat. La teòloga alemanya Dorothee Sölle va denunciar ja fa anys que la major permissivitat de les lleis d'avortament va unida a una major explotació de les dones, en les cultures on està mal vist que el criteri d'una dona prevalgui sobre el d'un baró, especialment en el si de la família.

Les excepcions a la moral

Entre el món dels principis i el món de la realitat hi ha una distància. Jesús ho sabia. Per això va dir allò de «el dissabte està fet per a l'home i no l'home per al dissabte» (Marc 2, 27). Això no vol dir que els principis deixin de ser-ho o que siguin relatius. El respecte per la vida humana, com a do de Déu immanipulable, té excepcions en la tradició catòlica que no l'afebleixen com a principi. Per exemple, la guerra justa. Els criteris de la guerra justa condonen, en la pràctica, accions clarament dirigides a acabar amb la vida de persones humanes innocents. ¿Considera la moral catòlica de la guerra justa que la vida dels soldats allistats obligatòriament a l'exèrcit enemic pels seus governs (que potser són dictadures) queda exempta del manament de «No mataràs»? I la vida de les víctimes col·laterals que engendra tota guerra (darrerament en proporcions inaudites)?

La resposta sembla ser que les vides innocents perdudes en una guerra són justificables, només quan la previsió és que no defensar-se tindria com a conseqüència la pèrdua de moltes més vides que no pas defensar-se, però, què dir en cas d'esclavatge? Què diu la moral catòlica davant del cas (menys teòric del que sembla) que un nou Hitler prometés respectar la vida dels pobles vençuts, si no oferien resistència a la invasió? Seria en aquest cas moralment justificable la guerra en defensa pròpia? Si la resposta és sí, on queda aleshores el principi inviolable del respecte a la vida de l'altre? Si la resposta és no, condona la moral catòlica l'acceptació de situacions degradants per tal de preservar la vida?

Reflexionar sobre els implícits morals de la teoria catòlica de la guerra justa pot ajudar a evitar, en el cas de l'avortament, el fariseisme d'invocar de forma rígida el respecte a la vida, com si aquest no tingués excepcions en la tradició moral catòlica. «Carreguen als altres fardells pesats a les espatlles i ells no els volen moure ni amb el dit.» (Mateu 23, 4)

L'any 1992 vaig arribar als Estats Units i vaig quedar escandalitzada del grau de violència expressat per alguns dels qui es manifestaven a favor de la vida i en contra de l'avortament. Al carrer havia vist manifestants amb pancartes de fetus avortats plens de sang que cridaven que estimaven la vida i insultaven, plens d'odi, els qui no pensaven com ells. De vegades, els manifestants exercien la violència física contra les dones que volien avortar, i es va arribar a assassinar a trets en el seu cotxe un ginecòleg que practicava avortaments i el seu acompanyant. Vaig tornar a Catalunya convençuda que aquestes manifestacions eren un fenomen peculiar de la cultura dels Estats Units, sense sospitar que uns quants anys més tard es poguessin produir fenòmens semblants també al nostre país. Sóc conscient que tant als Estats Units com aquí, els qui es manifesten amb violència o es tanquen en banda són una minoria i dono gràcies a Déu per això. El debat sobre l'avortament és complex. Les persones que voldrien que l'avortament no fos legal tendeixen a expressar pors, emocions i reaccions viscerals molt intenses, que en part són una exasperació justificada davant del relativisme moral, centrat en el propi melic de les nostres societats fins ara tan benestants i alhora tan insatisfetes. Per part de les persones que defensen la legalitat vigent o voldrien fins i tot ampliar-ne els supòsits, les reaccions de vegades són també enceses i basades en conviccions profundes, però habitualment més aviat cauen en la superficialitat de qui intenta viure, evitant plantejar-se preguntes incòmodes sobre el bé i el mal.

Les mares

Déu ha posat la vida del fetus, mentre no és viable, a les mans de la seva mare –a les entranyes de la seva mare– i ha vinculat la vida biològica d'aquest a la vida espiritual d'ella. Nosaltres farem bé de respectar aquesta vinculació primària. Mentre el fetus no pot sobreviure independentment de la mare, li correspon a aquesta la responsabilitat moral de decidir sobre el seu futur, que és també el d'ella, ja que la mare no gesta el fill només biològicament, sinó també espiritualment, amb el seu amor, amb el seu desig que aquest visqui, amb l'alegria de portar-lo al món. Respectar la decisió de la mare és respectar la integritat de la seva consciència moral, fins i tot acceptant que objectivament es pugui equivocar.

El respecte a la consciència ha estat una adquisició lenta en la història de la humanitat. Durant molts segles les conversions religioses forçades sota amenaça de tortura o pena de mort han estat a l'ordre del dia. Encara hi ha persones avui que troben incoherent, per exemple, que l'església catòlica celebri el dret a la llibertat religiosa, que permet que milers de nens i nenes siguin educats en cosmovisions obertament contràries a la fe cristiana. En ple Concili Vaticà II molts bisbes de bona voluntat van trobar absolutament forassenyada la proposta que l'església catòlica promogués el dret a la llibertat religiosa en els països on era majoritària com, per exemple, Espanya.

Considerar que la voluntat de la mare, quan decideix avortar el fill que sense ella no pot sobreviure, ha de ser respectada i no pot ser penalitzada, no significa que a la societat o a l'Església no hi hagi d'haver debat sobre aquest tema. Com es pot evitar l'avortament? Com es pot acompanyar de la millor manera possible la dona que avorta sense paternalismes fora de lloc, però també sense minimitzar el dolor o la lluita interior en els casos en què aquesta es produeix? Aquest debat és fonamental i s'ha de produir en àmbits tan allunyats com es pugui de la crispació i la violència. A la societat hem de debatre fins a quin punt els condicionants socioeconòmics, que poden conduir a un avortament –cas de la noia afroamericana–, són problemes estructurals i ens correspon crear les condicions per a que això no passi; a la societat en el seu conjunt, hem de debatre també a fons els condicionants psicosocials que poden conduir a un avortament –cas potencial de la noia llatinoamericana–, i hem d'educar les noves generacions per tal que les relacions entre dones i barons siguin màximament respectuoses i lliures. Els cristians hem de participar en el debat públic des de la concepció del bé comú que ens és pròpia i des dels pressupòsits de la nostra antropologia teològica. A diferència d'altres antropologies contemporànies, l'antropologia teològica cristiana no fonamenta la dignitat de la persona en una llibertat indeterminada que és fi en si mateixa, sinó en una llibertat indissociable de l'amor. Als cristians ens correspon anunciar el respecte a la vida com a do de Déu i ens correspon, sobretot, predicar amb l'exemple el principi d'esperança associat a la fe: la convicció profunda que la força de l'amor és superior a tota violència i que no hi ha cap circumstància que justifiqui la desesperació.

A l'Església ens ha costat molt acceptar que la nostra missió evangelitzadora no es pot dur a terme sense el respecte a la llibertat de consciència. A causa de l'íntima vinculació de la mare al fill, mentre aquest no és viable fora d'ella, la decisió d'avortar és indissociable de l'autodeterminació de la mare, de la seva llibertat personal. Aquesta vinculació única entre dues vides fa que no es pugui salvar el fill en contra de la voluntat de la mare, sense violar la llibertat personal de la mare. Aquí rau des del punt de vista teòric el punt neuràlgic de la discussió sobre l'avortament: Quin valor ens cal donar a la llibertat personal de la mare? Des del punt de vista pràctic no ens podem limitar a defensar el dret d'autodeterminació de la mare, perquè sota aquest dret teòric poden proliferar les pitjors submissions i servituds. Cal baixar a la realitat, que és complexa. És allà on ens espera Jesús.

Número 424 (octubre 2009)

Un aclariment sobre l'avortament

El passat 16 de maig de 2009 el programa *Singulars* de TV3 va emetre una entrevista sobre temes diversos, en el decurs de la qual el periodista em va demanar l'opinió com a metgessa i com a teòloga sobre la píndola del dia després i sobre l'avortament.

Arran de les respostes que vaig donar a aquestes dues preguntes, algunes persones m'han criticat públicament, posant en qüestió la meva fidelitat a l'Església i al seu legítim magisteri. Persones de bona voluntat que es prenen seriosament, tant el tema de la llibertat d'expressió i de pensament en l'Església com el tema de l'avortament, m'han fet arribar la seva perplexitat davant d'aquestes crítiques. Fins i tot la meva abadessa va rebre una carta del cardenal Rodé, prefecte de la congregació per als religiosos, que demana que manifesti públicament la meva adhesió als principis doctrinals de l'Església, cosa que em disposo tot seguit a fer, alhora que aclareixo, amb més precisió del que ho permet fer una entrevista televisiva, quina és la meva postura pel que fa a aquest tema.

L'església catòlica, a diferència d'altres Esglésies cristianes, compta amb una funció magisterial, el cap de la qual és el papa, encarregada de vetllar per l'autenticitat de les interpretacions i les aplicacions del missatge evangèlic. Aquesta funció magisterial ha de ser respectada per tots els batejats catòlics i de manera particular per tots els teòlegs catòlics, però aquest respecte no exclou la manifestació pública d'hipòtesis raonables, que puguin fer avançar el magisteri eclesial segons la voluntat de Déu. Al llarg de la història del magisteri catòlic, la importància de la teologia «des de sota» s'ha manifestat en diverses ocasions, molt particularment pel que fa als dogmes marians.

Cap catòlic –sigui o no teòleg– no ha de tenir por d'expressar de forma pública dubtes raonables en relació amb un punt doctrinal, amb la pau i la llibertat pròpia dels fills de Déu, com aquell que se sent i se sap en família, sense témer de ser denunciat o desqualificat. Manifestar el propi dubte de forma prudent i raonable és una mostra de fidelitat i de confiança. És també una mostra d'humilitat i és prendre's seriosament la pròpia pertinença eclesial i la coresponsabilitat que aquesta comporta.

Exposaré a continuació quin és el meu dubte pel que fa al tema de la píndola del dia després i de l'avortament.

El meu dubte no té a veure amb el principi de defensa de la vida com a do de Déu. Amb aquest principi hi estic plenament d'acord: la santedat de la vida com a do de Déu ha de ser respectada des de la concepció fins a la mort natural (Benet XVI). El meu dubte és si pot ser lícit, segons la moral catòlica, violar el dret d'autodeterminació de la mare per tal de salvar la vida del fill.

El dret a l'autodeterminació és un dret fonamental, que protegeix la dignitat de la persona humana i prohibeix sota qualsevol circumstància i de forma absoluta que aquesta persona pugui ser utilitzada com a objecte, com a un mitjà per aconseguir un bé, encara que aquest bé sigui salvar la vida d'una altra persona o fins i tot de la humanitat sencera. El dret a l'autodeterminació és tan substancial i tan absolut com el dret a la vida; de fet, el dret a l'autodeterminació és el dret a la vida espiritual: és el que fa que la vida de les persones sigui reconeguda com a quelcom més que vida biològica. Ningú, ni l'Estat, ni l'Església, no té el dret de violar-lo en cap circumstància. Tampoc no té ningú, ni l'Estat, ni l'Església, ni la mare, el dret de violar el dret a la vida biològica del fetus. En cap circumstància. El dret a l'avortament no existeix. El que existeix és una col·lisió, un conflicte, de dos drets fonamentals:

el dret d'autodeterminació de la mare d'una banda, i el dret a la vida del fill d'una altra.

Tres precisions respecte al que acabo de dir:

1. En relació amb el dret d'autodeterminació: Segons l'antropologia teològica cristiana, el dret d'autodeterminació no implica que les persones ens trobem en una situació neutra entre el bé i el mal, ni tampoc implica que el bé es pugui identificar amb allò que es decideix sense coacció externa; per al cristià, el bé s'identifica en darrera instància amb Déu mateix i amb la seva voluntat d'amor sobre cada persona; el dret d'autodeterminació no és res més –ni res menys– que la condició de possibilitat de dir Sí a Déu sense que aquest Sí sigui buit de contingut; la llibertat humana no es pot identificar amb el dret d'autodeterminació, perquè només som lliures en la mesura que diem Sí a Déu i al seu projecte d'amor. Els punts 8 i 9 de la Declaració sobre l'avortament de la Congregació per a la Doctrina de la Fe (1974) afirmen el dret a l'autodeterminació així concebut i emfasitzen particularment que la persona humana no es pot tractar mai com un mitjà per aconseguir un bé, per més elevat que aquest bé sigui.
2. En relació amb la validesa del plantejament del tema de l'avortament com un conflicte de drets: Aquest és el plantejament que fa el moralista especialitzat en bioètica Johannes Reiter, membre de la comissió teològica internacional nomenat per Joan Pau II l'any 2004 i renovat en el càrrec per Benet XVI l'any 2009 (cf. J. Reiter, R. Keller. Herausforderung Schwangerschaftsabbruch. Freiburg, 1992, 74-75); després de plantejar el tema de l'avortament com un conflicte de drets, el professor Reiter conclou que el dret a la vida té sempre preeminència sobre el dret a l'autodeterminació.
3. En quin sentit es pot considerar problemàtica la preeminència del dret a la vida per sobre del dret a l'autodeterminació?: Aquesta preeminència no es pot considerar problemàtica en el sentit de quina és la voluntat de Déu –Déu vol que usem la nostra llibertat en bé de la vida–, sinó només en el sentit de si és una preeminència que pugui ser imposada des de fora.

Per il·lustrar el conflicte entre el dret a la vida i el dret a l'autodeterminació, podem prendre com a exemple el cas del trasplantament de ronyó. Hi ha centenars de milers de persones al món (més de 75.000 només als Estats Units, de les quals més de 3.000 moren cada any), la vida de les quals podria ser salvada per mitjà d'un trasplantament renal. Per què no aprovar una llei que obligui les persones que tinguin ronyons compatibles a cedir-los a aquests malalts, per tal de salvar-los la vida? L'Estat podria aprovar una llei així i l'església catòlica podria excomunicar els donants potencials que rebutgessin de sotmetre's a l'extirpació, així com a totes les persones que els donessin suport en ares d'un suposat dret d'autodeterminació o de possessió del propi cos, que atemptaria directament contra el dret a la vida d'un malalt innocent. Cal tenir en compte que avui dia l'extirpació del ronyó del donant es pot fer per laparoscòpia, amb la qual cosa la cicatriu que deixa és molt menor que la cicatriu d'una episiotomia; i cal tenir en compte també que està demostrat que viure amb un sol ronyó no escurça l'esperança de vida del donant. Si Déu els ha donat un ronyó compatible que ells no necessiten i que pot salvar directament una vida innocent, en quin principi es pot basar la moral catòlica per tal de considerar lícit el seu refús a salvar una vida? Si existeix un principi moral que legitimi aquest refús, per què no és aplicable aquest principi en el cas de la dona embarassada, especialment si la vida de la mare corre perill o si l'embaràs ha estat fruit d'una violació? La meva consciència em fa plantejar aquest dubte amb confiança i amb tota honestedat. La meva fe em fa deixar constància de la meva obediència al magisteri actual.

10. El llibre de llibres

Tort Quin és el teu passatge preferit de la Bíblia?

Forcades El meu lema de professió és «Un manament nou». Fa referència al capítol 13 de l'Evangeli de Joan (25), quan Jesús renta els peus als deixebles i els dóna un manament nou: que us estimeu els uns als altres tal i com jo us he estimat a vosaltres. Per a mi aquesta cita ho resumeix tot, aquest manament és l'únic, el més important i des d'on adquireix sentit la vida per a la tradició cristiana. Cal copsar però què significa «estimeu-vos com jo us he estimat», perquè et vincula amb la persona de Jesús. Per a mi, estimar ara i aquí és continuar aquesta conversa amb tu, acceptar fer aquest llibre, és cada moment. El món està fet per amor, per actes concrets d'amor. Jo ara podria seguir parlant amb tu o atendre una germana a la infermeria, podria quedar-me a Sant Benet o marxar a un altre país, implicada en una situació de pobresa. Com més fe tens, més aprofundeixes en aquesta amistat amb Déu i l'angoixa es fa més gran per la incertesa i la falta de control. Jo crec que el creient, en el seu camí de fe, cada cop està més insegur de si mateix però per altra banda, paradoxalment, augmenta la seguretat perquè ja no et recolzes en tu mateixa sinó en Déu. Cada vegada veig més clar que Déu acull el que tu ets en un pla d'amor per a tota la humanitat.

Tort Tens algun altre lema?

Forcades «Vosaltres, busqueu primer el Regne de Déu i feu el que ell vol, i tota la resta us ho donarà de més a més» (26) i «On tens el tresor, hi tindràs el cor» (27), els dos de l'Evangeli de Mateu. Aquest darrer és el lema que vaig escollir per a la meva vestició perquè remet als límits humans, podem fer moltes coses alhora però arriba un moment en què t'has de centrar i fer actes d'amor. Però de vegades fas actes d'amor i les coses pinten malament. Així és com descobreixes que fer el bé no implica un aplaudiment social sinó al revés, malament si t'aplaudeixen. A Jesús no el van aplaudir, tampoc a Sant Francesc, Santa Teresa, Sant Domènec, tots van patir. Evidentment no és que el patiment sigui quelcom desitjat, però cal comptar-hi com ja fan els sants, convertir-lo en força.

TORT Voldria preguntar-te sobre tota la literatura escrita en la mateixa època que els Evangelis i que no forma part del cànon cristià, em refereixo als Evangelis apòcrifs. Per exemple, el 1947 es descobreixen les coves de Qumran a Judea amb molts textos antics... Va aplicar l'Església primitiva una censura que va deixar els textos més autèntics fora del cànon?

FORCADES No és cert que no ens puguem refiar dels textos canònics i que, en canvi, els textos trobats posteriorment continguin l'autenticitat del missatge de Jesús. Quan es va publicar la traducció de l'Evangeli de Judes em vaig preocupar de llegir-lo perquè va aguditzar la polèmica sorgida a l'entorn de llibres i pel·lícules com *El Codi da Vinci*. La sensació creada a nivell social pels mitjans de comunicació era que ens trobàvem davant d'un gran descobriment, que havia deixat en entredit la tradició textual cristiana i posava en evidència els interessos ocults de l'Església primitiva. Tot això està molt bé per bastir la intriga d'una novel·la, però no es correspon a la realitat. Quan et preocupes de llegir l'Evangeli de Judes –és un text molt curt– descobreixes que no conté cap missatge alliberador o existencialment significatiu. El que fa aquest Evangeli, a diferència dels Evangelis canònics, és repetir els estereotips habituals de l'època. En quin sentit? Primer, Judes és presentat com el deixeble predilecte, el que no s'equivoca mai i a qui el Mestre Jesús considera superior als seus companys; als Evangelis canònics, en canvi, no només Judes sinó també Pere i la resta de deixebles trenquen l'estereotip de «deixeble predilecte»: s'equivoquen, traeixen el seu Mestre Jesús, no són exemplars, són simplement i entranyablement humans. Aquest és un punt fonamental: els Evangelis canònics són infinitament més políticament incorrectes i subversius que l'Evangeli de Judes i que qualsevol dels textos trobats a Qumran, almenys fins ara. La qual cosa no vol dir que els textos de Qumran no siguin un tresor per enriquir la nostra visió del cristianisme primitiu i de la seva pluralitat. Aquest caràcter políticament incorrecte o subversiu el podem fer extensiu al conjunt de la literatura bíblica. És clar que la Bíblia conté passatges que legitimen la dominació, el patriarcat i l'esclavatge, però en el seu conjunt presenten un missatge tan clarament alliberador, que va fer possible que els esclaus afroamericans portats als Estats Units als segles XVII i XVIII fonamentessin en aquests textos la seva lluita per l'abolició de l'esclavatge. Els colons blancs els havien presentat Jesús com a garant de la seva opressió. Ells van llegir els Evangelis i també el llibre de l'Èxode i els profetes i van trobar-hi la inspiració necessària per oposar-se a l'esclavatge. La música gospel o espirituals negres en són testimonis eloqüents. Aquesta relectura radical va ser possible perquè, amb totes les dificultats que es vulgui, els textos bíblics ens transmeten la voluntat de Déu. Un altre aspecte fascinant és que la literatura bíblica ens presenta l'èpica pròpia del poble d'Israel d'una forma peculiar. Totes les cultures i civilitzacions tenen les seves pròpies narracions èpiques –a Castella trobem *El Cantar de Mío Cid*, a França la *Chanson de Roland*, a Catalunya tenim les quatre grans cròniques començant per Jaume I–, que són relats que unifiquen el sentiment col·lectiu o el projecte nacional, una narrativa en la qual els protagonistes resulten vencedors i queden bé. En canvi, Israel és l'únic poble –que jo sàpiga– que té una narrativa nacional on el poble queda malament i els seus reis (Saül, David, Salomó...) encara queden pitjor. Per què la van preservar, aquesta literatura contracultural o revolucionària? Per què no van fer com els altres pobles: redactar una narrativa victoriosa del seu passat i, sobretot, del llinatge dels seus propis reis? Això és interessant perquè tenim davant un text que és diferent del que s'esperava. Quan ens trobem amb aquests textos, l'exegesi crítica tendeix a considerar-los autèntics: el rei Saül pateix depressió i actua injustament i irracionalment, el rei David comet adulteri i assassinat, el rei Salomó introdueix al temple el culte a d'altres déus, etc. A favor de quins interessos van aquests textos? Evidentment, no a favor dels interessos de la reialesa d'Israel ni de les seves classes dirigents.

TORT Crec que volies afegir un altre punt sobre l'Evangeli de Judes.

FORCADES Ah, sí. El primer punt era el de destacar el contrast entre el Judes-superior-privilegiat-deixeble-predilecte de l'Evangeli de Judes i el Pere-traïdor-feble-pecador dels Evangelis canònics. Només amb aquest detall ja queda clar que, en cap cas, l'Evangeli de Judes és un relat més alliberador que els canònics, perquè resulta que als Evangelis acceptats per l'Església queden malament tots els seguidors de Jesús, excepte algunes dones que es mantenen fidels, tot i que tampoc no entenen gran cosa. I nosaltres som els seguidors d'aquests que no van entendre res! Això per a mi és molt més interessant que creure que som els seguidors d'un deixeble privilegiat que va ser l'únic que va entendre el missatge del Mestre. Però encara hi ha un segon aspecte teològicament més significatiu. A l'Evangeli de Judes s'explica que Jesús li mana a Judes que el traeixi. Normalment la idea de Déu va associada a poder absolut, Déu és capaç d'imposar la seva voluntat. I això és el que fa Déu a l'Evangeli de Judes: imposar-se. El Déu de d'aquest Evangeli ho té tot controlat, no hi ha res que escapi a la seva voluntat. Si Judes el traeix, és perquè ell mateix li ho mana. En canvi, sorprenentment, la història que ens expliquen els Evangelis canònics és justament la contrària: a tota la Bíblia hi trobem un Déu amb voluntat d'amor, a qui els homes frustren els plans. Les paràboles de Jesús insisteixen en la qüestió que els homes fan el que volen i s'entesten a no fer cas de Déu, no segueixen el que diu Déu; els relats canònics ens mostren el respecte a la llibertat humana com una categoria fonamental de l'amor de Déu. I resulta que aquest gran Evangeli de Judes, que ens el van presentar com si fos la gran cosa progressista que havia estat censurat per l'Església més carca, suposa un retrocés de milers d'anys a una religiositat contrària a la noció de llibertat moderna, quan afirma que si Judes traeix Jesús és perquè ell li ho ha manat. I no. Judes traeix Jesús de la mateixa manera que tu i jo el traïm, quan no ens refiem del seu missatge d'amor radical. Judes exerceix la llibertat que Déu mateix li ha donat i que constitueix la seva dignitat personal. Per últim, hi ha una tercera cosa també desastrosa d'aquest Evangeli de Judes: hi ha un moment en el relat en què Jesús diu a Judes que es fixi en totes les estrelles del cel, i que n'hi ha una que brilla més que la resta. Doncs aquesta seria Judes perquè el reconeix com el deixeble preferit. Només ens falta que Jesús faci jerarquia entre les persones! Als Evangelis canònics Jesús escull els infants, escull els malalts, els pagans, les persones més desgraciades de l'època.

TORT I tant que es va escriure sobre aquest Evangeli!

FORCADES Els evangelis apòcrifs que coneixem fins ara, com el de Judes, són molt menys interessants, menys revolucionaris, menys oberts que els canònics. Per tant, no és cert pensar que els Evangelis escollits pel magisteri siguin els menys interessants, això no ho podem dir. A mesura que apareguin nous documents, haurem de revisar-los i podem trobar sorpreses, però fins ara aquestes campanyes mediàtiques en contra de la literatura bíblica canònica han estat mancades de fonament.

TORT I si amb aquesta literatura no en teníem prou, resulta que tot el que podem arribar a saber sobre Déu ens arriba de la mà d'uns escribes que al segle I, sense hemeroteques ni Internet, procuren posar per escrit tot allò que han viscut o allò que els han explicat sobre un jueu anomenat Jesús. Sense gravadores, sense declaracions, etc.

FORCADES Exacte. El missatge de Jesús ens arriba perquè algú ens ho ha transmès i ens ho creiem, perquè la persona que ens en parla, de carn i ossos, ho fa de manera coherent. Sense aquest testimoni personal que ens vincula a les generacions precedents, hi mancaria alguna cosa d'essencial al salt de la fe. No aprenem qui era Jesús directament d'un llibre, per més magnífic que aquest sigui. En el meu cas, crec que si m'haguessin donat la Bíblia com van fer, però no hagués conegut ningú que visqués l'Evangeli, no hauria fet de tot això el nord de la meva vida. Vaig tenir la sort de trobar la comunitat de la parròquia de Sant Pere Claver al Poble Sec de Barcelona, i quan fas experiències de fe en comunitat és quan les coses comencen a prendre sentit ple.

TORT Sí, però fent una lectura dels quatre Evangelis, ràpidament veiem que hi ha coses que no quadren.

FORCADES Està molt bé que els Evangelis no quadrin en tots els detalls. Va ser Tacià qui, al segle II, va voler escriure el *Diatèssaron* precisament per això que tu dius: creia que els cristians no ens podíem presentar al món amb uns textos que no quadren del tot entre ells. Es va proposar fer una harmonització dels quatre Evangelis, tot comparant i decidint quins textos escollir. Tacià va crear un relat únic, sense contradiccions, però no va tenir èxit. Déu hauria pogut venir en una època com l'actual, amb gravadores i hemeroteques, però si va decidir fer-ho fa dos mil anys, potser és per transmetre'ns que hi ha coses que no poden copsar les paraules. Són les persones que se'ns mostren fidels al missatge amb la seva vida, les que poden fer-nos la transmissió. El cristianisme no sacralitza les paraules ni tampoc la Bíblia tot i que sigui font de revelació.

Tort Doncs això que m'expliques de Tacià em recorda molt a la teoria de les dues fonts que propugna l'exegesi actual. L'Evangeli de Marc és el més antic i sembla que hauria servit de font per escriure els Evangelis de Mateu i Lluc. A partir de la comparació dels textos, alguns estudiosos creuen que Mateu i Lluc haurien pogut copiar també d'una altra font que anomenen Q (de l'alemany *Quelle*). No estem fent el mateix que Tacià?

Forcades Per tenir fe no cal que els relats encaixin en tots els detalls com tampoc és necessària l'exegesi bíblica o la teologia. Tot això són enriquiments o maneres de mantenir viva la reflexió humana i la seva evolució, responent a les preguntes que planteja cada època. Els cristians pertanyem a la pròpia època històrica i cada època té les seves modes i escoles intel·lectuals, que es reflecteixen també en els estudis bíblics i teològics. Em sembla bé buscar les fonts originals però sense arribar a l'extrem del *Jesus Seminar* dels Estats Units, el qual, en l'intent d'esporgar el text bíblic a la recerca de l'autenticitat històrica de les paraules de Jesús, es queden amb un grapat de paraules o expressions que no formen cap relat coherent ni són capaces de transmetre cap missatge.

Tort Per altra banda hem de reconèixer la tasca ingent d'aquests escribes que tenen l'encàrrec de posar per escrit la vida de Jesús.

Forcades S'escau citar aquí les paraules de Jesús: «Pare et dono gràcies perquè això ho has revelat als senzills i ho has amagat als savis» (28). La tradició cristiana no és una gnosi sinó una praxi: qui estima està en

Déu; qui parla de Déu i coneix moltes coses sobre ell, però no estima, és un mentider.

TORT Parlem ara d'alguns personatges femenins de la Bíblia, perquè Jesús ja tenia seguidores...

FORCADES En el grup que segueix Jesús, hi ha deixebles com Susanna i moltes dones anomenades Maria. Entre elles, Maria Magdalena, la que ha quedat com a més representativa, però no va ser l'única. En les Cartes dels Apòstols hi trobem dones que són profetesses (Ac 21, 9); en la carta a Tessalònica (29), Sant Pau es refereix a Lídia, una empresària del segle I que té un negoci de teles, la qual decideix seguir-lo i probablement presideix les celebracions religioses que es fan a casa seva. També hi ha Júnia, a la qual Pau anomena apòstola (30).

TORT Però la figura femenina de la Bíblia per excel·lència és Maria, la Mare de Déu. Què representa com a referent de dona?

FORCADES Quan vas a Montserrat, trobes la imatge de la Mare de Déu, que està per sobre del crucifix, a dalt de tot. Això que podria semblar inadequat és, de fet, la millor afirmació del que ens diu Déu: no som esclaus sinó amics, i això vol dir que serem elevats fins al nivell on es troba Déu mateix. En Maria, dones i barons podem entendre que estem cridats a ser divinitzats com ella, a ser transparents a l'amor, i que aquest és el sentit de la vida. Això ja ho deia explícitament la teologia patrística dels segles III i IV, quan ens parlava de la *theiosi* (divinització) com a objectiu del viure humà. Saber estimar sempre i en tot moment, com van fer Maria i Jesús.

TORT I tot això es tradueix en quatre afirmacions que fa l'Església, els quatre dogmes marians, que són irrenunciables per a tot catòlic. Ara bé, t'he de dir que Maria sempre m'ha semblat un personatge llunyà, tan santa ella, als cels, lluny de tots nosaltres.

FORCADES Com en el teu cas, la sensació general és que la mariologia, l'estudi de Maria, és més pròpia de la teologia conservadora que de l'alliberadora i que si aconseguim allunyar-nos dels dogmes, farem de Maria una realitat més propera.

TORT És el que jo penso.

FORCADES El meu descobriment, en canvi, és que els dogmes marians expressen les conseqüències antropològiques de la fe cristiana amb una profunditat i una radicalitat que demostren estar a l'alçada dels reptes espirituals del segle XXI. El primer dogma sobre Maria es pronuncia al concili d'Efes el 431. La sorprenent afirmació que fa aquest concili és que Maria és la *Theotokos* –«Theo» vol dir «Déu» i «Tokos» vol dir «allò parit»–, així que de Maria s'afirma que és ella la que fa que Déu sigui «allò parit», Maria és l'engendradora de Déu, la paridora de Déu en el món. En les discussions del concili sobre aquest punt, hi va haver dues posicions contraposades: per un costat, Nestori, patriarca de Constantinoble, i per l'altre Ciril, patriarca d'Alexandria. Nestori no ho veia gens clar i considerava que el títol que corresponia a Maria no era *Theotokos* sinó *Christotokos*, ja que Maria pròpiament era mare només de la natura humana de Crist, i no pas de la divina que és eterna. Ciril d'Alexandria per la seva banda, considerava que Maria no havia engendrat cap «natura», ni divina ni humana, sinó que havia donat a llum una «persona», i ja que aquesta «persona» –tal com havia definit el Concili de Nicea un segle abans– era plenament Déu, Maria podia ser anomenada amb tota propietat «Mare de Déu».

TORT I què ens aporta aquesta noció de *Theotokos* avui? Ja sabíem que Maria és la Mare de Déu, va guanyar Ciril.

FORCADES El Déu cristià és un Déu que no pot existir en l'espai i el temps, si no fas tu de mediadora, i el títol de *Theotokos* apel·la directament a aquesta idea. No és un Déu que envaeixi el món des de fora sinó que necessita de la nostra mediació humana per realitzar-se. La teòloga del barroc Maria Jesús d'Àgreda, en la seva obra *La mística ciutat de Déu*, va afirmar ja al segle XVII que la maternitat de Maria és el lloc teològic de la nostra llibertat. La nostra missió com a persones, el sentit de la nostra existència és, a imitació de Maria, «donar a llum la Llum», engendrar Crist en el món. Maria en el moment de l'anunciació per part de l'àngel Gabriel dirà «que es compleixin en mi les teves paraules» (31). Quan Maria diu això, a quina paraula s'està referint? La teòloga d'Àgreda creu que hem d'anar a buscar la primera paraula que Déu diu a la Bíblia, al relat del Gènesi: *Fiat Lux* (32), que es faci la llum. Per a aquesta teòloga, en Maria s'acomplirà aquesta llum que no té res a veure amb el sol o les estrelles sinó amb la intel·ligibilitat del món. Per passar del caos al cosmos necessitem que aquest món sigui comprensible, i la llum de la intel·ligència és aquesta aparició de Crist en el món. Per tant, trobem una creació que no acaba fins que Maria pronuncia el seu sí. I la teòloga d'Àgreda acaba cada capítol del seu llibre amb l'aparició de Maria com a recurs literari, que comenta i completa el que ella ha escrit. Maria li dirà que s'ha deixat una cosa important: en aquest capítol –diu Maria de Natzaret a la teòloga d'Àgreda– parles de la proposta de Déu com si només m'hagués passat a mi, però això Déu ho fa amb tu i amb cada persona. A tots nosaltres ens pregunta si ens volem quedar embarassats d'ell. I si dius que sí, es farà la llum en el teu món i els qui et coneguin, en podran veure un reflex. Per tant, el cim de la Creació està iniciat en Maria, però no està encara complet. Només ho serà quan cada un de nosaltres faci com ella i expressi des del nucli més íntim de la pròpia llibertat el *fiat* que engendra la llum en el món. Gestar Déu, gestar Jesús, en el si d'un mateix per donar-lo a llum en el temps i l'espai concrets del teu món és donar sentit a la vida. Dir «sí» a Déu és en la pràctica obrir-se a la possibilitat de fer un acte d'amor lliure, en les circumstàncies concretes en què et trobis.

Tort Mai no havia pensat que Déu em demanés si volia quedar-me embarassada d'ell, francament.

Forcades Anem al segon dogma, Maria Verge, aprovat al sínode del Laterà el 649. Aquest dogma s'ha interpretat sovint com un elogi del celibat i un menyspreu del sexe. Com si la perfecció cristiana demanés la continència sexual. És fonamental elaborar teologies catòliques, que recuperin la llibertat i la profunditat amb què el *Càntic dels càntics* parla de l'amor sexual. El dogma de la virginitat de Maria ens indica el camí vers una sexualitat humana plena perquè pressuposa que els qui s'uneixen no són dues meitats incompletes l'una sense l'altra, sinó dues persones que lliurement –i no pas per necessitat– es donen l'una a l'altra. Després de fer-nos saber, en el primer dogma marià, que la tasca de la vida humana és donar a llum la Llum, en el segon dogma l'Església afirma que per fer això –per donar a llum la Llum– no cal tenir parella, sinó que com deia Santa Teresa d'Àvila, «*solo Dios basta*». Tant si la persona és cèlibe com si viu en parella, la seva realització personal té un moment irreductible amb Déu, cara a cara, de llibertat personal inalienable. Això és la virginitat: la llibertat personal radical des de la qual et pots donar a l'altra, però que l'altra no pot mai substituir. A fi que Déu s'encarnés en l'espai i el temps, no va caler una parella humana, n'hi va haver prou amb una dona sola. L'Evangeli de Lluc ens ho explica quan una espontània diu a Jesús que beneïts siguin els pits que va mamar i ell contesta «més aviat beneït qui escolta la paraula de Déu i la compleix» (33). Per tant, Jesús deixa clar que l'important és la voluntat lliure de Maria, això és el que li permet ser mare de Crist. Maria és model per a dones i barons, model de cristiana i de deixeble. En cadascuna i cadascun de nosaltres també hi ha aquesta possibilitat de donar a llum la Llum des de la virginitat –des de la llibertat personal irreductible–. A nivell biològic pots quedar embarassada i pots parir una criatura contra la teva voluntat, per exemple com a resultat d'una violació; en el cas de Crist, l'embaràs demanava el consentiment absolutament lliure de Maria. L'àngel, en contra del costum de l'època, va a Maria i li demana permís. La teòloga d'Àgreda diu que Maria va ponderar el que li deia l'àngel, va entrar dintre de si i va prendre consciència, va posar la seva subjectivitat en primer pla.

Tort Anem fortes, Teresa, soles hem de donar a llum la Llum. Què més ens espera?

Forcades El tercer dogma va ser aprovat el desembre 1854, parlem de Maria immaculada, és a dir, que va ser concebuda sense pecat original. Primer cal aclarir què és el *pecat original* i, abans encara, aclarir què és *pecat*. Primer punt: el pecat. El pecat és un acte contrari a la voluntat de Déu; com que Déu és Amor, el pecat és sempre un acte de desamor, de manca de respecte, de violència, etc. Segon punt: el pecat original. És el conjunt d'actes de desamor, d'actituds de manca de respecte o de violència, de pors, etc. que hereto dels meus pares. Som éssers socials i no ens fem del no-res, provenim d'uns pares i aquests, a més de passar-nos moltes coses bones, ens passen també les seves pors, les seves desconfiances, les seves aprensions i, de vegades, fins i tot els seus ressentiments o les seves ànsies de venjança. Tot això, els pares de Maria ho tenien. Déu va fer que

Maria nasqués lliure de les pors dels seus pares, i ho va fer així no per caprici ni per fer-la «especial» o «privilegiada», sinó simplement perquè tingués l'oportunitat de dir «sí» a la proposta inaudita de quedar-se embarassada de Déu no només espiritualment sinó en la carn. Si Maria hagués tingut por o aprensió heretades no hauria pogut acollir en el seu si, des d'un acte de llibertat conscient, la proposta de Déu. I Déu no podia deixar embarassada a Maria de cap altra manera que amb el seu consentiment lliure i conscient. No tenir pecat original possibilita a Maria dir «sí» a la proposta inaudita que li fa Déu, però de cap manera «l'obliga» a dir «sí», de cap manera la «determina» ni li lleva la llibertat. Tampoc Adam i Eva tenien pecat original i bé que li van dir que «no» a Déu. Maria també li podia dir «no». Maria diu «sí» des de la seva llibertat. Per tant, Maria, com Jesús, tenen d'igual manera que tenim tots nosaltres, angoixa existencial –només cal recordar l'escena de Getsemaní o la predicció que el vell Simeó li fa a Maria–, no tenen un xip a dins que els diu què han de fer, han d'arriscar-se, han de confiar. Avui en dia hi ha moltes antropologies pessimistes que creuen que l'ésser humà no està fet per estimar en plenitud, que això és un ideal molt bonic, però que a la pràctica no funciona, que no és possible. En canvi, l'antropologia cristiana reconeix la dificultat, però afirma que és possible avançar vers el que serà un dia l'acompliment de la promesa escatològica de plenitud cristiana, quan després de la mort serem del tot transparents a l'amor, com ho van ser Jesús i Maria, ja abans de morts. Sota aquest pressupòsit qualsevol persona és totalment redimible perquè el seu pecat no pertany a la seva essència, i perquè l'únic que Déu li demana és un acte de confiança que està sempre al seu abast.

TORT I la darrera afirmació que fa l'Església sobre Maria és l'assumpció. Què vol dir i què ens aporta a les dones d'avui?

FORCADES Aquest dogma, proclamat al 1950, ens remet al sentit i al valor que atorguem a la nostra corporeïtat i al món material en el seu conjunt. El dogma ens diu, literalment, que Maria havent completat la seva estada terrenal, fou enduta al cel. Aquí hi ha molts aspectes a comentar. El primer és un debat teològic que encara avui no està tancat: Pau ens diu que la mort és resultat del pecat. Per tant, si Maria és immaculada, és a dir, sense pecat, de què es mor? Jesús sabem que mor perquè ens havia de salvar, va agafar les nostres culpes i ens va redimir, però què hi ha de Maria? I que fou enduta al cel, què vol dir?

Tort Exacte, com ens hem d'imaginar el cel?

Forcades Jo crec que no ens hem d'imaginar que trobarem molècules de carboni i matèria, primer perquè canviem totes les cèl·lules del cos cada set anys, i segon perquè els àtoms de matèria són impossibles sense espai i temps. És Sant Pau qui ens parla d'un cos espiritual i d'un cos terrenal. Per tant, ja se'ns destaca la dignitat de la matèria, la dignitat del cos, de la corporeïtat. Avui hi ha altres tradicions espirituals, en el nostre món, que creuen en la reencarnació. En el cristianisme aquesta noció és impossible perquè el cos no es concep com un embolcall substituïble, sinó com una part essencial de mi mateixa, indissociable de qui jo sóc. El límit del cos és la condició de possibilitat d'aprendre què vol dir estimar: la felicitat és accessible només quan et dónes del tot, i només ho pots fer quan vius la vida seriosament, quan te la jugues i fas una opció. Per poder fer actes concrets d'amor necessitem el cos, no tenim una ànima que es pugui separar d'ell. El cos es transforma però no desapareix, i transformat en cos espiritual segueix assegurant la meva identitat, segueix assegurant que qui jo sóc serà recognoscible per a les persones que m'han estimat i a qui he estimat.

Tort Com hem d'entendre aquest cos espiritual?

Forcades La nostra individualitat ve condicionada pel nostre cos físic, perquè és el cos físic el que determina la nostra forma peculiar d'estimar. Els cristians afirmem que creiem en la resurrecció de la carn però abans ja t'he dit que no ens hem d'imaginar el cel amb matèria i molècules. M'agrada l'explicació que en fa el teòleg Leonardo Boff, quan diu que el cos és la concreció de la meva capacitat de relacionar-me amb l'altre. Si només tinguéssim ànima seríem incapaços de distingir-nos dels altres i, per tant, de donar-nos-hi. El que ens permet fer-ho és el món físic, el nostre cos. I quan parlem de la vida després de la mort, hem de pensar que tindrem un cos espiritual, un cos que ens permetrà reconèixer-nos els qui ens hem estimat; fixa't que a Jesús, quan s'apareix després de mort, el reconeixen només els qui l'han estimat. Les ferides que tenim al cos, un cop al cel seran ferides lluminoses com les de Jesús, es transformaran radicalment, de manera que dignificaran la nostra història, la individualitzaran, donaran valor a l'experiència. Però no només les ferides, cada acte d'amor estarà integrat en el cos espiritual. Una mica com quan a una persona, que s'acostuma a mirar els altres amb amor, se li va transformant la cara. Ocupem espai i temps gràcies al cos i aquestes categories ens ensenyen a estimar. Sovint anhelem ser a diferents llocs al mateix moment, voldríem superar el límit de l'espai i del temps. Aleshores és el moment de recordar el que diu Kant al pròleg de la *Crítica de la raó pura*: el colom creu que sense aire volaria més de pressa, n'està convençut perquè, cada vegada que batega les ales, troba resistència però nosaltres sabem que el colom sense aire cauria, no podria volar. A nosaltres ens passa el mateix que al colom, creiem que espai i temps són límits, ens molesten, però en realitat són imprescindibles per poder estimar: si estimar és donar-se i rebre's, perquè existeixi la reciprocitat, cal un espai. I si estimar és fidelitat, per ser-te fidel, necessito temps. El nostre cos és aquesta condició de possibilitat de l'amor.

TORT I tornant a Maria?

FORCADES L'ascensió de Maria ens mostra que tal i com era a la terra serà al cel. Evidentment, el seu cos biològic mor però com diu la Bíblia, Déu et vindrà a buscar per ressuscitar-te. Jesús no va al cel directe, passen tres dies dels que no en sabem res, són dies de silenci, d'espera, l'evangelista Joan diu que la Paraula ha mort. Aquí apareix la noció grega d'*apokatastasi* que vol dir «recapitulació»: a la fi dels temps, tot quedarà elevat vers la creu de Jesús, entesa com a acte màxim d'amor lliure, tot quedarà recapitulat, recuperat, escatologitzat, portat a plenitud per gràcia de Déu.

TORT Voldria preguntar-te ara per un altre personatge femení fonamental a la Bíblia, Maria Magdalena. Ara bé, crec que en aquest tema hi ha molta confusió perquè al text apareixen moltes maries i totes elles no són la magdalena.

FORCADES Primer tenim Maria, Mare de Déu. Una altra Maria important és Maria de Betània, germana de Llàtzer i Marta. L'evangelista Lluc ens parla d'aquestes germanes que, de vegades, es posen com a exemples de vida activa i contemplativa. Tenim una escena en que trobem a Maria de Betània asseguda als peus de Jesús, mentre ell està ensenyant (34). És una escena extraordinària perquè a l'època estava prohibit que una dona estigués asseguda com si fos un deixeble més. A més, la seva germana Marta s'enfada amb ella perquè està enfeinada parant taula i Maria, en comptes d'ajudar-la, està escoltant Jesús. Jesús li respondrà a Marta que està preocupada per moltes coses però que només n'hi ha una d'important, que és la que la seva germana Maria ha sabut escollir. Aquest fragment desautoritza les antropologies de gènere que diuen a les dones que el que Déu espera d'elles és que es responsabilitzin de les feines de casa, que la seva missió específica de gènere és «tenir cura dels altres». Al llarg de la història només s'ha tolerat que una dona es dediqui a l'activitat intel·lectual, quan és molt rica o no té espòs ni fills. Però quan té família, la cosa és diferent. Anna Maria van Schurman és una teòloga del segle XVII que, en l'última part de la seva vida, va deixar totes les activitats mundanes per unir-se als lebadistes, un grup cristià que sorgeix de la Reforma. Escriurà un llibre titulat *Eucleria*, que significa «la bona elecció», i fa servir aquest text de Marta i Maria per dir que ni ella ni cap dona no ha de plegar-se a les expectatives socials, si ha trobat una llibertat més gran.

TORT I què hi ha de Marta? Me la imagino atrafegada perquè té convidats a casa, com avui passa, els homes al menjador fent l'aperitiu, mentre les dones són a la cuina enllestint el dinar. Reivindiquem la Marta!

FORCADES Segons l'Evangeli de Joan, Marta fa la professió de fe, reconeix Jesús com el Messies (35), mentre que als Evangelis sinòptics qui la fa és Pere com a capdavanter dels apòstols. Aquest és un passatge nuclear de l'Evangeli perquè està ubicat a les pàgines centrals del relat. Segons la composició de l'època, això vol dir que el que aquí s'hi diu es pot aplicar tant a les pàgines anteriors com posteriors. Doncs bé, hi trobem un Jesús que plora, absolutament humà, i una Marta que lamenta la mort del seu germà Llàtzer. Marta dirà a Jesús que si hagués estat aquí abans, el seu germà no hauria mort. Jesús li pregunta si ella creu que és el Messies i Marta el reconeix com a tal. Com veus, la presència femenina en l'Evangeli de Joan és molt important, de fet hi ha biblistes, com Sandra M. Schneiders, que consideren que l'autoria podria ser atribuïble a una dona o a una comunitat on les dones exercien funcions de lideratge.

Tort Alguna Maria més abans de la Magdalena?

Forcades Tenim també la Maria (36) que ungeix Jesús al capítol 12 de l'Evangeli de Joan. Joan la identifica amb Maria, germana de Marta i de Llàtzer, però Lluc, en canvi, diu que era una pecadora pública (37), i Mateu també la situa en un context que fa pensar que fou algú diferent de Maria de Betània (38). Aquesta Maria s'ha associat a la Magdalena, però enlloc diu que sigui ella. Doncs bé, aquesta dona renta els peus de Jesús amb les seves llàgrimes i els eixuga amb els seus cabells. El levita Simó, que presencia l'escena, nega que Jesús sigui un profeta perquè s'està deixant tocar per una dona impura. Jesús li recordarà que quan ha entrat a casa seva, ell no li ha ofert ni aigua ni tovallola per rentar-se. I afegirà que els pecats de Maria seran perdonats. L'Evangeli de Mateu presenta una variant important respecte al relat de Lluc i de Joan perquè, segons Mateu, la dona de l'oli perfumat no li ungeix els peus a Jesús sinó el cap. Aquest és el gest que feien els profetes en el ritu de proclamació d'un rei. A l'Antic Testament hi tenim el profeta Samuel que ungeix el rei Saül i el rei David. Aquesta Maria misteriosa està reconeixent amb el seu gest profètic que Jesús és el rei veritable.

Tort I la Magdalena?

Forcades Podria ser la que ungeix Jesús amb oli però no en tenim referències clares. La presència fonamental de Maria Magdalena la trobem a l'Evangeli de Joan, a l'escena de la resurrecció (39). Aquesta escena ens fa pensar que entre Jesús i Maria Magdalena hi havia una relació d'amistat profunda. Ella és la primera que va al sepulcre per ungir el cos mort de Jesús, ja que el dia abans no ho havien pogut fer perquè havien de complir amb el repòs del dissabte. Arriba al sepulcre i el troba buit. Hi troba un home i es pensa que és el jardiner però quan aquest home pronuncia el seu nom: «Maria!», ella s'adona que és Jesús. D'entrada no l'havia reconegut. L'evangelista ens està dient que calen uns ulls nous per reconèixer el ressuscitat. Un cop el reconeix, li diu «rabuni», que vol dir «Mestre meu». És una escena plena de tendresa.

Tort I si no m'equivoco, hi ha un Evangeli apòcrif dedicat a Maria Magdalena?

Forcades Sí, probablement va ser escrit al segle III, i el més interessant és que se'ns descriu un enfrontament entre Maria i Pere. En aquest relat, Leví diu a Pere que sempre s'encén contra les dones i que aquesta, que tracta com un enemic, és la seva companya. Podem afirmar, doncs, que ja al segle III hi havia persones que eren seguidores de Maria Magdalena i d'altres que seguien Pere, i que aquests dos grups no s'acabaven d'entendre entre ells.

Tort Teresa, me n'adono que la majoria de referències a la Bíblia que has fet són de l'Evangeli de Joan. Diries que és el teu Evangeli preferit?

Forcades L'Evangeli de Joan difereix bastant dels sinòptics, té un estil molt diferent, la seva redacció és posterior i va ser l'últim en entrar al cànon. Hi he tingut una relació més estreta perquè, en el meu treball de doctorat, he fet dialogar la teologia trinitària de Sant Agustí amb alguns passatges d'aquest Evangeli. En els sinòptics, Jesús no para de fer coses i només pronuncia dos discursos: el sermó de la muntanya (40) a l'Evangeli de Mateu i el sermó de la plana (41) a l'Evangeli de Lluc. Són uns sermons construïts a base de paràboles, d'imatges, són fàcilment comprensibles des de la intuïció. En canvi, en Joan la teologia és més especulativa, costa més d'entendre i de vegades pot fer sensació que t'hi perds. Però resulta apassionant per dialogar amb les intuïcions teològiques de tots els temps, també dels nostres.

Tort Podem dir que Joan és l'Evangeli de les dones?

Forcades En aquest text hi apareixen les dones en moments molt significatius. Per exemple, la primera que reconeix la divinitat de Jesús és una dona, la samaritana (42). A ella li dirà Jesús «*ego eimi*» que traduiríem per «jo sóc». Aquesta formulació ens remet al llibre de l'Èxode, quan Moisès veu una bardissa cremant (43). S'acosta i una veu li demana que es descalci perquè trepitja terra sagrada. Moisès pregunta a la bardissa –que és Déu– quin és el seu nom i Ell contesta «jo sóc qui sóc». Ens està parlant de la impossibilitat de definir Déu en categories. Doncs en l'Evangeli de Joan, aquesta revelació messiànica de la plena divinitat de Jesús es fa a una dona, la samaritana, i aquesta dona deixa el que està fent i marxa corrents al poble per explicar-ho a la resta. I, quelcom inèdit, tots la creuen. És significatiu perquè en la cultura hebrea de l'època, calien dues persones per donar testimoni i les dones no comptaven. Fixa't que en l'Evangeli de Marc se'ns diu, en la resurrecció, que les dones no van entendre res i que van marxar corrents espantades.

No m'agrada aquest final en què «les dones no van entendre res i van marxar corrents espantades». Ara que he fet la darrera entrevista i que no tornaré a Sant Benet durant algun temps, no voldria marxar, pensant que no he entès res, al contrari. Deixo Montserrat amb la sensació d'haver entès, una mica més, l'univers de la Teresa Forcades però em queden moltes altres preguntes encara.

Enfilo ja el camí de tornada cap a Barcelona. Deu entrevistes i deu viatges a Montserrat. Hem vist passar l'estiu, la tardor i l'hivern mentre parlàvem de dos móns, el terrenal i l'espiritual, que convergeixen tan bé en la figura de la Teresa Forcades. Agosarada i valenta en la denúncia d'un sistema econòmic injust, la desigualtat de gènere o una Església amb estructures caduques. Rigorosa i precisa en el discurs sobre Déu. Divertida i amorosa en el relat de la seva biografia. Com la muntanya de Montserrat, sempre és la mateixa però pren rostres diferents al capvespre o a la llum de l'alba.

Mentre desfaig el trajecte amb el cotxe, recordo aquell dia en què vaig comprar una petita peça de ceràmica al monestir. La monja que me la va vendre, em va demanar si volia fer-hi alguna inscripció, posar-hi una frase amb missatge. Com que no estàvem inspirades ni ella ni jo, va treure de sota el mostrador una carpeta plena de papers, cadascun amb una frase maca i suggeridora que, mica en mica, havia anat recopilant. Felicitacions d'aniversari, felicitacions de casament, bons auguris per a les futures mares... Directament me la va posar entre les mans perquè remenés i busqués. Vaig escollir: «qui estima és feliç». Diria que la Teresa ho és.

Antologia de textos de la Bíblia

(1) Jesús i Zaqueu: Lc 19, 1-10

Jesús va entrar a Jericó i travessava la ciutat. Hi havia un home que es deia Zaqueu, cap de publicans. Era un home ric. Zaqueu buscava de veure qui era Jesús, però la gentada li ho impedia, perquè era petit d'estatura. Llavors s'avançà corrent i es va enfilar dalt d'un sicòmor per poder veure Jesús, que havia de passar per allí. Quan Jesús va arribar en aquell indret, alçà els ulls i li digué:

–Zaqueu, baixa de pressa, que avui m'haig d'hostatjar a casa teva.

Ell baixà de pressa i el va acollir amb alegria. Tots els qui ho van veure murmuraven contra Jesús i deien:

–Ha anat a allotjar-se a casa d'un pecador!

Però Zaqueu, dret davant el Senyor, li digué:

–Senyor, dono als pobres la meitat dels meus béns, i als qui he exigit més diners del compte, els en restitueixo quatre vegades més.

Jesús li digué:

–Avui ha entrat la salvació en aquesta casa; perquè també aquest home és fill d'Abraham. El Fill de l'home ha vingut a buscar i salvar allò que s'havia perdut.

(2) Una època de felicitat: Os 2, 1-3

«Arribarà un dia
que la gent d'Israel
serà nombrosa com la sorra
de la vora de la mar,

que no es pot comptar ni mesurar.
I en el lloc on els deien:
“Vosaltres no sou el meu poble”,
els diran: “Fills del Déu viu”.
Es reuniran la gent de Judà
i la gent d’Israel,
escolliran un cap únic
i es multiplicaran al país.
El dia de Jizreel serà gran!
Digueu “Poble meu”
als vostres germans,
i a les vostres germanes,
“Compadida”.

Israel, esposa infidel: Os 2, 4-15
»Acuseu la vostra mare, acuseu-la,
perquè ja no és la meva muller
ni jo, el Senyor, sóc el seu marit.
Que es tregui de la cara
les marques de prostituta
i, dels pits,
els senyals dels adulteris!
Si no ho fa
la despullaré del tot,
la deixaré
com el dia que va néixer.
La deixaré com el desert,
com una terra eixuta,
i la faré morir de set.
No em compadiré dels seus fills,
perquè són fills de prostituta.
La seva mare s’ha prostituït,
s’ha cobert de vergonya

la qui els va engendrar.
Ella ha dit: “Aniré darrere els amants,
que em donen el pa i l’aigua,
llana i lli, oli i begudes”.
»Ara, doncs, li barraré el camí
amb espines,
l’hi tancaré amb un mur
i mai més no trobarà la seva ruta.
Correrà darrere els amants,
però no els atraparà;
els cercarà, però no els trobarà.
Llavors dirà:
“Me’n torno al meu primer marit,
amb qui estava millor
que no pas ara”.
»Ella no entén
que era jo qui li donava
el blat, el vi i l’oli,
qui l’enriquia amb plata i or,
que després servien
per adorar Baal.
Per això vindré a prendre
el meu blat al temps de la sega,
i el meu vi al temps de la verema.
Li prendré la meva llana i el meu lli
amb què vestia el seu cos nu.
Mostraré el seu desvergonyiment
davant els seus amants:
ningú no la salvarà de la meva mà.
Posaré fi als cants alegres,
s’acabaran les festes de la lluna nova
i els dissabtes
i totes les solemnitats.

Devastaré les vinyes i les figueres
que ella tenia per la paga
que li donaven els seus amants.
La convertiré en un matollar
perquè la brostegin
els animals feréstecs.
Li demanaré comptes
del temps dedicat als Baals,
quan els cremava ofrenes:
es guarnia amb anells i collarets
per anar darrere els seus amants
mentre s'oblidava de mi.
Ho dic jo, el Senyor.

(3) Guarició del cec de naixement: Jn 9, 1-12

Jesús, tot passant, veié un home que era cec de naixement. Els seus deixebles li van preguntar:

–Rabí, qui va pecar perquè nasqués cec: ell o els seus pares?

Jesús respongué:

–No ha estat per cap pecat, ni d'ell ni dels seus pares, sinó perquè es manifestin en ell les obres de Déu. Mentre és de dia, nosaltres hem de fer les obres del qui m'ha enviat: però ara s'acosta la nit, quan ningú no pot treballar. Mentre sóc al món, sóc la llum del món.

Dit això, escopí a terra, va fer fang amb la saliva, el va estendre sobre els ulls del cec i li digué:

–Vés a rentar-te a la piscina de Siloè –que vol dir «enviat».

Ell hi va anar, s'hi rentà i tornà veient-hi.

Els veïns i els qui sempre l'havien vist captant comentaven:

–Aquest no és el qui s'asseia a demanar caritat?

Uns deien:

–Sí que és ell.

Altres contestaven:

–No és pas ell: és un que s'hi assembla.

Ell digué:

–Sóc jo mateix.

Llavors li preguntaren:

–Doncs com és que se t'han obert els ulls?

Ell respongué:

–Aquell home que es diu Jesús ha fet fang, me l'ha estès sobre els ulls i m'ha dit: «Vés a Siloè i renta-t'hi». Jo hi he anat, m'he rentat i ara hi veig.

Li digueren:

–On és, aquest home?

Respongué:

–No ho sé.

(4) Jesús, el camí que porta al Pare: Jn 14, 1-14

»Que els vostres cors s'asserenin. Creieu en Déu, creieu també en mi. A casa del meu Pare hi ha lloc per a molts; si no n'hi hagués, us podria dir que vaig a preparar-vos-hi estada? I quan hauré anat a preparar-vos-la, tornaré i us prendré amb mi, perquè també vosaltres estigueu allà on jo estic. I allà on jo vaig, ja sabeu quin camí hi porta.

Tomàs li pregunta:

–Senyor, si ni tan sols sabem on vas, com podem saber quin camí hi porta?

Jesús li respon:

–Jo sóc el camí, la veritat i la vida. Ningú no arriba al Pare si no és per mi. Si m'heu conegut a mi, també coneixereu el meu Pare. I des d'ara ja el coneixeu i l'heu vist.

Li diu Felip:

–Senyor, mostra'ns el Pare, i no ens cal res més.

Jesús li respon:

–Felip, fa tant de temps que estic amb vosaltres, i encara no em coneixes? Qui m'ha vist a mi ha vist el Pare. Com pots dir que us mostri el Pare? No creus que jo estic en el Pare i el Pare està en mi? Les paraules que jo us dic, no les dic pel meu compte. És el Pare qui, estant en mi, fa les seves obres. Creieu-me: jo estic en el Pare i el Pare està en mi; i, si més no, creieu per aquestes obres. Us ho ben asseguro: qui creu en mi, també farà les obres que jo faig, i encara en farà de més grans, perquè jo me'n vaig al Pare. I tot allò que demanareu al Pare en nom meu, jo ho faré; així el Pare serà glorificat en el Fill. Sempre que demaneu alguna cosa en nom meu, jo la faré.

(5) La torre de Babel: Gn 11, 1-9

En tota la terra es parlava una sola llengua i es feien servir les mateixes paraules. Els homes van emigrar des de l'orient, trobaren una plana al país de Xinar i la van poblar. Llavors parlaren entre ells de fer maons i coure'ls al forn. Així començaren a fer servir maons en lloc de pedra, i asfalt en lloc de morter.

Després van dir:

–Vinga, edifiquem-nos una ciutat i una torre que arribi fins al cel; així ens farem un nom i no ens dispersarem per tota la terra.

El Senyor va baixar per veure la ciutat i la torre que construïen els homes, i es digué: «Tots formen un sol poble i parlen una sola llengua. Si aquesta és la primera obra que emprenen, des d'ara cap dels seus projectes no estarà fora del seu abast. Baixem a posar confusió en el seu llenguatge perquè no s'entenguin entre ells». Així el Senyor els va dispersar des d'aquella regió per tota la terra, i van abandonar la construcció de la ciutat. Per això aquella ciutat porta el nom de Babel, perquè allà el Senyor va posar la confusió en el llenguatge de tota la terra, i des d'allà el Senyor va dispersar els homes arreu de la terra.

(6) La vinguda de l'Esperit Sant: Ac 2, 1-13

Quan va arribar la diada de Pentecosta es trobaven reunits tots junts. De sobte, com si es girés una ventada impetuosa, se sentí del cel una remor que omplí tota la casa on es trobaven asseguts. Llavors se'ls van aparèixer unes llengües com de foc, que es distribuïen i es posaven sobre cada un d'ells. Tots van quedar plens de l'Esperit Sant i començaren a parlar en diverses llengües, tal com l'Esperit els concedia d'expressar-se.

Residien a Jerusalem jueus piadosos provinents de totes les nacions que hi ha sota el cel. Quan se sentí aquella remor, la gent s'aplegà i van quedar desconcertats, perquè cadascú els sentia parlar en la seva pròpia llengua. Sorpresos i meravellats, deien:

–No són galileus, tots aquests que parlen? Doncs com és que cada un de nosaltres els sentim en la nostra llengua materna? Parts, medes i elamites, habitants de Mesopotàmia, de Judea i de Capadòcia, del Pont i de l'Àsia, de Frígia i de Pamfília, d'Egipte i de les regions de Líbia tocant a Cirene, i els qui han vingut de Roma, tots, tant jueus com prosèlits, cretencs i àrabs, els sentim proclamar en les nostres pròpies llengües les grandeses de Déu.

Sorpresos i desconcertats, es deien els uns als altres:

–Què vol dir tot això?

Però d'altres, rient-se'n, deien:

–És que el vi els ha pujat al cap!

(7) El tribut al Cèsar: Mt 22, 15-22

Aleshores els fariseus van planejar la manera de sorprendre Jesús en alguna paraula comprometedora. I van enviar els seus deixebles i els partidaris d'Herodes a dir-li:

–Mestre, sabem que dius la veritat i que ensenyes de debò el camí de Déu, sense deixar-te influir per ningú, ja que no fas distinció de persones. Diguesnos què et sembla: És permès o no de pagar tribut al Cèsar?

Jesús es va adonar de la seva malícia i els digué:

–Per què em poseu a prova, hipòcrites? Ensenyeu-me la moneda del tribut.

Ells li portaren un denari. Jesús els preguntà:

–De qui són aquesta cara i aquesta inscripció?

Li responen:

–Del Cèsar.

Jesús els diu:

–Doncs doneu al Cèsar el que és del Cèsar, i a Déu el que és de Déu.

En sentir aquesta resposta quedaren sorpresos i, deixant-lo, se'n van anar.

(8) Jn 3, 1-21

Hi havia un dels fariseus que es deia Nicodem. Era un dirigent dels jueus. Aquest home va anar de nit a trobar Jesús i li digué:

–Rabí, sabem que ets un mestre enviat per Déu, perquè ningú no podria fer aquests senyals prodigiosos que tu fas, si Déu no estigués amb ell.

Jesús li respongué:

–T'ho ben asseguro: ningú no pot veure el Regne de Déu si no neix de dalt.

Li diu Nicodem:

–Com pot néixer un home que ja és vell? És que pot entrar altra vegada a les entranyes de la mare i tornar a néixer?

Jesús respongué:

–T'ho ben asseguro: ningú no pot entrar al Regne de Déu, si no neix de l'aigua i de l'Esperit. De la carn en neix carn, de l'Esperit en neix Esperit. No t'estranyis que t'hagi dit: «Cal que nasqueu de dalt». El vent bufa allà on vol; en sents la remor, però no saps d'on ve ni on va. Així mateix passa amb el qui neix de l'Esperit.

Nicodem li replicà:

–Com pot ser tot això?

Jesús li respongué:

–I tu, que ets mestre d'Israel, no ho comprens? Et ben asseguro que parlem d'allò que sabem i donem testimoni d'allò que hem vist, però vosaltres no admeteu el nostre testimoni. Si no em creieu quan us parlo de les coses terrenals, com podreu creure'm quan us parli de les celestials? Ningú no ha pujat mai al cel, fora d'aquell qui n'ha baixat, el Fill de l'home. I així com Moisès va enlairar la serp en el desert, també el Fill de l'home ha de ser enlairat, perquè tots els qui creuen tinguin en ell vida eterna. Déu ha estimat tant el món que ha donat al seu Fill únic perquè no es perdi cap dels qui creuen en ell, sinó que tinguin vida eterna. Déu no ha enviat el seu Fill al món perquè el món fos condemnat, sinó per salvar-lo per mitjà d'ell. Els qui creuen en ell no són condemnats, però els qui no creuen ja han estat condemnats, perquè no han cregut en el nom del Fill únic de Déu. La condemna ha arribat per això: quan la llum ha vingut al món, els homes s'han estimat més la foscor que la llum, ja que les seves obres eren dolentes. Tots els qui obren el mal tenen odi a la llum, i no s'acosten a la llum perquè quedarien al descobert les seves obres. Però els qui viuen d'acord amb la veritat s'acosten a la llum perquè es vegin les seves obres, ja que les fan segons Déu.

(9) La promesa feta a Abraham: Ga 3, 6-29

D'Abraham es diu que *va creure en Déu, i Déu li ho comptà com a justícia.* Sapigueu, doncs, que els qui creuen són fills d'Abraham. L'Escriptura preveia que Déu, en virtut de la fe, faria justos els qui no són jueus, i va anunciar a Abraham aquesta bona notícia: *En tu seran beneïts tots els pobles.* Així, doncs, els qui creuen són beneïts amb Abraham, el creient. Perquè els qui es refien de les obres de la Llei estan sotmesos a una maledicció, ja que diu l'Escriptura: *Maleït el qui no observi totes les prescripcions que hi ha en el llibre de la Llei i no les compleixi.* Ara bé, ningú no és just davant de Déu en virtut de la Llei, perquè, segons diu l'Escriptura, *viurà el qui és just per la fe;* la Llei, però, segueix un camí divers del de la fe, ja que, també segons l'Escriptura, *qui compleixi les prescripcions viurà gràcies a elles.* Crist ens ha rescatat de la maledicció de la Llei fent-se maledicció per nosaltres, tal com diu l'Escriptura: *Maleït el qui està penjat en un patíbul.* Així la benedicció d'Abraham, destinada a tots els pobles, s'ha complert per Jesucrist, i hem rebut per la fe l'Esperit que Déu havia promès.

Germans, ja sabeu que entre els homes ningú no pot anul·lar o modificar un pacte tancat vàlidament. Doncs bé, les promeses van ser fetes a Abraham i a la seva descendència. No diu: «i a les descendències», com si fossin molts, sinó que es refereix a un de sol: «i a la teva descendència», que és Crist. Per això jo dic: Déu havia fet un pacte vàlid amb Abraham, i la Llei, que va arribar quatre-cents trenta anys després, no podia invalidar-lo ni podia anul·lar la promesa. Perquè si l'herència ve de la Llei, ja no ve de la promesa; i és en virtut d'una promesa que Déu va donar a Abraham l'herència com a gràcia.

Per què va arribar, doncs, la Llei? Va ser afegida per fer evidents les transgressions, fins que vingués aquella descendència en qui es compleixen les promeses. La Llei fou promulgada per mitjà d'àngels, per mans d'un mitjancer. Tanmateix, aquest mitjancer no és intermediari d'una sola persona, i Déu és un de sol. Deduïm d'això que la Llei va contra les promeses de Déu? De cap manera, perquè si haguéssim rebut una Llei capaç de donar vida hauríem estat certament justos en virtut de la Llei. Ara bé, l'Escriptura deixa ben clar que tothom és captiu del pecat; així la promesa és concedida als creients gràcies a la fe en Jesucrist.

Abans que arribés la fe estàvem reclosos sota la custòdia de la Llei, esperant el moment que la fe es revelaria. Així, doncs, la Llei ens ha fet de guia vers el Crist, per tal que fóssim justos en virtut de la fe. Però ara que la fe ha arribat, ja no depenem de cap guia. Tots vosaltres, per la fe, sou fills de Déu en Jesucrist: tots els qui heu estat batejats en Crist us heu revestit de Crist. Ja no hi ha jueu ni grec, esclau ni lliure, home ni dona: tots sou un de sol en Jesucrist. I si vosaltres sou de Crist, també sou descendència d'Abraham, hereus de la promesa.

(10) El Senyor, l'espòs de Jerusalem: Is 62, 5

Els teus fills et posseiran
com un jove posseeix la seva esposa.
El teu Déu s'alegrarà de tenir-te,
com el nuvi s'alegra de tenir la núvia.

(11) Aliança de Déu amb Noè: Gn 9, 8-17

Després Déu va dir a Noè i als seus fills:

–Mireu, jo faig la meva aliança amb vosaltres, amb els vostres descendents i amb tots els éssers vius que us envolten: els ocells, els animals feréstecs i domèstics que han sortit de l'arca, en una paraula, amb tots els éssers vius de la terra. Faig amb vosaltres aquesta aliança: les aigües del diluvi no tornaran mai més a exterminar ningú, cap més diluvi no devastarà la terra.

I Déu va afegir:

–El signe de l'aliança que faig amb vosaltres i amb tots els éssers vius que us envolten, per totes les generacions i per sempre, és aquest: posaré el meu arc en els núvols com a signe de la meva aliança amb la terra. Quan jo cobreixi de núvols la terra i entre els núvols aparegui el meu arc, recordaré l'aliança que he fet amb vosaltres i amb tots els éssers vius, i les aigües del diluvi no tornaran a destruir ningú. Sortirà l'arc en els núvols i, en veure'l, recordaré l'aliança perpètua, la meva aliança, la que hi ha entre Déu i tots els vivents, tots els qui viuen a la terra.

Déu va dir encara a Noè:

–Aquest és el signe de l'aliança que he fet amb tots els qui viuen a la terra.

(12) Mort de Jesús: Lluc 23, 44-49

Era ja cap al migdia quan es va estendre per tota la terra una foscor que va durar fins a les tres de la tarda: el sol s'havia amagat. Llavors la cortina del santuari s'esquinçà pel mig. Jesús va cridar amb tota la força:

–Pare, *confio el meu alè a les teves mans.*

I havent dit això, va expirar.

Quan el centurió veié el que havia passat, donava glòria a Déu i deia:

–Realment, aquest home era innocent.

Tota la gent que era present en aquell espectacle, després de veure el que havia passat, se'n tornaven donant-se cops al pit. Tots els seus coneguts i les dones que l'havien seguit des de Galilea es mantenien a distància mirant-s'ho.

(13) Mort de Jesús: Marc 15, 33-40

Arribat el migdia, es va estendre per tota la terra una foscor que va durar fins a les tres de la tarda. I a les tres de la tarda, Jesús va cridar amb tota la força:

–*Eloí, Eloí, lemà sabactani?* –que vol dir: «*Déu meu, Déu meu, per què m'has abandonat?*».

En sentir-ho, alguns dels presents deien:

–Mireu com crida Elies.

Llavors un corregué, xopà de vinagre una esponja, la posà al capdamunt d'una canya i la hi donava perquè begués, dient:

–Deixeu, a veure si ve Elies i el baixa de la creu.

Però Jesús llançà un gran crit i va expirar.

Llavors la cortina del santuari s'esquinçà en dos trossos de dalt a baix. El centurió, que estava enfront d'ell, quan veié la manera com havia expirat, digué:

–És veritat: aquest home era Fill de Déu.

També hi havia unes dones que s'ho miraven de lluny estant; entre elles, Maria Magdalena, Maria, mare de Jaume el Menor i de Josep, i Salomé. Aquestes dones seguien Jesús quan era a Galilea i li prestaven ajut. N'hi havia també moltes d'altres que havien pujat amb ell a Jerusalem.

(14) Déu meu, per què m'has abandonat?: Salm 22

Per al mestre de cor: a la tonada d'«Aièlet haixàhar». Salm del recull de David.

Déu meu, Déu meu,
per què m'has abandonat?
No véns a salvar-me,
no t'arriba el meu clam.

Crido de dia i no em respons, Déu meu;
crido de nit, sense repòs.
I això que tu ets el Sant,
que té per tron les lloances d'Israel!
En tu confiaven els nostres pares,
hi confiaven i els vas alliberar;
a tu clamaven i eren deslliurats,
en tu confiaven i no foren confosos.
Però jo sóc un cuc, no pas un home,
befa de la gent, menyspreat del poble.
Tots els qui em veuen es riuen de mi,
fan ganyotes, prenen aires de mofa:
«Que s'adreci al Senyor, que ell el salvi,
que l'alliberi, si tant se l'estima!».
Però tu em tragueres del si de la mare,
ets tu qui em confiares als seus pits;
acabat de néixer, em van dur a la teva falda,
des d'aleshores ets el meu Déu.
No t'allunyis, que el perill és a prop
i no tinc qui m'ajudi.
M'envolta un ramat de braus,
m'acorralen vedells de Basan;
uns lleons que destrossen i rugeixen
baden la boca contra mi.
Tot jo m'escolo com l'aigua,
se'm deslloriguen tots els ossos;
el cor, com si fos cera,
se'm fon dins les entranyes.
La meva gola està resseca com terrissa,
la llengua se m'encasta al paladar.
M'ajeus a la pols de la mort.
M'envolta una munió de gossos,
m'encercla un estol de malfactors;

m'han lligat les mans i els peus,
puc comptar tots els meus ossos.
Em miren, em contemplen satisfets;
es reparteixen entre ells els meus vestits,
es juguen als daus la meva roba.
Però tu, Senyor, no t'allunyis;
força meva, cuita a defensar-me.
Allibera la meva vida de l'espasa,
que no mori entre les grapes del gos;
salva'm de la gola del lleó,
guarda'm de les banyes del brau.
Senyor, m'has escoltat!
Anunciaré el teu nom als meus germans,
et lloaré enmig del poble reunit:
«Fidels del Senyor, lloeu-lo,
fills de Jacob, glorifiqueu-lo,
reverencieu-lo, fills d'Israel!»
Perquè no ha rebutjat ni menyspreat
el pobre desvalgut;
no l'ha privat de la seva mirada
i quan cridava auxili l'ha escoltat.»
En tu s'inspirarà el meu cant
davant de tot el poble;
davant dels fidels oferiré el que vaig prometre.
Els humils en menjaran fins a saciar-se,
lloaran el Senyor els qui el cerquen
i es diran: «Que tingueu llarga vida!».
Ho tindran present i tornaran al Senyor
tots els països de la terra,
es prosternarà davant seu
gent de totes les nacions.
Perquè la reialesa és del Senyor:
ell és el sobirà dels pobles.

Els qui estan plens de vida l'adoren,
s'agenollen davant d'ell els moribunds
i el qui ja no es pot revifar.
Una descendència donarà culte al Senyor;
parlaran d'ell a aquesta generació.
Vindran a anunciar la seva bondat
al poble que ha de néixer,
i diran: «El Senyor ha fet tot això!».

(15) Paràbola dels talents: Mt 25, 14-30

»De manera semblant, un home que havia de fer un llarg viatge va cridar els seus servents i els va confiar els seus béns. A un li donà cinc talents; a l'altre, dos, i a l'altre, un –a cada un segons la seva capacitat–, i després se'n va anar.

»Immediatament, el qui havia rebut cinc talents els va fer treballar i va guanyar-ne cinc més. Igualment, el qui n'havia rebut dos en va guanyar dos més. Però el qui n'havia rebut un se'n va anar a fer un clot a terra i va amagar-hi els diners del seu amo.

»Al cap de molt de temps arriba l'amo d'aquells servents i es posa a passar comptes amb ells. Es presentà el qui havia rebut cinc talents i en dugué cinc més, tot dient:

»–Senyor, em vas confiar cinc talents; mira: n'he guanyat cinc més.

»L'amo li va dir:

»–Molt bé, servent bo i fidel! Has estat fidel en poca cosa; jo t'encomanaré molt més. Entra al goig del teu Senyor.

Es presentà també el qui havia rebut dos talents i digué:

»–Senyor, em vas confiar dos talents; mira: n'he guanyat dos més.

»L'amo li va dir:

»–Molt bé, servent bo i fidel! Has estat fidel en poca cosa; jo t'encomanaré molt més. Entra al goig del teu Senyor.

»Es presentà encara el qui havia rebut un talent i digué:

»–Senyor, sabia que ets un home dur, que segues on no has sembrat i recolls on no has escampat. Vaig tenir por i vaig amagar a terra el teu talent. Aquí tens el que és teu.

»Però l'amo li va respondre:

»–Servent dolent i gandul! Sabies que sego on no he sembrat i recullo on no he escampat. Per això calia que posessis els meus diners al banc, i ara que he tornat hauria recobrat el que és meu amb els interessos. Preneu-li el talent i doneu-lo al qui en té deu. Perquè a tot aquell qui té, li donaran encara més, i en tindrà a vessar; però al qui no té, li prendran fins allò que li queda. I a aquest servent inútil llanceu-lo fora, a la tenebra; allà hi haurà els plors i el cruixit de dents.

(16) Jesús ressuscitat envia els seus deixebles: Mt 28, 16-20

Els onze deixebles se n'anaren a Galilea, a la muntanya que Jesús els havia indicat. En veure'l, el van adorar; abans, però, havien dubtat. Jesús s'acostà i els va dir:

–He rebut plena autoritat al cel i a la terra. Aneu, doncs, a tots els pobles i feu-los deixebles meus, batejant-los en el nom del Pare i del Fill i de l'Esperit Sant i ensenyant-los a guardar tot allò que us he manat. Jo sóc amb vosaltres dia rere dia fins a la fi del món.

(17) Jesús i el Pare: Jn 10, 22-42

Se celebrava a Jerusalem la festa de la Dedicació. Era l'hivern. Jesús es passejava pel recinte del temple sota el pòrtic de Salomó. Llavors els jueus l'envoltaren i li digueren:

–Fins quan ens tindràs en la incertesa? Si ets el Messies, digue'ns-ho obertament.

Jesús els respongué:

–Us ho he dit, però no ho voleu creure. Les obres que jo faig en nom del meu Pare donen testimoni a favor meu, però vosaltres no creieu, perquè no sou de les meves ovelles. Les meves ovelles escolten la meva veu. Jo les conec, i elles em segueixen. Jo els dono vida eterna: mai no es perdran, i ningú no me les arrencarà de les mans. Allò que el Pare m'ha donat val més que tot, i ningú no podrà arrencar res de les mans del meu Pare. Jo i el Pare som u.

Els jueus tornaren a agafar pedres per apedregar-lo. Jesús els digué:

–M'heu vist fer moltes obres bones, que venien del meu Pare. Per quina d'elles em voleu apedregar?

Els jueus li respongueren:

–No et volem apedregar per cap obra bona, sinó per blasfèmia, perquè tu, que ets un home, et fas Déu.

Jesús els replicà:

–En la vostra Llei no hi ha escrit: *Jo declaro que sou déus?* Per tant, si l'Escriptura, que no es pot anul·lar, anomena déus els qui van rebre la paraula de Déu, per què a mi, a qui el Pare ha consagrat i enviat al món, m'acuseu de blasfèmia quan declaro que sóc Fill de Déu? Si no faig les obres del meu Pare, no em cregueu, però si les faig, i a mi no em creieu, creieu almenys aquestes obres. Així sabreu i coneixereu que el Pare està en mi, i jo, en el Pare.

Llavors van intentar novament d'agafar-lo, però se'ls escapà de les mans.

Després se'n tornà a l'altra banda del Jordà, on Joan havia començat a batejar, i va quedar-s'hi. Molts l'anaren a trobar, i deien:

–Joan no va fer cap senyal prodigiós, però tot el que va dir d'ell era veritat.

I, en aquell indret, molts van creure en ell.

(18) El germà que fa una ofensa: Mt 18, 15-20

»Si el teu germà et fa una ofensa, vés a trobar-lo i, tot sol amb ell, fes-li veure la seva falta. Si t'escolta, t'hauràs guanyat el germà. Si no t'escolta, crida'n un o dos més, perquè *tota qüestió ha de ser resolta per la declaració de dos o tres testimonis.* Si tampoc no els escolta, digues-ho a la comunitat reunida. I si ni tan sols escolta la comunitat, considera'l un pagà i un publicà. Us ho asseguro: tot allò que lligueu a la terra quedarà lligat al cel, i tot allò que deslligueu a la terra quedarà deslligat al cel.

»Us asseguro també que si dos de vosaltres aquí a la terra es posen d'acord per demanar alguna cosa, el meu Pare del cel els la concedirà; perquè on n'hi ha dos o tres de reunits en el meu nom, jo sóc allí enmig d'ells.

(19) Inici de la predicació a Galilea: Mc 1, 14-15

Després que Joan fou empresonat, Jesús anà a Galilea i anunciava la bona nova de Déu. Deia:

–S'ha complert el temps i el Regne de Déu és a prop. Convertiu-vos i creieu en la bona nova.

(20) Pròleg: Jn 1

Al principi existia
el qui és la Paraula.
La Paraula estava amb Déu
i la Paraula era Déu.
Ell estava amb Déu al principi.
Per ell tot ha vingut a l'existència,
i res no hi ha vingut sense ell.
En ell hi havia la vida,
i la vida era la llum dels homes.
La llum resplendeix en la foscor,
i la foscor no ha pogut ofegar-la.
Déu envià un home que es deia Joan.
Vingué com a testimoni
a donar testimoni de la llum,
perquè per ell tothom cregués.
Ell no era la llum,
venia solament a donar-ne testimoni.
Existia el qui és la llum veritable,
el qui ve al món
i il·lumina tots els homes.
Era present en el món,
que per ell ha vingut a l'existència,
i el món no l'ha reconegut.
Ha vingut a casa seva,
i els seus no l'han acollit.
Però a tots els qui l'han rebut,
als qui creuen en el seu nom,
els ha concedit de ser fills de Déu.
No han nascut
per descendència de sang,
ni d'un desig carnal,

ni d'un voler humà,
sinó de Déu mateix.
El qui és la Paraula s'ha fet home
i ha habitat entre nosaltres,
i hem contemplat la seva glòria,
glòria que ha rebut
com a Fill únic del Pare,
ple de gràcia i de veritat.
Joan dóna testimoni d'ell
quan proclama:
«És aquell de qui jo deia:
El qui ve després de mi
em passa al davant,
perquè, abans que jo, ell ja existia.»
De la seva plenitud,
tots nosaltres n'hem rebut
gràcia rere gràcia.
La Llei fou donada per Moisès,
però la gràcia i la veritat
han vingut per Jesucrist.
A Déu, ningú no l'ha vist mai:
el seu Fill únic, que és Déu
i està en el si del Pare,
és qui l'ha revelat.

(21) Vegeu la referència (9), **La promesa feta a Abraham: Ga 3, 6-29**

(22) Els saduceus i la resurrecció: Mt 22, 23-33

Aquell dia, uns saduceus l'anaren a trobar. Els saduceus neguen que hi hagi resurrecció; per això li van plantejar aquesta dificultat:

–Mestre, Moisès va dir: *Si un home mor sense fills, el seu germà s'ha de casar amb la viuda per donar descendència al germà difunt.* Doncs bé, hi havia entre nosaltres set germans. El primer es va casar i va morir, i com que no tenia descendència, el seu germà es va casar amb la viuda. El mateix va passar amb el segon, amb el tercer, i així fins al setè. Després de tots va morir la dona. Per tant, quan arribi la resurrecció, de quin dels set serà muller, si tots ells s'hi havien casat?

Jesús els respongué:

–Aneu equivocats, perquè desconeixeu les Escriptures i el poder de Déu. Quan arribi la resurrecció, ja no prendran muller ni marit, sinó que seran com els àngels del cel.

»I pel que fa a la resurrecció dels morts, no heu llegit el que Déu us va dir: *Jo sóc el Déu d'Abraham, el Déu d'Isaac i el Déu de Jacob?* Ell no és Déu de morts, sinó de vius.

La gent, que ho va sentir, estava admirada de la seva doctrina.

(23) Paràbola de l'ovella perduda: Lc 15, 3-7

Jesús els va proposar aquesta paràbola:

–Si un home d'entre vosaltres té cent ovelles i en perd una, no deixa les noranta-nou al desert i va a buscar la perduda fins que la troba? I quan l'ha trobada, no se la posa a les espatlles ple d'alegria i, arribant a casa, convida els amics i els veïns dient-los: "Veniu a celebrar-ho amb mi: he trobat l'ovella que havia perdut"?

»Igualment jo us dic que en el cel hi haurà més alegria per un sol pecador que es converteix que no pas per noranta-nou justos que no necessiten convertir-se.

(24) Jesús perdona una pecadora: Jn 8, 1-11

Jesús se n'anà a la muntanya de les Oliveres. Però de bon matí es va presentar de nou al temple. Tot el poble acudia cap a ell. S'assegué i començà a instruir-los. Llavors els mestres de la Llei i els fariseus li van portar una dona que havia estat sorpresa en el moment de cometre adulteri. La posaren allà al mig, i li digueren:

–Mestre, aquesta dona ha estat sorpresa en el moment de cometre adulteri. Moisès en la Llei ens ordenà d'apedregar aquestes doncs. I tu, què hi dius?

Li feien aquesta pregunta amb malícia per tenir de què acusar-lo. Però Jesús es va ajupir i començà a escriure a terra amb el dit. Ells continuaven insistint en la pregunta. Llavors Jesús es va posar dret i els digué:

–Aquell de vosaltres que no tingui pecat, que tiri la primera pedra.

Després es tornà a ajupir i continuà escrivint a terra. Ells, en sentir això, s'anaren retirant l'un darrere l'altre, començant pels més vells. Jesús es va quedar sol, i la dona encara era allà al mig. Jesús es posà dret i li digué:

–Dona, on són? Ningú no t'ha condemnat?

Ella va respondre:

–Ningú, Senyor.

Jesús digué:

–Jo tampoc no et condemno. Vés-te'n, i d'ara endavant no pequis més.

(25) Jesús renta els peus als deixebles: Jn 13, 1-20

Era abans de la festa de Pasqua. Jesús sabia que havia arribat la seva hora, l'hora de passar d'aquest món al Pare. Ell, que havia estimat els seus que eren al món, els estimà fins a l'extrem.

Mentre sopaven, quan el diable ja havia posat en el cor de Judes, fill de Simó Iscariot, la resolució de trair-lo, Jesús, sabent que el Pare li ho havia posat tot a les mans, i que havia vingut de Déu i a Déu tornava, s'aixecà de taula, es tragué el mantell i se cenyí una tovallola; després va tirar aigua en un gibrell i començà a rentar els peus dels deixebles i a eixugar-los amb la tovallola que duia cenyida. Quan arriba a Simó Pere, aquest li diu:

–Senyor, tu em vols rentar els peus?

Jesús li respon:

–Ara no entens això que faig; ho entendràs després.

Pere li diu:

–No em rentaràs els peus mai de la vida!

Jesús li contesta:

–Si no et rento, no tindràs part amb mi.

Li diu Simó Pere:

–Si és així, Senyor, no em rentis tan sols els peus: renta'm també les mans i el cap.

Jesús li diu:

–Qui s'ha banyat, només cal que es renti els peus: ja és net tot ell. I vosaltres ja sou nets, encara que no tots.

Jesús sabia qui el traïa, i per això va dir: «No tots sou nets».

Després de rentar-los els peus, es va posar el mantell i s'assegué a taula altra vegada. Llavors els digué:

–Enteneu això que us he fet? Vosaltres em dieu "Mestre" i "Senyor", i feu bé de dir-ho, perquè ho sóc. Si, doncs, jo, que sóc el Mestre i el Senyor, us he rentat els peus, també vosaltres us els heu de rentar els uns als altres. Us he donat exemple perquè, tal com jo us ho he fet, ho feu també vosaltres. Us ho ben asseguro: el criat no és més important que el seu amo, ni l'enviat més important que el qui l'envia. Ara que heu entès tot això, feliços de vosaltres si ho poseu en pràctica!

»No parlo per tots vosaltres. Sé qui vaig escollir, però s'havia de complir allò que diu l'Escriptura: *El qui compartia el meu pa, m'ha traït el primer*. Us ho dic ara, per endavant, perquè, quan passi, cregueu que jo sóc. Us ho ben asseguro: qui acull els qui jo enviaré, m'acull a mi, i qui m'acull a mi, acull el qui m'ha enviat.

Anunci de la traïció de Judes: Jn 13, 21-35

Després de dir això, Jesús es contorbà i afirmà:

–Us ben asseguro que un de vosaltres m'ha de trair.

Els deixebles es miraven els uns als altres, perquè no sabien de qui ho deia. Un dels deixebles, el qui Jesús estimava, era a taula al costat d'ell. Simó Pere li fa senyes perquè li pregunti de qui parla. Ell es reclina sobre el pit de Jesús i li diu:

–Senyor, qui és?

Jesús respon:

–És aquell a qui donaré el tros de pa que ara sucaré.

Llavors suca el pa i el dóna a Judes, fill de Simó Iscariot. En aquell moment, darrere el tros de pa, Satanàs va entrar dintre d'ell. Jesús li digué:

–Allò que estàs fent, fes-ho de pressa.

Però cap dels qui eren a taula no va entendre per què Jesús li deia això. Com que Judes tenia la bossa dels diners, alguns pensaven que Jesús li deia que comprés tot el que necessitaven per a la festa, o bé que donés alguna cosa als pobres. Ell, després de prendre el tros de pa, sortí de seguida. Era de nit.

Quan Judes va ser fora, Jesús digué:

–Ara el Fill de l'home és glorificat, i Déu és glorificat en ell. Si Déu és glorificat en ell, també Déu mateix el glorificarà, i el glorificarà ben aviat. Fills meus, encara estic amb vosaltres per poc temps. Vosaltres em buscareu, però ara us dic allò que vaig dir als jueus: «Allà on jo vaig, vosaltres no hi podeu venir». Us dono un manament nou: que us estimeu els uns als altres tal com jo us he estimat. Així, doncs, estimeu-vos els uns als altres. Tothom coneixerà que sou deixebles meus per l'amor que us tindreu entre vosaltres.

(26) Confiança i neguit: Mt 6, 25-34

»Per això us dic: No us preocupeu per la vostra vida, pensant què menjareu o què beureu, ni pel vostre cos, pensant com us vestireu. No val més la vida que el menjar, i el cos més que el vestit? Mireu els ocells del cel: no sembren, ni seguen, ni recullen en graners, i el vostre Pare celestial els alimenta. No valeu més vosaltres que no pas ells? Qui de vosaltres, per més que s'hi esforci, pot allargar d'un sol instant la seva vida? I del vestit, per què us en preocupeu? Fixeu-vos com creixen les flors del camp: no treballen ni filen, però us asseguro que ni Salomó, amb tota la seva magnificència, no anava vestit com cap d'elles. I si l'herba del camp, que avui és i demà la tiren al foc, Déu la vesteix així, no farà més per vosaltres, gent de poca fe? Per tant, no us preocupeu, pensant què menjareu, o què beureu, o com us vestireu. Tot això, els pagans ho busquen amb neguit, però el vostre Pare celestial ja sap prou que en teniu necessitat. Vosaltres, busqueu primer el Regne de Déu i fer el que ell vol, i tot això us ho donarà de més a més. No us preocupeu, doncs, pel demà, que el demà ja s'ocuparà d'ell mateix. Cada dia en té prou amb els seus maldecaps.

(27) Un tresor en el cel: Mt 6, 19-21

»No amuntegueu tresors aquí a la terra, on les arnes i els corcs els fan malbé i els lladres entren i els roben. Reuniu tresors al cel, on ni les arnes ni els corcs no els fan malbé i els lladres no entren ni els roben. Perquè on tens el tresor, hi tindràs el cor.

(28) Pregària de Jesús: Mt 11, 25

En aquell temps, Jesús digué:

–T'enalteixo, Pare, Senyor del cel i de la terra, perquè has revelat als senzills tot això que has amagat als savis i entesos.

Pregària de Jesús: Lc 10, 21

En aquell mateix moment, Jesús, ple de la joia de l'Esperit Sant, digué:

–T'enalteixo, Pare, Senyor del cel i de la terra, perquè has revelat als senzills tot això que has amagat als savis i entesos. Sí, Pare, així t'ha plagut de fer-ho.

(29) Conversió de Lídia: Ac 16, 11-15

A Tròada ens férem a la mar i vam anar de dret a Samotràcia, i l'endemà ja érem a Neàpolis. D'allí vam arribar a Filips, que és colònia romana, ciutat del primer districte de Macedònia. Vam passar-hi uns quants dies. El dissabte vam sortir fora de les portes de la ciutat, cap a la vora del riu, on suposàvem que hi havia un lloc de pregària. Ens vam asseure i conversàvem amb les dones que s'hi havien reunit. Entre elles hi havia, escoltant, una dona que es deia Lídia, venedora de porpra, de la ciutat de Tiatira. Lídia ja adorava l'únic Déu. El Senyor li va obrir el cor perquè fes cas del que deia Pau. Un cop batejats ella i la seva família, ens va pregar:

–Si em teniu per fidel al Senyor, veniu a casa meva i quedeu-vos-hi.

I ens hi va fer anar per força.

(30) Salutacions personals: Rm 16, 1-24

Us recomano la nostra germana Febe, diaconessa de l'església que és a Cèncres. Acolliu-la en el nom del Senyor, com correspon als qui són del poble sant, i ajudeu-la en tot el que necessiti de vosaltres, que ella també n'ha ajudat molts, entre els quals em compto jo mateix.

Saludeu Prisca i Àquila, col·laboradors meus en Jesucrist, que van exposar la seva vida per salvar la meva: no sóc jo sol a agrair-los-ho, sinó totes les esglésies que no són jueves. Saludeu també l'església que es reuneix a casa d'ells. Saludeu el meu estimat Epènet, la primícia dels qui, a l'Àsia, han cregut en Crist. Saludeu Maria, que ha treballat molt per vosaltres. Saludeu

Andrònic i Júnia, que són del meu llinatge i companys meus de presó, molt considerats entre els apòstols, i que van pertànyer al Crist abans que jo mateix. Saludeu Ampliat, el meu estimat en el Senyor. Saludeu Urbà, col·laborador nostre en el Crist, i el meu estimat Estaqui. Saludeu Apel·les, que ha estat provat en Crist. Saludeu els qui es reuneixen a casa d'Aristobul. Saludeu Herodió, que és del meu llinatge. Saludeu els qui es reuneixen a casa de Narcís, que pertanyen al Senyor. Saludeu Trifena i Trifosa, que treballen en el Senyor. Saludeu igualment l'estimada Pèrsida, que també ha treballat molt en el Senyor. Saludeu Rufus, que ha estat escollit en el Senyor, i la seva mare, que considero també meva. Saludeu Asíncrit, Flegont, Hermes, Pàtrobes, Hermas i els altres germans que es troben amb ells. Saludeu Filòleg i Júlia, Nereu i la seva germana, Olimpes i tot el poble sant que es troba amb ells. Saludeu-vos els uns als altres amb el bes de pau. Us saluden totes les esglésies de Crist.

Germans, us prego que aneu amb compte amb els qui provoquen divisions i escàndols, apartant-se de la doctrina que vau aprendre. Fugiu-ne! Aquests no són servidors de Crist, nostre Senyor, sinó del seu propi ventre; amb paraules afables i afalagadores enganyen els incauts. Tothom ha rebut la nova que heu acceptat la fe. Me n'alegro, doncs, per vosaltres; però vull que sigueu assenyats per fer el bé i innocents davant el mal. I el Déu de la pau esclafarà ben aviat Satanàs sota els vostres peus! Que la gràcia de Jesús, nostre Senyor, sigui amb vosaltres.

Us saluden Timoteu, el meu col·laborador, i Lluci, Jàson i Sosípatre, que són del meu llinatge. Us saludo en el Senyor jo, Terci, que he escrit aquesta carta. Us saluda Gaius, que ens acull a mi i a tota la comunitat. Us saluden Erast, el tresorer de la ciutat, i Quart, el nostre germà.

(31) Anunci del naixement de Jesús: Lc 1, 26-38

El sisè mes, Déu envià l'àngel Gabriel a un poble de Galilea anomenat Natzaret, a una noia verge, unida per acord matrimonial amb un home que es deia Josep i era descendent de David. La noia es deia Maria. L'àngel entrà a trobar-la i li digué:

–Déu te guard, plena de la gràcia del Senyor! Ell és amb tu.

Ella es va torbar en sentir aquestes paraules i pensava per què la saludava així. L'àngel li digué:

–No tinguis por, Maria. Déu t'ha concedit la seva gràcia. Tindràs un fill i li posaràs el nom de Jesús. Serà gran i l'anomenaran Fill de l'Altíssim. El Senyor Déu li donarà el tron de David, el seu pare. Regnarà per sempre sobre el poble de Jacob, i el seu regnat no tindrà fi.

Maria preguntà a l'àngel:

–Com podrà ser això, si jo sóc verge?

L'àngel li respongué:

–L'Esperit Sant vindrà sobre teu i el poder de l'Altíssim et cobrirà amb la seva ombra; per això el fruit que naixerà serà sant i l'anomenaran Fill de Déu. També Elisabet, la teva parenta, ha concebut un fill a les seves velleses; ella, que era tinguda per estèril, ja es troba al sisè mes, perquè per a Déu no hi ha res impossible.

Maria va dir:

–Sóc l'esclava del Senyor: que es compleixin en mi les teves paraules.

I l'àngel es va retirar.

(32) La creació: Gn 1, 1-5

Al principi, Déu va crear el cel i la terra. La terra era caòtica i desolada, les tenebres cobrien la superfície de l'oceà, i l'Esperit de Déu planava sobre les aigües.

Déu digué:

–Que existeixi la llum.

I la llum va existir. Déu veié que la llum era bona, i separà la llum de les tenebres. Déu va donar a la llum el nom de dia, i a les tenebres, el de nit.

Hi hagué un vespre i un matí, i fou el primer dia.

(33) La veritable felicitat: Lc 11, 27-28

Mentre Jesús parlava, una dona alçà la veu entre la gent i li digué:

–Sortoses les entranyes que et van dur i els pits que vas mamar!

Però ell va respondre:

–Més aviat sortosos els qui escolten la paraula de Déu i la guarden!

(34) Marta i Maria: Lc 10, 38-42

Mentre feien camí, Jesús va entrar en un poble, i l'acollí una dona que es deia Marta. Una germana d'ella, que es deia Maria, es va asseure als peus del Senyor i escoltava la seva paraula. Marta, que estava molt atrafegada per poder-lo obsequiar, s'hi va atansar i digué:

–Senyor, no et fa res que la meva germana m'hagi deixat tota sola a fer la feina? Digues-li que em vingui a ajudar.

El Senyor li va respondre:

–Marta, Marta, estàs preocupada i neguitosa per moltes coses, quan només n'hi ha una de necessària. Maria ha escollit la millor part, i no li serà pas presa

(35) Jesús és la resurrecció i la vida: Jn 11, 17-27

Quan Jesús arribà, va trobar que Llàtzer ja era al sepulcre des de feia quatre dies. Betània és a prop de Jerusalem, cosa de tres quilòmetres, i molts dels jueus havien vingut a donar el condol a Marta i Maria per la mort del seu germà. Quan Marta va saber que Jesús arribava, sortí a rebre'l. Maria es quedà a casa. Marta digué a Jesús:

–Senyor, si haguessis estat aquí, no s'hauria mort, el meu germà. Però, fins i tot ara, jo sé que Déu et concedirà tot el que li demanis.

Jesús li diu:

–El teu germà ressuscitarà.

Marta li respon:

–Ja sé que ressuscitarà en el moment de la resurrecció, el darrer dia.

Li diu Jesús:

–Jo sóc la resurrecció i la vida. Qui creu en mi, encara que mori, viurà; i tot aquell qui viu i creu en mi, no morirà mai més. Ho creus, això?

Ella li respon:

–Sí, Senyor: jo crec que tu ets el Messies, el Fill de Déu, el qui havia de venir al món.

(36) Unció de Jesús a Betània: Jn 12, 1-8

Sis dies abans de la Pasqua, Jesús va anar a Betània, on vivia Llàtzer, aquell que Jesús havia ressuscitat d'entre els morts. Allà li oferiren un sopar. Marta servia, i un dels qui seien a taula amb ell era Llàtzer. Llavors Maria va prendre una lliura de perfum de nard autèntic i molt costós, ungí els peus de Jesús i els hi va eixugar amb els cabells. Tota la casa s'omplí de la fragància d'aquell perfum.

Un dels seus deixebles, Judes Iscariot, el qui aviat el trairia, digué:

–Per què no venien aquest perfum per tres-cents denaris i donaven els diners als pobres?

Això ho va dir no perquè s'interessés pels pobres, sinó perquè era un lladre i, com que tenia la bossa dels diners, robava el que hi tiraven.

Jesús digué:

–Deixa-la! Ella ha guardat aquest perfum per al temps de la meva sepultura. De pobres, en teniu sempre amb vosaltres, però a mi, no sempre em tindreu.

(37) Jesús perdona una pecadora: Lc 7, 36-50

Un fariseu va invitar Jesús a menjar amb ell. Jesús entrà a casa del fariseu i es posà a taula. Hi havia al poble una dona que era una pecadora. Quan va saber que Jesús era a taula a casa del fariseu, hi anà amb una ampolleta d'alabastre plena de perfum i es quedà plorant als peus de Jesús, darrere d'ell. Li mullava els peus amb les llàgrimes, els hi eixugava amb els cabells, els hi besava i els hi ungia amb perfum. El fariseu que havia convidat Jesús, en veure això, pensà: «Si aquest fos profeta, sabria qui és aquesta dona que el toca i quina mena de vida porta: és una pecadora». Jesús li digué:

–Simó, t'haig de dir una cosa.

Ell li respongué:

–Digues, mestre.

–Dos homes devien diners a un prestador: l'un li devia cinc-cents denaris, i l'altre, cinquanta. Com que no tenien res per pagar, els va perdonar el deute a tots dos. Quin d'ells et sembla que l'estimarà més?

Simó li contestà:

–Suposo que aquell a qui ha perdonat el deute més gran.

Jesús li diu:

–Has respost correctament.

Llavors es girà cap a la dona i digué a Simó:

–Veus aquesta dona? Quan he entrat a casa teva, tu no m'has donat aigua per rentar-me els peus; ella, en canvi, me'ls ha rentat amb les llàgrimes i me'ls ha eixugat amb els cabells. Tu no m'has rebut amb un bes; ella, en canvi, d'ençà que he entrat, no ha parat de besar-me els peus. Tu no m'has ungit el cap amb oli; ella, en canvi, m'ha ungit els peus amb perfum. Així, doncs, t'asseguro que els seus molts pecats li han estat perdonats: per això ella estima molt. Aquell a qui poc és perdonat, estima poc.

Després digué a la dona:

–Els teus pecats et són perdonats.

Els qui eren a taula amb ell començaren a pensar: «Qui és aquest que fins i tot perdona pecats?».

Jesús digué encara a la dona:

–La teva fe t'ha salvat. Vés-te'n en pau.

(38) Unció de Jesús a Betània: Mt 26, 6-13

Jesús es trobava a Betània, a casa de Simó el Leprós. Mentre era a taula, se li va acostar una dona que duia una ampolleta d'alabastre plena d'un perfum molt valuós i el buidà sobre el cap de Jesús. Els deixebles, en veure-ho, deien indignats:

–De què serveix llençar-lo així? S'hauria pogut vendre a bon preu i donar els diners als pobres.

Jesús se n'adonà i els digué:

–Per què molesteu aquesta dona? Ha fet amb mi una bona acció. De pobres, en teniu sempre amb vosaltres; en canvi, a mi no sempre em tindreu. Aquesta dona, abocant sobre el meu cos aquest perfum, ha preparat la meva sepultura. Us asseguro que, quan aquest evangeli serà anunciat per tot el món, també recordaran aquesta dona i diran això que ha fet.

(39) El sepulcre buit: Jn 20, 1-10

El diumenge, Maria Magdalena se'n va anar al sepulcre de bon matí, quan encara era fosc, i veié que la pedra havia estat treta de l'entrada del sepulcre. Llavors se'n va corrents a trobar Simó Pere i l'altre deixeble, aquell que Jesús estimava, i els diu:

–S'han endut el Senyor fora del sepulcre i no sabem on l'han posat.

Pere i l'altre deixeble van sortir cap al sepulcre. Corrien tots dos junts, però l'altre deixeble s'avançà a Pere i va arribar primer al sepulcre, s'ajupí i veié aplanat el llençol d'amortallar, però no hi va entrar. Després arribà també Simó Pere, que el seguia, i va entrar al sepulcre; veié aplanat el llençol d'amortallar, però el mocador que li havien posat al cap no estava aplanat com el llençol, sinó que continuava lligat a part. Llavors va entrar també l'altre deixeble, que havia arribat primer al sepulcre, ho veié i cregué. De fet, encara no havien entès que, segons l'Escriptura, Jesús havia de ressuscitar d'entre els morts. I els dos deixebles se'n tornaren a casa.

Jesús s'apareix a Maria Magdalena: Jn 20, 11-18

Maria es va quedar plorant a fora, a la vora del sepulcre. Mentre plorava, s'ajupí per mirar dins el sepulcre i veié dos àngels vestits de blanc, asseguts al lloc on havia estat posat el cos de Jesús, l'un al cap i l'altre als peus. Ells li diuen:

–Dona, per què plores?

Ella els respon:

–S'han endut el meu Senyor i no sé on l'han posat.

Així que acabà de dir aquestes paraules, es girà enrere i veié Jesús allà dret, però no s'adonava que fos ell.

Jesús li diu:

–Dona, per què plores? Qui busques?

Ella, pensant-se que era l'hortolà, li respon:

–Si te l'has emportat tu, digues-me on l'has posat, i jo mateixa me l'enduré.

Li diu Jesús:

–Maria!

Ella es gira i li diu en la llengua dels hebreus:

–Rabuni –que vol dir «mestre».

Jesús li diu:

–Deixa'm anar, que encara no he pujat al Pare. Vés a trobar els meus germans i digues-los: «Pujo al meu Pare, que és el vostre Pare, al meu Déu, que és el vostre Déu».

Maria Magdalena anà a trobar els deixebles i els anunciava: «He vist el Senyor».

També els va contar el que ell li havia dit.

(40) Sermó de la muntanya: Mt 5-7

Les Benaurances: Mt 5, 1-12

En veure les multituds, Jesús pujà a la muntanya, s'assegué, i se li acostaren els deixebles. Llavors, prenent la paraula, començà a instruir-los dient:

–Feliços els pobres en l'esperit: d'ells és el Regne del cel!

»Feliços els qui ploren: Déu els consolarà!

»Feliços els humils: ells posseiran la terra!

»Feliços els qui tenen fam i set de ser justos: Déu els saciarà!

»Feliços els compassius: Déu se'n compadirà!

»Feliços els nets de cor: ells veuran Déu!

»Feliços els qui treballen per la pau: Déu els anomenarà fills seus!

»Feliços els perseguits pel fet de ser justos: d'ells és el Regne del cel!

»Feliços vosaltres quan, per causa meva, us insultaran, us perseguiran i escamparan contra vosaltres tota mena de calúmnies! Alegreu-vos-en i celebreu-ho, perquè la vostra recompensa és gran en el cel. També així van perseguir els profetes que us han precedit.

Sal de la terra i llum del món: Mt 5, 13-16

»Vosaltres sou la sal de la terra. Si la sal perd el gust, amb què la tornaran salada? Ja no és bona per a res, sinó per llençar-la fora i que la gent la trepitgi.

»Vosaltres sou la llum del món. No es pot amagar un poble posat dalt d'una muntanya, i ningú no encén una llàntia per posar-la sota una mesura, sinó en el portallànties, perquè faci llum a tots els qui són a la casa. Que brilli igualment la vostra llum davant la gent; així veuran les vostres bones obres i glorificaran el vostre Pare del cel.

Jesús i la Llei: Mt 5, 17-20

»No us penseu que he vingut a anul·lar els llibres de la Llei o dels Profetes; no he vingut a anul·lar-los sinó a dur-los a la plenitud.

»Us ho asseguro: mentre durin el cel i la terra, no passarà ni un punt ni una coma de la Llei. Tot arribarà a la plenitud. Per tant, aquell qui deixi de complir un dels manaments més petits i ensenyi als altres a fer el mateix, serà tingut pel més petit en el Regne del cel, però aquell qui els compleixi i ensenyi a complir-los, serà tingut per gran en el Regne del cel.

»Jo us dic que, si no sou més justos que els mestres de la Llei i els fariseus, no entrareu pas al Regne del cel.

L'homicidi: Mt 5, 21-26

»Ja sabeu que es va dir als antics: *No matis,* i el qui mati serà condemnat pel tribunal.

»Doncs jo us dic: El qui s'irriti amb el seu germà serà condemnat pel tribunal; el qui l'insulti serà condemnat pel Sanedrí, i el qui el maleeixi acabarà al foc de l'infern.

»Per això, si en el moment de presentar la teva ofrena a l'altar, allí et recordes que el teu germà té alguna cosa contra tu, deixa allí mateix, davant l'altar, la teva ofrena i vés primer a fer les paus amb el teu germà; ja tornaràs després a presentar la teva ofrena.

»Afanya't a arribar a un acord amb el qui et vol denunciar, mentre vas amb ell camí del tribunal, no sigui cas que et posi en mans del jutge, i el jutge en mans dels guardes, i et tanquin a la presó. T'ho asseguro: no en sortiràs que no hagis pagat fins l'últim cèntim.

L'adulteri: Mt 5, 27-30

»Ja sabeu que es va dir: *No cometis adulteri.*

»Doncs jo us dic: Tothom qui mira la dona de l'altre amb desig de posseir-la, ja ha comès adulteri amb ella en el seu cor. Si l'ull dret et fa caure en pecat, arrenca-te'l i llença'l; val més que es perdi un dels teus membres que no pas que tot el teu cos sigui llençat a l'infern. I si la mà dreta et fa caure en pecat, talla-te-la i llença-la; val més que es perdi un dels teus membres que no pas que vagi a parar a l'infern tot el teu cos.

El divorci: Mt 5, 31-32

»També es va dir: *Si algú es divorcia de la seva dona, que li doni un document de divorci.*

»Doncs jo us dic: Tothom qui es divorcia de la seva dona, fora del cas d'una relació il·legítima, l'empeny a l'adulteri, i el qui es casa amb una repudiada comet adulteri.

Els juraments: Mt 5, 33-37

»També sabeu que es va dir als antics: *No trenquis els juraments.* I encara: *Compleix allò que has jurat al Senyor.*

»Doncs jo us dic: No juris mai; ni pel cel, que és el tron de Déu, ni per la terra, que és l'escambell dels seus peus, ni per Jerusalem, que és la ciutat del gran rei. No juris tampoc pel teu cap, perquè tu no en pots fer tornar blanc o negre un sol cabell. Digueu sí, quan és sí; no, quan és no. El que es diu de més, ve del Maligne.

La venjança: Mt 5, 38-42

»Ja sabeu que es va dir: *Ull per ull,* i *dent per dent.*

»Doncs jo us dic: No us hi torneu, contra el qui us fa mal. Si algú et pega a la galta dreta, para-li també l'altra. Al qui et vulgui posar un plet per quedar-se el teu vestit, dóna-li també el mantell. Si algú t'obliga a portar una càrrega durant un quilòmetre, acompanya'l dos quilòmetres. Dóna a qui et demana; no et desentenguis del qui et vol manllevar.

Estimar els enemics: Mt 5, 43-48

»Ja sabeu que es va dir: *Estima els altres,* però no estimis els enemics.

»Doncs jo us dic: Estimeu els vostres enemics, pregueu pels qui us persegueixen. Així sereu fills del vostre Pare del cel, que fa sortir el sol sobre bons i dolents i fa ploure sobre justos i injustos. Perquè, si estimeu els qui us estimen, quina recompensa mereixeu? No fan el mateix els publicans? I, si només saludeu els vostres germans, què feu d'extraordinari? No fan el mateix els pagans?

»Sigueu perfectes com ho és el vostre Pare celestial.

L'almoina: Mt 6, 1- 4

»Mireu de no fer el que Déu vol només perquè la gent us vegi, ja que així no tindríeu cap recompensa del vostre Pare del cel.

»Per tant, quan facis almoina, no ho anunciïs a toc de trompeta, com fan els hipòcrites a les sinagogues i pels carrers, perquè tothom els alabi. Us asseguro que ja tenen la seva recompensa. En canvi, tu, quan facis almoina, mira que la mà esquerra no sàpiga què fa la dreta, perquè el teu gest quedi amagat, i el teu Pare, que veu el que és amagat, t'ho recompensarà.

La pregària: Mt 6, 5-15

»I quan pregueu, no sigueu com els hipòcrites, que els agrada de posar-se drets i pregar a les sinagogues i a les cantonades de les places perquè tothom els vegi. Us asseguro que ja tenen la seva recompensa. En canvi, tu, quan preguis, entra a la cambra més retirada, tanca-t'hi amb pany i clau i prega al teu Pare, present en els llocs més amagats, i el teu Pare, que veu el que és amagat, t'ho recompensarà.

»Quan pregueu, no parleu per parlar, com fan els pagans: es pensen que amb la seva xerrameca es faran escoltar. No sigueu, doncs, com ells, que bé sap el vostre Pare de què teniu necessitat abans que li ho demaneu.

»Vosaltres, pregueu així:

Pare nostre del cel,
santifica el teu nom,
vingui el teu Regne,
que es faci la teva voluntat
aquí a la terra com es fa en el cel.
Dóna'ns avui
el nostre pa de cada dia;
perdona les nostres ofenses,
així com nosaltres
perdonem els qui ens ofenen;
no permetis
que caiguem en la temptació,
i allibera'ns del mal.

»Perquè, si perdoneu als altres les seves faltes, el vostre Pare celestial també us perdonarà a vosaltres; però si no els les perdoneu, el vostre Pare no us perdonarà les vostres.

El dejuni: Mt 6, 16-18

»I quan dejuneu, no feu un posat trist com els hipòcrites, que es desfiguren la cara perquè tothom vegi que dejunen. Us asseguro que ja tenen la seva recompensa. En canvi, tu, quan dejunis, perfuma't el cap i renta't la cara, perquè els altres no vegin que dejunes, sinó tan sols el teu Pare, present en els llocs més amagats, i el teu Pare, que veu el que és amagat, t'ho recompensarà.

Un tresor en el cel: Mt 6, 19-21

»No amuntegueu tresors aquí a la terra, on les arnes i els corcs els fan malbé i els lladres entren i els roben. Reuniu tresors al cel, on ni les arnes ni els corcs no els fan malbé i els lladres no entren ni els roben. Perquè on tens el tresor, hi tindràs el cor.

El llum del cos: Mt 6, 22- 23

»El llum del cos és l'ull. Per tant, si el teu ull és bo, tot el teu cos quedarà il·luminat; però si és dolent, tot el teu cos quedarà a les fosques. Perquè si allò que en tu ha de ser llum és foscor, que en serà, de gran, la foscor!

Déu i el diner: Mt 6, 24

»Ningú no pot servir dos senyors, perquè si estima l'un, avorrirà l'altre, i si fa cas de l'un, no en farà de l'altre. No podeu servir alhora Déu i el diner.

Confiança i neguit: Mt 6, 25-34

»Per això us dic: No us preocupeu per la vostra vida, pensant què menjareu o què beureu, ni pel vostre cos, pensant com us vestireu. No val més la vida que el menjar, i el cos més que el vestit? Mireu els ocells del cel: no sembren, ni seguen, ni recullen en graners, i el vostre Pare celestial els alimenta. No valeu més vosaltres que no pas ells? Qui de vosaltres, per més que s'hi esforci, pot allargar d'un sol instant la seva vida? I del vestit, per què us en preocupeu? Fixeu-vos com creixen les flors del camp: no treballen ni filen, però us asseguro que ni Salomó, amb tota la seva magnificència, no anava vestit com cap d'elles. I si l'herba del camp, que avui és i demà la tiren al foc, Déu la vesteix així, no farà més per vosaltres, gent de poca fe? Per tant, no us preocupeu, pensant què menjareu, o què beureu, o com us vestireu. Tot això, els pagans ho busquen amb neguit, però el vostre Pare celestial ja sap prou que en teniu necessitat. Vosaltres, busqueu primer el Regne de Déu i fer el que ell vol, i tot això us ho donarà de més a més. No us preocupeu, doncs, pel demà, que el demà ja s'ocuparà d'ell mateix. Cada dia en té prou amb els seus maldecaps.

No judicar els altres: Mt 7, 1-6

»No judiqueu, i no sereu judicats. Perquè tal com judiqueu sereu judicats, i tal com mesureu sereu mesurats. 3 Com és que veus la brossa a l'ull del teu germà i no t'adones de la biga que hi ha en el teu? Com pots dir al teu germà: «Deixa'm que et tregui la brossa de l'ull», si tu tens una biga en el teu? Hipòcrita, treu primer la biga del teu ull i llavors hi veuràs prou clar per treure la brossa de l'ull del teu germà.

»No doneu als gossos les coses santes ni tireu les perles als porcs, perquè les trepitjaran i després encara es giraran per destrossar-vos.

Demanar, cercar, trucar: Mt 7, 7-12

»Demaneu, i Déu us donarà; cerqueu, i trobareu; truqueu, i Déu us obrirà; perquè el qui demana, rep; el qui cerca, troba, i a qui truca, li obren. Qui de vosaltres, si el seu fill li demana pa, li donarà una pedra? O bé, si li demana peix, li donarà una serp? Així, doncs, si vosaltres, que sou dolents, sabeu donar coses bones als vostres fills, molt més el vostre Pare del cel donarà coses bones als qui les hi demanen.

»Feu als altres tot allò que voleu que ells us facin; aquest és el resum de la Llei i els Profetes.

Els dos camins: Mt 7, 13-14

»Entreu per la porta estreta, perquè és ampla la porta i espaiós el camí que condueix a la perdició, i són molts els qui hi entren. 14 Però és estreta la porta i dur el camí que condueix a la vida, i són pocs els qui el troben.

L'arbre i els seus fruits: Mt 7, 15-20

»Guardeu-vos dels falsos profetes, que vénen a vosaltres disfressats d'ovella, però per dintre són llops rapaços. Pels seus fruits els coneixereu. Es cullen potser raïms dels cards, o figues dels arços? Tot arbre bo dóna fruits bons, i l'arbre dolent dóna fruits dolents. Un arbre bo no pot donar fruits dolents, ni un arbre dolent, donar fruits bons. Tot arbre que no dóna bon fruit és tallat i llençat al foc. Així, doncs, pels seus fruits els coneixereu.

Dir i fer: Mt 7, 21-23
»No tothom qui em diu: "Senyor, Senyor", entrarà al Regne del cel, sinó el qui fa la voluntat del meu Pare del cel. Aquell dia, molts em diran: "Senyor, Senyor, no és cert que en nom teu vam profetitzar, i vam treure dimonis, i vam fer molts miracles?". Llavors jo els diré clarament: "No us he conegut mai. *Aparteu-vos de mi, vosaltres que obràveu el mal!*".

Les dues cases: Mt 7, 24-27
»Per això, tothom qui escolta aquestes meves paraules i les compleix, s'assembla a un home assenyat que va construir la seva casa sobre roca. Va caure la pluja, van arribar les torrentades, bufaren els vents i envestiren contra aquella casa, però no es va ensorrar, perquè estava fonamentada sobre roca. En canvi, tothom qui escolta aquestes meves paraules i no les compleix, s'assembla a un home sense seny que va construir la seva casa damunt de sorra. Va caure la pluja, van arribar les torrentades, bufaren els vents i envestiren contra aquella casa, i la casa es va ensorrar: la seva ruïna fou completa.

L'autoritat de Jesús: Mt 7, 28-29
Quan Jesús hagué acabat aquests ensenyaments, la gent va quedar admirada de la seva doctrina, perquè els ensenyava amb autoritat i no com ho feien els mestres de la Llei.

(41) Sermó de la plana: Lc 6, 17-49
Jesús i les multituds: Lc 6, 17-19
Després Jesús va baixar amb ells de la muntanya i s'aturà en un indret pla. Allí hi havia molts dels seus deixebles i una gran gentada del poble, vinguda de tot el país dels jueus, de Jerusalem i de la costa de Tir i de Sidó, per escoltar-lo i fer-se guarir de les seves malalties. Els turmentats per esperits malignes també

eren curats. Tota la gent intentava tocar-lo, perquè sortia d'ell una força que guaria tothom.

Benaurances i malaurances: Lc 6, 20-26

Llavors alçà els ulls cap als seus deixebles i digué:

–Feliços els pobres: és vostre el Regne de Déu!

»Feliços els qui ara passeu fam: Déu us saciarà!

»Feliços els qui ara ploreu: vindrà dia que riureu!

»Feliços vosaltres quan, per causa del Fill de l'home, la gent us odiarà, us rebutjarà, us insultarà i denigrarà el nom que porteu! Aquell dia, alegreu-vos i feu festa, perquè la vostra recompensa és gran en el cel. Igualment feien els seus pares amb els profetes.

»Però ai de vosaltres, els rics: ja heu rebut el vostre consol!

»Ai de vosaltres, els qui ara aneu tips: vindrà dia que passareu fam!

»Ai de vosaltres, els qui ara rieu: vindrà dia que us doldreu i plorareu!

»Ai quan tota la gent parlarà bé de vosaltres: igualment feien els seus pares amb els falsos profetes!

Estimar els enemics: Lc 6, 27-36

»Però a vosaltres que escolteu, jo us dic: Estimeu els vostres enemics, feu bé als qui us odien, beneïu els qui us maleeixen, pregueu pels qui us calumnien. Si algú et pega en una galta, para-li també l'altra, i si et vol prendre el mantell, no li neguis el vestit. Dóna a tothom qui et demana, i no reclamis res al qui et pren allò que és teu. Tracteu els altres tal com voleu que ells us tractin. Si estimeu els qui us estimen, qui us ho ha d'agrair? També els pecadors estimen aquells qui els estimen! I si feu bé als qui us en fan, qui us ho ha d'agrair? També ho fan els pecadors! I si feu préstecs als qui espereu que us donaran alguna cosa, qui us ho ha d'agrair? També els pecadors fan préstecs als pecadors, si saben que en trauran un guany.

»Però vosaltres, estimeu els vostres enemics, feu bé i presteu sense esperar res a canvi: llavors serà gran la vostra recompensa, i sereu fills de l'Altíssim, que és bo amb els desagraïts i amb els dolents.

»Sigueu misericordiosos com ho és el vostre Pare.

No judicar els altres: Lc 6, 37- 42

»No judiqueu, i no sereu judicats; no condemneu, i no sereu condemnats; perdoneu, i sereu perdonats. Doneu, i us donaran: us abocaran a la falda una bona mesura, atapeïda, sacsejada i curulla fins a vessar. Tal com mesureu sereu mesurats.

Els digué encara una paràbola:

–És que un cec pot guiar un altre cec? No cauran tots dos al clot? El deixeble no és més que el mestre; però tot deixeble, un cop instruït, serà com el seu mestre. Com és que veus la brossa a l'ull del teu germà i no t'adones de la biga que hi ha en el teu? Com li pots dir: «Germà, deixa'm que et tregui la brossa de l'ull», si tu no veus la biga del teu? Hipòcrita, treu primer la biga del teu ull i llavors hi veuràs prou clar per treure la brossa de l'ull del teu germà.

L'arbre i els seus fruits: Lc 6, 43-45

»No hi ha cap arbre bo que doni fruits dolents ni cap arbre dolent que doni fruits bons. Cada arbre es coneix pel seu fruit: no es cullen figues dels cards ni es veremen raïms de les bardisses. L'home bo, del bon tresor del seu cor, en treu la bondat, i l'home dolent, del seu tresor dolent, en treu el mal. Perquè del que sobreïx del cor, en parla la boca.

Les dues cases: Lc 6, 46- 49

»Per què em dieu "Senyor, Senyor", i no feu el que jo dic? Jo us diré a qui s'assembla tothom qui ve a escoltar les meves paraules i les compleix. S'assembla a un home que construïa una casa; va cavar i va enfondir fins que assentà el fonament sobre roca. Quan vingué la inundació, el riu va envestir contra aquella casa, però no la pogué somoure, perquè estava ben edificada. Però el qui escolta les meves paraules i no les compleix, s'assembla a un home que va construir una casa al pla de terra, sense fonaments. El riu la va envestir, i de seguida es va ensorrar: la destrucció d'aquella casa fou completa.

(42) Jesús i la samaritana: Jn 4, 4-42

Jesús va saber que havia arribat a oïda dels fariseus que ell feia més deixebles i en batejava més que Joan. De fet, no era Jesús qui batejava, sinó els seus deixebles. Llavors va deixar Judea i se'n tornà a Galilea.

Jesús havia de travessar Samaria. Arribà, doncs, a una població samaritana que es deia Sicar, no gaire lluny de la propietat que Jacob havia donat al seu fill Josep; allà hi havia el pou de Jacob. Jesús, cansat de caminar, s'assegué allí a la vora del pou. Era cap al migdia. Una dona de Samaria es presentà a pouar aigua. Jesús li diu:

–Dóna'm aigua.

Els seus deixebles se n'havien anat al poble a comprar menjar.

Però la dona samaritana preguntà a Jesús:

–Com és que tu, que ets jueu, em demanes aigua a mi, que sóc samaritana?

Cal recordar que els jueus no es fan amb els samaritans.

Jesús li respongué:

–Si sabessis quin és el do de Déu i qui és el qui et diu: "Dóna'm aigua", ets tu qui li n'hauries demanada, i ell t'hauria donat aigua viva.

La dona li diu:

–Senyor, no tens res per pouar i aquest pou és fondo. D'on la trauràs, l'aigua viva? El nostre pare Jacob ens va donar aquest pou, i en bevia tant ell com els seus fills i el seu bestiar. Que potser ets més gran que no pas ell?

Jesús li respongué:

–Tots els qui beuen aigua d'aquesta tornen a tenir set. Però el qui begui de l'aigua que jo li donaré, mai més no tindrà set: l'aigua que jo li donaré es convertirà dintre d'ell en una font d'on brollarà vida eterna.

Li diu la dona:

–Senyor, dóna'm aigua d'aquesta! Així no tindré més set ni hauré de venir aquí a pouar.

Ell li diu:

–Vés a cridar el teu marit i torna.

La dona li contesta:

–No en tinc, de marit.

Li diu Jesús:

–Fas bé de dir que no en tens. N'has tingut cinc, i l'home que ara tens no és el teu marit. En això has dit la veritat.

La dona li respon:

–Senyor, veig que ets un profeta. Els nostres pares van adorar Déu en aquesta muntanya, però vosaltres dieu que el lloc on cal adorar-lo és Jerusalem.

Jesús li diu:

–Creu-me, dona, arriba l'hora que el lloc on adorareu el Pare no serà ni aquesta muntanya ni Jerusalem. Vosaltres adoreu allò que no coneixeu. Nosaltres sí que adorem allò que coneixem, perquè la salvació ve dels jueus. Però arriba l'hora, més ben dit, és ara, que els autèntics adoradors adoraran el Pare en Esperit i en veritat. Aquests són els adoradors que vol el Pare. Déu és esperit. Per això els qui l'adoren han de fer-ho en Esperit i en veritat.

Li diu la dona:

–Sé que ha de venir el Messies, és a dir, l'Ungit. Quan ell vingui, ens ho explicarà tot.

Jesús li respon:

–Sóc jo, el qui et parla.

En aquell moment arribaren els deixebles. S'estranyaren que parlés amb una dona, però cap d'ells no gosà preguntar-li què volia o per què parlava amb ella. Llavors la dona deixà la gerra i se'n va anar al poble a dir a la gent:

–Veniu a veure un home que m'ha dit tot el que he fet. No deu ser el Messies?

La gent va sortir del poble i l'anà a trobar.

Mentrestant, els deixebles el pregaven:

–Rabí, menja.

Però ell els contestà:

–Jo, per menjar, tinc un aliment que vosaltres no coneixeu.

Els deixebles es preguntaven entre ells:

–És que algú li ha portat menjar?

Jesús els diu:

–El meu aliment és fer la voluntat del qui m'ha enviat i dur a terme la seva obra. No teniu costum de dir: "Quatre mesos més i ja serem a la sega"? Doncs bé, jo us dic: alceu els ulls i mireu els camps; ja són rossos, a punt de segar! El segador ja cobra el jornal i recull el gra per a la vida eterna; així s'alegren plegats el sembrador i el segador. En aquest cas té raó la dita: "Un és el qui sembra i un altre el qui sega". Jo us he enviat a segar on vosaltres no havíeu treballat. Altres van treballar-hi, i vosaltres us heu beneficiat del seu treball.

Molts dels samaritans d'aquell poble van creure en ell per la paraula de la dona, que assegurava: «M'ha dit tot el que he fet». Per això, quan els samaritans anaren a trobar-lo, li pregaven que es quedés amb ells. I s'hi va quedar dos dies. Per la paraula d'ell mateix encara molts més van creure, i deien a la dona:

–Ara ja no creiem pel que tu dius. Nosaltres mateixos l'hem sentit i sabem que aquest és realment el salvador del món.

(43) Déu crida Moisès: Ex 3, 1-10

Moisès pasturava el ramat del seu sogre Jetró, sacerdot de Madian. Un dia, mentre guiava el ramat desert enllà, va arribar a l'Horeb, la muntanya de Déu. Allí se li va aparèixer l'àngel del Senyor en una flama enmig d'una bardissa. Moisès va mirar i veié que la bardissa cremava però no es consumia. I es va dir: «M'atansaré a contemplar aquest espectacle extraordinari: què ho fa que la bardissa no es consumeixi?»

Quan el Senyor va veure que Moisès s'atansava per mirar, el cridà de la bardissa estant:

–Moisès, Moisès!

Ell respongué:

–Sóc aquí.

Déu li digué:

–No t'acostis. Treu-te les sandàlies, que el lloc que trepitges és sagrat.

I va afegir:

–Jo sóc el Déu del teu pare, el Déu d'Abraham, el Déu d'Isaac i el Déu de Jacob.

Moisès es va tapar la cara perquè tenia por de mirar Déu. El Senyor li digué:

–He vist l'opressió del meu poble a Egipte i he sentit com clama per culpa dels seus explotadors. Conec els seus sofriments; per això he baixat a alliberar-lo del poder dels egipcis i fer-lo pujar des d'Egipte cap a un país bo i espaiós, un país que regalima llet i mel: el país dels cananeus, els hitites, els amorreus, els perizites, els hivites i els jebuseus. El clam dels israelites ha arribat fins a mi i he vist com els egipcis els oprimeixen. Ara, doncs, jo t'envio al faraó; vés-hi i fes sortir d'Egipte els israelites, el meu poble.